CW01085049

TESTIMONIOS DE UN JURISTA
(1930-2017)

COLECCIÓN ROJA
CUADERNOS UNIVERSITARIOS
DE DERECHO ADMINISTRATIVO
[9]

ALEJANDRO NIETO

TESTIMONIOS DE UN JURISTA (1930-2017)

GLOBAL LAW PRESS
EDITORIAL DERECHO GLOBAL

INSTITUTO NACIONAL DE
ADMINISTRACIÓN PÚBLICA

FORMA DE CITA RECOMENDADA:

Alejandro Nieto, *Testimonios de un jurista (1930-2017)*,
Global Law Press-Editorial Derecho Global, INAP
Sevilla, 2017

Coedición de la editorial *Global Law Press-Editorial Derecho Global* y del
INAP (Instituto Nacional de Administración Pública)

ISBN (*Global Law Press-Editorial Derecho Global*): 978-84-947415-0-0
ISBN (INAP): 978-84-7351-585-6
ISBN ELECTRÓNICO (INAP): 978-84-7351-586-3
NIPO: 174-17-025-9
NIPO ELECTRÓNICO: 174-17-026-4

DL: 1639-2017

Diseño:
Los Papeles del Sitio

Imprime:
Entorno Gráfico, Atarfe (Granada)

(Hecho en España)

BASTANTE TENGO YA
CON LO QUE HE VISTO
Y VIVIDO

ÍNDICE GENERAL

CAPÍTULO PRIMERO
Introducción 13

CAPÍTULO SEGUNDO
De una universidad a otra. 31

CAPÍTULO TERCERO
De un Estado a otro 65

CAPÍTULO CUARTO
Dentro y fuera de las Administraciones Públicas 121

CAPÍTULO QUINTO
Administración de justicia 185

CAPÍTULO SEXTO
El Derecho 219

CAPÍTULO SÉPTIMO
Enseñando y practicando el Derecho Administrativo 273

CAPÍTULO OCTAVO
Caída del imperio de la ley y de su paradigma. 327

CAPÍTULO NOVENO
Despedida 385

Codicilo sobre el realismo jurídico 393

CAPÍTULO PRIMERO

INTRODUCCIÓN

ÍNDICE

I.   TESTIMONIO OBJETIVO 15

II.   CONFESIÓN PERSONAL 23

III. ENJUICIAMIENTO CRÍTICO......................... 29

I. TESTIMONIO OBJETIVO

Tengo ochenta y seis años. A los dieciocho entré en la universidad, llamada el Templo de la Ciencia. De los 23 a los 30 he deambulado por los pasillos de los Juzgados donde mora la Justicia, y habitado en las covachuelas de la Administración, en las que se gestionan los intereses públicos y el bien común. Luego, durante otros tres años cumplidos y seguidos, he rodado por el mundo sin becas ni empleo para ir perdiendo el pelo de la dehesa académica y lavarme la mugre burocrática. Completada así mi formación personal regresé a la universidad y desde la altura de una cátedra entre los 33 y los 55 he estado enseñando a los estudiantes y lectores los secretos del Derecho que con tanto esfuerzo había estado recogiendo hasta entonces: los arcanos de la ley, del Estado y de la Administración que hacen posible la convivencia pacífica social.

Así hasta que me di cuenta de que estaba actuando como un maestro sin pulso, de que vivía engañado y del engaño y engañando a los que me escuchaban, puesto que la justicia de que yo hablaba era un *fata morgana*, y el Derecho y el Estado que explicaba eran instrumentos de explotación inventados por los poderosos y desarrollados por sabios de plantilla. No me fue fácil ciertamente abrir los ojos a la realidad que había descubierto y aún menos obrar de acuerdo con esta nueva diosa; pero el caso es que, sintiéndome ingenuamente como un Diablo Cojuelo, como un Cardenio de Gracián, he estado luego durante casi otros treinta años predicando con entusiasmo de converso la realidad que mis ojos veían y mis manos tocaban. En este tiempo muchos me han oído, algunos me han escuchado y casi ninguno me ha hecho caso: la verdad asusta, es incómodo aceptarla o sencillamente no interesa; y es inútil dar gritos a quien no quiere oír.

La primera intención de este libro es consecuentemente testimonial: un relato que, pretende ser objetivo, de lo que he visto –o creído ver– a lo largo de sesenta años corridos de experiencias de jurista. El mundo de anteayer y de ayer que tan distantes están. Un pasado que los presentes desconocen porque se les ha ocultado con falsos remordimientos y una conciencia difusa de culpabilidad. Hora es, por tanto, de que los pocos supervivientes miremos hacia atrás y contemos los cambios con la mayor sinceridad posible.

La España de la Guerra civil y la de su posguerra están para los jóvenes y no tan jóvenes tan lejanas como la de Felipe II; y nuestros nietos y biznietos tienen que contentarse con las fábulas que les cuentan unos historiadores escasamente fiables. Pero a mí nadie podrá quitarme el dolorido sentir de la memoria de una vida dilatada ni el recuerdo de las cosas que han ido desapareciendo, de aquellas "torres que desprecio al aire fueron y a su gran pesadumbre se rindieron". *Ubi sunt nunc?* ¿Dónde estamos ahora? ¿Cómo fue de veras aquel amanecer y cómo se ha llegado a este crepúsculo vespertino? Antes de que caiga mi noche todavía puedo decir algunas cosas sobre el Derecho, la universidad, los jueces, la Administración y el Estado, la justicia y la injusticia, la verdad y el engaño, lo poco conservado, lo mucho desaparecido y la transformación de todo.

No hablo aquí, por lo demás, de progreso o retroceso, puesto que estos conceptos solo tienen sentido cuando hay un punto de referencia para su determinación y yo no conozco ninguno objetivo, y ni quisiera me dejo influenciar por mis preferencias y mucho menos por el victimismo o la nostalgia. Dejemos que los hechos y sus explicaciones hablen por sí mismos al oído de cada lector, y confío que estos sean indulgentes con los silencios y parcialidades que, pese a mis precauciones, se hayan deslizado en el relato.

Un viaje dilatado que en su trecho más largo yo he realizado a oscuras sin que nadie me dijera nunca por dónde pasaba. Es asombrosa, en efecto, la falta de interés que los juristas de antes teníamos por la localización histórica del Derecho, al que considerábamos como algo constante e inmutable, fuera del tiempo. *Ubi societas, ibi ius* nos decían sin reparar en la existencia de sociedades diversas y en sus variantes jurídicas correlativas. Y eso que algunos de mis mejores profesores de Valladolid lo sabían de sobra. Pero preferían callárselo prudentemente: Rubio Sacristán, Gómez Orbaneja y Teodoro González, por ejemplo, habían conocido el Derecho anterior al Movimiento Nacional y ni una palabra nos dijeron de él. Mientras que Del Rosal y Girón Tena, más jóvenes y que estaban familiarizados con el Derecho nazi y el inglés, tampoco nos explicaron sus características y contrastes. De esta manera aprendimos a vivir fuera del tiempo y del lugar, con un Derecho deliberadamente autista, indiferente a todo lo que no fuera el ejercicio memorístico de unos exámenes académicos y de unas oposiciones funcionariales en ayuno intelectual riguroso.

Andando los años fue variando el contexto político pero como no estábamos entrenados para percibirlo, apenas si nos dimos cuenta de que también estaba variando el Derecho y que no se trataba solamente de la sustitución de unas leyes por otras. Con los ojos cerrados es difícil percatarse de que cambia el paisaje. Y por lo mismo, desde el tren nocturno en que nos habían embarcado no nos importaba mucho lo que sucedía fuera ni tampoco alcanzábamos a comprender lo que la evolución social estaba significando para la evolución del Derecho y de sus funciones.

La carencia generalizada del sentido de orientación en el lugar y en el tiempo continúa hasta hoy. Si los juristas formados en el franquismo no tomamos conciencia en su momento de lo que supuso la emergencia constitucional, los juristas posteriores a la Transición política tampoco están en condiciones de entender su pasado. El Derecho autista solo vive en el presente, ignorante del pasado e indiferente al futuro. De aquí la importancia de la voz de quienes hemos pasado varias edades, de quienes hemos practicado el Derecho con las Leyes Fundamentales en una sociedad de miseria y racionamiento, pero también bajo una constitución democrática en una sociedad opulenta y consumista. Por otra parte, los que hemos visto tanto no nos asustamos fácilmente por lo que pueda suceder en la crisis actual de una sociedad desconcertada.

Adelanto, además, que este libro no es solo un relato testimonial de la evolución exterior que he visto, sino una confesión personal de lo que he vivido. Porque es inevitable que a la alteración del mundo circundante siga un cambio interior como una reacción mecánica de adaptación y también, al menos en mi caso, como una superación vital que ha arrasado mis primeras concepciones éticas, religiosas, sociales e intelectuales. Tan es así que apenas me reconozco cuando miro hacia atrás. Porque no una, sino varias veces ha cambiado mi idea del mundo y de la vida, hasta convertirme en un renegado contumaz. No sé si esto será traición o frivolidad; pero puedo asegurar –y el lector lo irá viendo– que con estas mutaciones nunca he salido ganando ni social ni económicamente; antes al contrario. Cada cambio ha sido doloroso y esforzado, consecuencia de una pulsión irresistible propia de una obsesión constante: ser fiel a mí mismo, saber renunciar a lo pasado y buscar nuevos caminos por muy ásperos que sean. Dicho en términos ampulosos, que inmediatamente matizaré: el camino de la verdad.

Ahora bien, verdad que sólo vale para mí en cuanto instrumento para la comprensión del mundo que me rodea: simplemente es la clave que utilizo para leer un contexto críptico. Por esta razón, aunque la haya estado predicando durante muchos años, no pretendo ahora convencer a nadie: viva cada uno con la suya.

Al llegar a los ochenta años –y a veces antes– se ve el mundo de distinta manera e incluso se cree que, al fin, se le conoce tal como de veras es, o sea, sin los artificios con que aparece siempre disfrazado. Es difícil engañar a un anciano al que la edad no añade sabiduría pero le despoja de ambiciones y vanidades. Su ascetismo, aunque sea forzado por la biología, le limpia los ojos y percibe lo que antes estaba oculto. Lo decisivo es la distancia que ha tomado respecto de lo que le rodea. Vitalmente ha salido ya del bosque y desde la nueva perspectiva puede verlo cuando antes sólo veía los árboles.

A fuerza de engaños y desengaños los viejos –antes se decía con solemnidad los ancianos y ahora, con falsa cortesía, los mayores– terminan siendo desconfiados y no se fían de nada ni de casi nadie. Esta es la edad de los "descubrimientos": la de ver por primera vez lo que se ha estado mirando toda la vida sin verlo. Descubrimientos, por tanto, de mediterráneos, verdades de Perogrullo, en las que por su propia obviedad no se repara. Tales son en su mayoría las que aparecen en este libro: pretendidos descubrimientos –que en el fondo no son más que simples constataciones– que resumen y quintaesencian las experiencias de toda una vida.

Al relato de lo visto y a la confesión de lo sentido se añade un tercer hilo inseparable de los anteriores: la exposición de los resultados de lo reflexionado. Porque, con el mundo cambiado y la conciencia trasformada, también se han alterado mis ideas sobre el Derecho y el Estado. Ya he dejado de creer en el Derecho que me enseñaron y he aprendido a ver las cosas de otra manera. No me gusta el Derecho tradicional que todavía se conserva y he trabajado para elaborar un nuevo paradigma congruente que explique mejor el universo jurídico. Y algo parecido me ha sucedido con el Estado, pues mi experiencia y mi razón se niegan a aceptar la versión que corre, que considero falsa.

Desde la altura de los ochenta y pico años, con sesenta de experiencia jurídica a la espalda, se pueden distinguir muchas cosas que antes pasaban desapercibidas y comprender que el secreto del cambio no está en la sustitución de una ley por otra sino en el sentido del conjunto de todas ellas. Y en este nivel ya anuncio que vamos a ir de sorpresa en sorpresa.

Al llegar a este punto "los testimonios de un jurista" dejarán de ser, pues, un libro de información, de simples descripciones, para convertirse en un "libro de descubrimientos": de manifestación de fenómenos que, si estaban a la vista, no podían verse por falta de distancia o perspectiva.

Y, en fin, existe otro nivel: el de los juicios personales, las hipótesis interpretativas. Porque es el caso que el libro no se detiene en el análisis de fenómenos externos– las leyes, el Estado, el Derecho– y de sus conexiones, sino que es en último extremo fruto de una evolución personal. El autor también ha evolucionado en estos largos años y ahora se encuentra con fuerzas para añadir un juicio propio a los análisis que corren. Un elemento subjetivo, ordinariamente amargo, que no siempre será compartido por el lector más joven, más iluso y probablemente más ilusionado. Allá cada cual con su opinión.

Cuando un biólogo, un químico, un ingeniero mira hacia atrás y repasa los conocimientos que adquirió en la universidad a mediados del siglo XX se percata de que en su especialidad nada es ya como antes y de que de poco le vale lo que le enseñaron. Todo o casi todo ha cambiado. Sólo los juristas no se han movido e incluso pueden releer con ganancia los textos que manejaron en su época de estudiantes, por lejana que sea.

Lo cierto es, sin embargo, que el Derecho también se ha transformado de los pies a la cabeza y la diferencia con otras profesiones estriba en que aquí se mantienen las rutinas centenarias hasta tal punto que sin escándalo de nadie se reproducen a la letra fórmulas y escritos que se usaban hace sesenta años. Los abogados de hoy viajan a diario en avión y manejan con naturalidad la informática más avanzada, pero no tienen conciencia de las transformaciones que ha experimentado la técnica que están explicando. Su actitud intelectual y profesional se ha petrificado aunque hayan saltado de la pluma de ave al ordenador. Es muy probable que Gregorio López, sin necesidad de seguir un curso de adaptación, no hiciese un mal papel en el Tribunal Supremo de hoy; lo que no sería el caso de Avicena si pasase consulta médica entre informes de analíticas y pruebas de escáner. A los ancianos corresponde, pues, volver la cabeza y constatar, sin prisas ni ajetreos, lo que ha evolucionado de veras ese Derecho aparentemente inmóvil para tomar nota de los profundísimos cambios que han tenido lugar y de los que apenas nadie se percata ni reflexiona lo suficiente sobre sus consecuencias.

Casi todos los juristas son perfectamente conscientes de las transformaciones del mundo en que les ha tocado vivir y algunos han descrito con precisión varios de sus aspectos; pero ninguno, que yo sepa, se ha tomado la molestia de analizar la evolución de su pensamiento personal o, si se quiere decir así, de cómo ha ido cambiando su sensibilidad para ver y entender el mundo, de cómo con los años se ha ido afinando su capacidad de observación y comprensión: las dos características de la sabiduría que concede la vejez, quizás en compensación de las dolorosas limitaciones y pérdidas en casi todo lo demás que trae consigo.

En esta expresión, sin embargo y no obstante la contundencia de las proposiciones formuladas, de la novedad de los planteamientos y de la originalidad de los resultados, mantengo una actitud extremadamente cautelosa o, si se quiere, prudente y reservada. Más allá del testimonio que pretende ser rigurosamente objetivo y de la confesión personal inevitablemente melancólica y apasionada, en ocasiones mi pluma ha desnaturalizado el relato introduciendo observaciones subjetivas y enjuiciamientos críticos que no son neutrales. Por mucho que me he afanado me ha sido imposible evitar añadir el juicio al testimonio, aun con conciencia de que son cosas distintas.

La edad me ha enseñado a percatarme de mi insignificancia personal, de la vaciedad de los pretendidos grandes descubrimientos, de la retórica de los gestos heroicos que terminan siendo patéticos, de la falsedad de las grandes verdades, de la vulnerabilidad de los dogmas tenidos por intangibles y de la fugacidad de las cosas humanas. En su consecuencia, en este libro escrito a la hermosa pero vacilante luz del sol poniente, me limito a dejar testimonio de lo que he visto en mi larga vida o, mejor dicho, de lo que creo haber visto porque no me fío de mis propios recuerdos ni mantengo siempre mis reflexiones pretéritas.

En cualquier caso y para evitar malentendidos y decepciones, lo que debe quedar claro desde el principio es que esto no son unas memorias personales (pues los detalles de mi intimidad a nadie interesan), ni un relato de la vida política y social de la España contemporánea, y menos una galería de hombres ilustres que en mi aislamiento habitual nunca he llegado a tratar fuera de la distancia oficial. Las modestas cañas pensantes de Pascal carecen de biografía singular y sería desmedido dar muchas vueltas a las peripecias vitales y sociales de un oscuro jurista del montón, de un profesor de escalafones perdidos y de generaciones olvidadas.

II. CONFESIÓN PERSONAL

Lo que en este libro aparece ha sido tratado ya por innumerables autores que han escrito a este propósito páginas magistrales pero siempre desde perspectivas distintas a la presente; lo que aleja el riesgo de la repetición. Porque aquí no se encontrarán citas eruditas ni teorías de altos vuelos. En verdad que esto me hubiera sido fácil, pues en mi condición de jubilado, viviendo aislado en el campo y sin otras ocupaciones que la contemplación de una naturaleza todavía no mancillada, tengo tiempo más que sobrado para la lectura. Pero he preferido dejar las teorizaciones a mis colegas, discípulos y amigos que lo hacen mejor que yo y tienen aficiones que no son las mías. El que quiera aprender que acuda a ellos. Aquí yo no he querido resumir, glosar o rebatir –y mucho menos repetir– lo que otros han dicho ya con mayor autoridad y mejor pluma sino, mucho más modestamente, contar lo que yo he visto con mis propios ojos y trasladar las breves reflexiones que se me han ido ocurriendo en mis paseos por los páramos de Castilla en cuya inmensidad no hay límite para la vista ni para la imaginación.

Mis experiencias personales son ya lo suficientemente lejanas como para referirme a acontecimientos que la mayor parte de mis colegas y de mis eventuales lectores no han conocido y de los que además no se ha conservado la memoria. Es probable, por tanto, que les interese lo que cuento, como testimonio de un mundo perdido, como si fueran las memorias de Francisco de Vitoria o de Torres de Villarroel, con el atractivo añadido de que, al llegar hasta hoy, pueden enlazar el presente conocido con el pasado desconocido. Y en cuanto a la ausencia absoluta de citas bibliográficas muchos me lo agradecerán porque o bien no les interesan o, si les importan, ya las habrán estudiado directamente sin necesidad de resúmenes ni intermediarios. Hay lectores que buscan lo que el autor piensa y dice, y no lo que el autor ha leído y les repite. Si se quitaran de muchos libros al uso las citas que a la fuerza sus autores han embutido en ellos, no quedarían páginas bastantes para tapar sus desnudeces intelectuales ni su pedantería recolectora.

El testimonio personal sincero ofrece un valor que no es habitual en las bibliotecas jurídicas, a saber: la visión de la realidad. El testimonio refiere lo que el autor ha visto y pensado, no lo que han pensado los autores leídos por él. Las ideas suelen nacer como una reacción personal ante un fenómeno real. Luego viene otro autor que no reflexiona sobre el hecho originario sino sobre la reflexión del que le ha precedido. Luego viene otro que, dejando a un lado los hechos, tercia en la polémica y así se van acumulando libros cuya única referencia es el papel sobre el que se escribieron otros libros anteriores, no la realidad. Lo cual no sucede con los testimonios personales, de corto vuelo ordinariamente, incluso rudimentarios como aquí sucede, pero con los pies en la tierra.

En el caso presente, la larga vida del autor le ha permitido comprender la historicidad (temporalidad) del Derecho y del Estado. Eso es harto sabido, mas una cosa es saberlo de oídas o leídas y otra muy distinta es haberlo vivido. Yo he vivido como cualquiera la fugacidad de las leyes, la constante desaparición y sucesiva aparición de doctrinas jurídicas, la revocación de sentencias, la sustitución de prácticas. Y es el caso que, al cabo de años y años, me di cuenta un día de que el Derecho de 2016 estaba tan lejos del de 1940 que ya era otro y que me era difícil identificar lo que se había conservado y lo que había desaparecido. Pero lo más importante es que he tomado conciencia vital y no puramente intelectual de que el Derecho que yo había estado manejando era el fruto preciso de un momento histórico preciso.

Yo he padecido como ciudadano un Estado en constante transformación. Un Derecho y un Estado que de ordinario evolucionaban lentamente, día a día, y que pasaban imperceptiblemente de la adolescencia a la decrepitud; pero que a veces daban saltos cualitativos poco menos que instantáneos, como el gusano de seda realizando el portento de mantener la identidad personal después de haber pasado de larva a mariposa.

En otro orden de consideraciones me propongo contextualizar este testimonio para que pueda ser colocado y entendido en el momento cultural y académico preciso.

El acervo jurídico todavía vigente proviene en su esencia de la gran obra liberal de la Restauración de finales del siglo XIX renovada a mediados del siglo siguiente por maestros que todavía se recuerdan: Federico de Castro en el Derecho Civil; en el Derecho Penal, Juan del Rosal (a quien se ha dedicado la calle del campus universitario de la Facultad de Derecho de la Universidad Complutense); en el Derecho Mercantil, el divino Garrigues; en Historia del Derecho, García Gallo; en el Derecho Procesal, Guasp; en el Derecho Administrativo, García de Enterría. Una hornada de juristas dignos sucesores de Montero Ríos, Alonso Martínez, Santamaría de Paredes o Hinojosa. Una generación prodigiosa cuya enorme personalidad bloqueó, sin embargo, la influencia de las siguientes como no podía ser de otra manera en un ambiente universitario tan propenso a la formación de escuelas y séquitos. La sombra de las encinas más soberbias no deja crecer nada a su alrededor. El riquísimo y renovador pensamiento de Diez Picazo, de Muñoz Conde, de Puig Brutau, de Pérez Prendes pasa casi desapercibido más allá de las tapias del corral de su escuela. Los viejos maestros siguen de pie aunque ya mudos y petrificados dominando el horizonte como los gigantes de la isla de Pascua, aunque su mensaje se haya perdido.

Nihil movere. Las puertas académicas están cerradas y las llaves en manos de un puñado de patronos celosos que se cuidan de que no entre el sol ni el aire y de aislar a la irrespetuosa competencia. Como atrancadas están las puertas de la judicatura. Nadie se ocupa de ventilar las salas polvorientas, de cultivar el huerto abandonado, nadie se atreve a salirse de la carretera. Toda innovación es sospechosa para los caballeros del Santo Sepulcro, para los inquisidores de dogmas hueros. El que viene con algo nuevo en las alforjas es tachado de sacrílego y rechazado por la que se autoproclama comunidad científica que tan poco tiene de comunidad y menos aún de científica. Porque para entrar en ese templo es necesario hacer una solemne profesión de fe, que es –según enseña el catecismo– creer en lo que no vemos y desde luego no entendemos.

Este es el paraíso de la rutina y no hay que olvidar que esta es hija de la ignorancia y de la comodidad. Dentro de la rutina se está seguro puesto que nadie se atreve a criticar; mientras que fuera todos son peligros. Ante lo nuevo, por inocente y sabido que sea, sólo cabe esperar una respuesta académica –*vade retro*–, una reacción social –el escándalo– y un contraataque operativo: el silencio.

Yo he tenido el acierto –más debido a la fortuna que a la prudencia– de acercarme a los muros de la ciudadela del Derecho Público oficial protegido por el yelmo académico –el título de catedrático– y el escudo de unas obras convencionales que habían sido recibidas con cierto éxito. En su consecuencia nadie ha puesto nunca en duda que yo al menos "sabía Derecho", si bien no fuera de los más destacados. Pero cuando empecé a publicar obras no convencionales, críticas e incluso tesis rupturistas, aun respetando mi persona y mi cátedra, que no es poco, se apresuraron a tacharme de orate peligroso con el que lo mejor era guardar distancias para evitar el contagio. He sido y sigo siendo, aunque aislado ya en mi vejez, "piedra de escándalo". Calidad que he aceptado porque formaba parte, según acabo de decir, de las reglas del juego. En consecuencia nadie ha aceptado públicamente (aunque sí, y muchos, en privado) mis ideas sobre el principio de la legalidad, el arbitrio judicial o el Derecho practicado.

Hasta aquí un proceso normal de desarrollo previsible. Lo curioso ha sido la para mí divertida experiencia de que ocasionalmente se oyen voces de algún colega o juez respetable que recogen mis tesis (por supuesto sin aludir a ellas de forma expresa) dándolas por obvias de puro sabidas, de tal manera que ya no sé si soy descubridor de océanos ignotos o de mediterráneos familiares. Aunque para el caso es lo mismo porque lo que cuenta es el esfuerzo puesto en las aventuras intelectuales y no el éxito de sus resultados o la vana gloria de una fama efímera, que a mi edad ya no se echa de menos.

La verdad es que, apurando las cosas, nunca he estado solo, puesto que en el extranjero muchos me han precedido y, en casa, algunos me acompañan e incluso me han precedido. Pero estos compañeros, más hábiles que yo, han tenido la precaución de introducir de contrabando la mercancía y no han presumido nunca de ofrecer cosas nuevas. Por eso han vendido mejor el paño y a ellos, más que a mí, deben el Derecho y la Teoría del Estado algunos de sus mejores progresos. Es posible incluso que el haber sido tenido siempre como un *outsider*, como un *enfant terrible* haya sido un signo de mi inmadurez propia o de larvada soberbia. Algo que, por lo demás, nunca me ha preocupado y menos ahora cuando ya tengo el pie en el estribo para el último viaje, que he de hacer inevitablemente sin maletas.

III. ENJUICIAMIENTO CRÍTICO

He aquí un libro, en suma, aparentemente ambicioso y en el fondo muy modesto. Porque yo ya no estoy en condiciones de ejercer una actividad docente oficial, de la que me retiré (o me retiraron) hace años para dejar el paso a los profesores de otras generaciones, que manifiestamente saben más Derecho que un anciano que no lee el Boletín Oficial ni las colecciones de la última jurisprudencia. Pero todavía, a pesar de la debilidad de mi vista y de mi pulso, puedo observar lo que está pasando y tengo tiempo y reposo para reflexionar sobre ello. En esto último mi ventaja es grande respecto de mis colegas y he querido aprovechar en un último esfuerzo los mimbres a que acabo de aludir: el testimonio objetivo, la confesión personal, el juicio crítico y la elaboración de un paradigma. Una obra carente por completo de erudición que, si tiene lectores, a unos indignará, a muchos desconcertará y a los de buena voluntad impulsará a reflexionar.

Supongo, por lo demás, que esos eventuales lectores adoptarán una actitud distinta según las páginas de que se estén ocupando. Darán por buena y sincera la confesión de mis sentimientos personales; aceptarán con escasas rectificaciones el relato de mis vivencias; y respetaran, aunque con reservas, mis opiniones en materiales legales fiados –o, mejor, ofuscados– por la pretendida autoridad de mis publicaciones anteriores y de los muchos años de ejercicio profesional y práctico en Administración y Derecho Administrativo. Allá ellos en su ingenuidad y les agradezco su previsible confianza o cortesía. Pero algunas veces hablaré no como jurista experimentado sino como modesto ciudadano, como observador del montón y en tales casos se darán cuenta de que carezco por completo de autoridad y de que en consecuencia deben filtrar cuidadosamente mis juicios y aceptarlos o rechazarlos sin prejuicio alguno, ni favorable ni desfavorable.

CAPÍTULO SEGUNDO

DE UNA UNIVERSIDAD A OTRA

ÍNDICE

I.   Una universidad provinciana del franquismo.   37
II.   Una universidad insular en el umbral del cambio.   40
III. Una universidad catalana autónoma.   46
IV.   En la meseta castellana a orillas del Henares   54
V.   Definitivamente en el hoyo:
      Universidad Complutense de Madrid   57
VI.   Inclinaciones políticas de los profesores   59

Mi testimonio empieza con la universidad y, por excepción, con un marcado tinte autobiográfico, dado que al fin y al cabo toda mi vida ha girado en torno a aquella. Y no me arrepiento de insistir sobre un punto aparentemente tan minúsculo porque esta institución es un ejemplo perfecto de nuestras torcidas costumbres y actitudes sociales, habida cuenta de que allí se aprenden la ignorancia, el egoísmo y, sobre todo, la hipocresía y la trampa. En esos años de poco estudio y menos esfuerzo se marchitan las ilusiones de la juventud y se abren los ojos a una realidad desoladora. Quien ha pasado por una Facultad de Derecho (y por sus vecinas de ciencias políticas, económicas, sociología y similares que son a las que inevitablemente he de referirme si quiero basarme en experiencias personales directas) queda marcado para siempre y le costará mucho, si es que lo logra alguna vez, superar tal aprendizaje de deformación.

La universidad actual, a diferencia de la medieval y la del Antiguo Régimen, no está para formar servidores del Estado y mucho menos juristas sino a todo lo más para entrenar opositores y pasantes de abogados y para dar títulos oficiales que, por valer para todo, no valen ya para casi nada. En el fondo no es más que un aparcamiento quinquenal de jóvenes sin trabajo y con pocas esperanzas de tenerlo luego. Algo tan inútil como el antiguo servicio militar obligatorio, donde se realizan unas prácticas memorísticas obsoletas dirigidas por profesores tan desinteresados como los estudiantes, aunque al tiempo se tiene la oportunidad, aprovechada hoy por reducidísimas minorías, para manifestarse en nombre de la libertad abucheando a conferenciantes de signo político contrario como peculiar escuela de comportamientos públicos, pero que en ocasiones ha terminado convirtiéndose en vivero de profesionales políticos excelentemente entrenados para tal fin. Pero la universidad, por otra parte y esto es lo fundamental, da de comer a muchos miles de profesores, de hecho becarios puesto que apenas se les exigen algunas escasas contraprestaciones docentes, así como también a auténticos becarios y personal administrativo. Todos ellos agraciados con el sello constitucional de la "autonomía", que aquí consiste en el privilegio de no tener superior y de trabajar (o no trabajar) sin control.

Del raquítico árbol universitario no pueden esperarse frutos sanos ni entre los estudiantes ni entre los profesores. Y por si esto fuera poco la endogamia y el nepotismo en la selección de docentes y el caciquismo de los gestores disipa cualquier esperanza de renovación interna. Con mi relato los jóvenes curiosos tendrán una noticia, no estereotipada ni oficial, de los precedentes inmediatos de la universidad actual, que de seguro han de sorprenderles. En cualquier caso el lector juzgará si me he excedido en el tratamiento dado a este punto; y si es así, acháquelo a un brote nostálgico que, aunque haya sido sin éxito, he intentado dominar. Me consuela pensar, con todo, que mi testimonio no es más crudo que el de cuantos escritores lo han hecho antes con reconocida sinceridad al estilo de Baroja, Pla, Ramón y Cajal, Wenceslao Fernández Flórez y hasta el pacífico Pérez Lujín.

La universidad es una caricatura de las realizaciones del Estado del Bienestar. Los servicios son gratuitos o, al menos, inferiores a los costos reales; pero aquí nadie engaña a nadie porque el producto que se entrega es falso dado que ni acredita conocimientos ni sirve para encontrar trabajo. En cambio no se puede ser más tolerante con los miembros de la corporación. Los estudiantes no necesitan asistir a clase ya que en el "manual de la asignatura" encuentran en su casa la mínima información que se exige para obtener el aprobado, si es que el examen no está también falsificado como empieza a ser habitual. Los profesores, por otra parte, están liberados con harta frecuencia de la obligación de dar clase y, en el peor de los casos, tienen noventa (90) jornadas laborales al año. La feria de los fraudes carece de límite en este mundo de fantasía: las antiguas oposiciones de acceso a la cátedra, antes famosas y con razón por su dureza, se han transformado en un cínico juego de influencias endogámicas que no se canalizan en pruebas competitivas. Mientras que la investigación, oficialmente convertida en un deber para la promoción, es una burla papelesca y un prodigio de burocratismo. Y, en fin, la asistencia o tutoría de los alumnos –la última moda de importación europea– es algo que ni los asistentes ni los asistidos se toman en serio. De hecho nuestras universidades están sólidamente blindadas frente a cualquier presión externa que pretenda rozar los privilegios, oficiales y reales, de que hoy disfrutan. El Consejo de Rectores se ha convertido en un órgano corporativo de defensa de profesores y alumnos al que poco importan las cuestiones de formación, enseñanza e investigación.

Mas en este punto hay que dejar un hueco para los alumnos y profesores, que también los hay, que cumplen puntualmente con sus deberes aunque nadie se lo reconozca ni agradezca, porque sobre quienes en ella "trabajan de veras" pesa también la generalizada presunción de que son defraudadores y nadie escucha la prueba en contrario. El título de profesor universitario –honestamente ejercido o no– se ha reducido a un mérito más en el mercado de trabajo y singularmente en un factor multiplicador del importe de las minutas por servicios profesionales. Nada más y mientras dure, porque es perceptible que están experimentando una grave devaluación social.

Desde hace muchos años yo me he permitido hablar en estos términos (y en los que más adelante encontrará el lector que siga leyéndome) y nadie me ha contradicho nunca porque los datos objetivos me avalan. Las dos ediciones de *La tribu universitaria* han sido, antes de pasar de moda, libro de cabecera de varias generaciones de profesores. En esta obra se reflejan las frustraciones que muchos han compartido conmigo. Ahora bien, aquí las cosas han cambiado tanto y tan rápidamente que hoy me siento un extraño y hasta me he perdido por completo. No consigo entender la perspectiva de "Bolonia" –al menos para las ciencias humanas y sociales–, que mis colegas en activo falsean de la primera a la última línea y huelga recordar que antes no existía el dilema de una universidad pública o privada, hoy tan apasionante.

De 1947 a 2017 han cambiado tanto las cosas que no me atrevo a hablar de la universidad actual –que ya no vivo ni entiendo– por lo que he de limitarme a dar testimonio de un pasado cada vez más lejano y más desconocido para la gente de hoy.

En la universidad ingresé como profesor deslumbrado por la excelsitud atribuida al oficio y por la esperanza de mejorar lo que siendo menos que mediocre parecía a todas luces superable con un esfuerzo personal. Era lo que suele llamarse un profesor vocacional. Luego, peregrinando por la península e islas adyacentes, he servido en seis Facultades, he sido decano en cuatro, vicerrector en tres universidades y puedo jactarme de no haber faltado a más del dos por ciento de las clases. Cito todo esto no por presumir de méritos académicos pues tal es el currículum normal de un profesor de mis tiempos, sino para acreditar mi experiencia y asegurar que no hablo a humo de pajas puesto que cuento lo que he visto y padecido.

Para los ilusionados, el oficio de profesor es un viacrucis de desengaños: con estudiantes a los que no se puede motivar sino, a todo lo más, enseñar con un enorme esfuerzo y, en el mejor de los casos, grabar un recuerdo de respeto personal; con colegas ya a la vuelta de todas las cosas o en camino de estarlo; con autoridades académicas que han permutado su carrera docente por la política; con una sociedad indiferente; con valores en los que ya nadie cree y, en fin y sobre todo, con la convicción de que "nada se puede hacer" para frenar este hundimiento inevitable.

Sin olvidar, desde luego, que aquí se habla de la universidad pública pero que existen también universidades privadas de calidad igualmente deleznable aunque disciplinadas y caras y en consecuencia elitistas. De hecho los hijos de las clases superiores, es decir, los que más adelante dominarán la política y la economía, consideran su paso por la universidad como un mero trámite y se forman y estudian fuera de ella como alfas que son de la nueva sociedad de clases. La universidad pública atiende a los betas y a bajo precio expende títulos de papel mojado y facilita mercancías averiadas, como corresponde a una sociedad capitalista en la que no se entregan duros por cuatro pesetas, que es lo que se hace en los establecimientos públicos de enseñanza media y superior.

Tal como he apuntado antes, en 1947 inicié mis estudios en la Facultad de Derecho de la Universidad de Valladolid y allí me licencié, doctoré y tuve mis primeros escarceos docentes. Luego rodé durante varios años por las universidades de Poitiers, París y Goettingen. Vuelto a España, en la Complutense de Madrid me entrené dando clases, parcialmente gratuitas y en 1964 superé con fortuna, aunque en el segundo intento, las oposiciones a catedrático, recorriendo en esta calidad las universidades de La Laguna, Autónoma de Barcelona, Alcalá de Henares y de nuevo la Complutense, en la que me han jubilado cerrando un larguísimo periplo profesoral.

I. UNA UNIVERSIDAD PROVINCIANA DEL FRANQUISMO

En el imaginario provinciano de Valladolid la Universidad era –junto con el Arzobispado, la Capitanía General y la Audiencia Territorial– uno de los elementos que justificaban la capitalidad de la región. La ciudad era importante porque allí residían los poderes oficiales, encarnación del Estado, habitados por inquilinos solemnes distanciados orgullosamente de la población, cuya mera presencia daba lustre a las ceremonia oficiales. Cuando el arzobispo, el capitán general, el presidente de la Audiencia y el rector de la Universidad desfilaban precedidos por una banda musical y a las sombra de banderas y estandartes, el ciudadano veía físicamente al Estado, casi tocaba su imperio soberano.

La composición social de la universidad era asombrosamente homogénea: un cuerpo sin manchas ni fisuras. A la universidad iban los hijos de universitarios –que en otro caso se hubieran considerado, y con razón, desclasados– y los de terratenientes y empresarios que aspiraban a consolidar un estatus que la simple riqueza no bastaba para proporcionales. El título académico autorizaba el uso del "don", compartido por el cónyuge, y facilitaba el matrimonio con herederas ricas, soldando así la unidad familiar del poder social y el económico.

Todos mis compañeros de la Facultad de Derecho de Valladolid eran hijos efectivamente de universitarios o de terratenientes. Pero –pudientes y menos pudientes— las costumbres eran las mismas y todas estaban regidas por una economía severa. En la posguerra no había lugar para gastos superfluos y el hambre y el frío no respetaban a casi nadie. Los forasteros vivían en pensiones sin otra calefacción que un mezquino brasero. La ducha era un lujo mensual y en los meses de invierno asomaban en las aulas bajo las perneras los pantalones del pijama que se conservaban de día como abrigo suplementario. En el cine se ocupaba el "gallinero" y el ocio se consumía en el paseo diario por la calle de Santiago de una a dos del mediodía: un carrusel gratuito de idas y venidas desde la plaza de Zorrilla a la Plaza Mayor.

El horizonte profesional dominante eran las oposiciones: más o menos difíciles (y rentables) según el nivel intelectual de cada uno y la capacidad de resistencia de sus familias. Muy pocos pensaban en el ejercicio de la abogacía y casi ninguno en trabajar para una empresa, que en aquel entonces no necesitaban de universitarios y menos de abogados. Una situación que, por cierto, ha cambiado sustancialmente en los últimos años, puesto que si antes el objetivo más común era hacer oposiciones, ahora predomina el del ejercicio de la abogacía y con ella se ha alterado también la orientación docente.

La homogeneidad social se reforzaba aún más, si cabe, con la milicia universitaria, sucedáneo para pudientes del servicio militar de los demás mozos españoles. Dos veranos en un campamento de disciplina rigurosa que habilitaban para realizar luego unas prácticas cuarteleras con categoría de alférez provisional. La práctica del deporte era insólita, pues no había ni afición ni lugar donde practicarlo ni demasiadas fuerzas que gastar. El billar y a todo lo más el pimpón que nos ofrecían gratuitamente los jesuitas como cebo para llevarnos luego a misa.

Andando los años lo que más me sorprende en mis recuerdos era la ausencia absoluta de conversaciones sobre Derecho. La verdad es que el Derecho no nos interesaba lo más mínimo. Ni siquiera sospechábamos entonces que podía ser un tema de reflexión y discusión como desafío intelectual. No pasaba de ser una desagradable, si bien no demasiado molesta, tarea memorística que había que superar para ganarnos después la vida.

Ausencia e indiferencia que se extendía también a la política. No hablábamos de política sencillamente porque ignorábamos que existiera esta cuestión. Los propietarios habíamos ganado la guerra, con ella la tranquilidad y punto. Lo mejor era seguir cada uno en su sitio y nada quedaba por criticar ni elogiar. La política no iba con nosotros. Silencio que compartían los estudiantes que hoy, por su entorno familiar, serían considerados de izquierdas. Los españoles habían interiorizado la prudencia y en aquel tiempo no se pensaba todavía que pudiera haber una alternativa al franquismo ni un futuro después de Franco.

En general se practicaban los ritos católicos que formaban parte, más que de un credo religioso, de un estatus social. Había una clase obligatoria de religión, a la que casi nadie asistía pues se aprobaba automáticamente. Quizás como compensación a todas las demás carencias teníamos un enorme interés por la literatura, si bien no la coetánea puesto que se publicaba muy poco y no teníamos dinero para comprar libros actuales. Conocíamos aceptablemente bien a los clásicos y leíamos con auténtica devoción a Ortega, Unamuno y

Azorín, que eran nuestros confesados mentores. Pero también conocíamos a los autores franceses del momento, cuyos libros nos pasábamos de mano en mano. Sartre y la Beauvoir nos eran familiares y seguíamos con avidez las obras de Kafka que se iban traduciendo.

Como se ve, la universidad continuaba siendo un mecanismo de identificación social que ni la República ni la Guerra civil habían alterado. Vivíamos en el ambiente de la Restauración borbónica. En ella no buscábamos ni el saber ni la verdad ni ninguna clase de inquietudes intelectuales o vitales sino un título oficial que asegurase nuestro estatus y permitiera más tarde ganarnos la vida. Este era el orden, que ni docentes ni discentes estábamos en condiciones de romper. Si posteriormente las cosas han cambiado, desde luego no ha sido por causa de los universitarios de provincias, que a todo lo más nos hemos adaptado a la evolución posterior en lo que nos beneficia.

II. UNA UNIVERSIDAD INSULAR EN EL UMBRAL DEL CAMBIO

Dejando atrás la etapa estudiantil, mi vida docente, como entonces era lo habitual, fue un largo peregrinaje. Se ingresaba en alguna universidad periférica y desde ella iban los profesores acercándose a la antigua Central (la de Madrid) recorriendo otras varias. Mi camino resultó algo dilatado, pero así tuve ocasión de conocer ambientes diversos, que decididamente ampliaron mi visión académica y más con las largas experiencias extranjeras de Francia y Alemania y de mis viajes a América.

El primer paso fue la Universidad de La Laguna, a la sazón la única canaria, a donde llegué con todas las ilusiones de un destino que había escogido yo mismo, aunque un poco asustado por las responsabilidades del oficio, tal como yo me las había imaginado y ansiaba realizar. Llegué con el tiempo justo de vivir en un mundo académico decimonónico (que aquí no tiene un valor negativo, antes al contrario) en un contexto franquista que se extinguía a ojos vistas.

Todas las Facultades se concentraban en el mismo edificio, en lo alto de La Laguna, desde el que se podía contemplar un buen trozo de la isla de Tenerife y a lo lejos el mar, con un clima algo fresco para el archipiélago, vital e intelectualmente estimulante. Los estudiantes procedían de las capas burguesas tradicionales. En general no tenían dificultades para costearse sus estudios ni iban a tenerlas luego para encontrar un trabajo adecuado. Eran corteses, educados y respetaban a los profesores. Creo que yo fui el último profesor al que esperaban sus oyentes de pie y no se sentaban hasta que yo lo hacía. Conocía el nombre de todos y en la calle me presentaban a sus padres.

Pero ya empezaban a correr los nuevos vientos políticos, entonces todavía suaves brisas. Aparecían los primeros carteles y pintadas con inflamadas consignas revolucionarias, hubo algunas sentadas y hasta una ocupación. Poca cosa, pero que llamaba la atención por lo que anticipaba y que alarmaba desproporcionadamente a la policía, entonces con escasa experiencia, y hasta hizo intervenir al capitán general en un día excepcionalmente revuelto. Los ocupantes agitaban banderas en el balcón de la fachada principal arengando a los grupos que tomaban el sol en la explanada. En ausencia del rector, yo, como vicerrector era la máxima autoridad académica. Me llamó por teléfono el capital general. "¿Qué hacen los estudiantes?", me preguntó con voz airada. "Se desfogan", le contesté. "¿Y Vd. qué va a hacer?", insistió. "Esperar a que se marchen", repliqué tranquilamente pues sabía que aquello no iba a durar mucho y empezaba a hacer calor. Y entonces fue cuando me intimó con una frase que no era suya y que en aquellos días corría con fortuna: "Pues le aconsejo que descienda al piso inferior porque voy a ordenar a mis soldados que tiren por la ventana a todo el que encuentren". Frases para la historia, para la pequeñísima historia. En los cuarteles no se habían enterado siquiera del incidente, posteriormente la policía detuvo por unas horas a unos pocos agitadores y el movimiento estudiantil siguió su pausado curso. Y por cierto que las consignas no eran originales: el nacionalismo era desconocido, apenas se aludía a la democracia y lo que se invocaba era una vagarosa y contundente revolución social. Por razones generacionales explicables, aquellos estudiantes terminaron a los pocos años ocupando casi todos los cargos políticos y administrativos de las islas. Así había estado sucediendo durante el franquismo (y la República y la anterior monarquía) y así continuaría luego, hasta hoy.

El entorno y el ambiente universitario era lo más parecido a un campus norteamericano que podía encontrarse en Europa. Ya he dicho que todas las Facultades se encontraban en el mismo edificio, con su rectorado y oficinas administrativas, al borde de una pequeña ciudad que conservaba el estilo colonial: una auténtica "ciudad universitaria", poblada de figones y tabernas adecuados a los jóvenes y donde las familias alquilaban habitaciones baratas y limpias para los estudiantes.

Los profesores formábamos una comunidad estrecha. Tomábamos café juntos, nos cruzábamos en los pasillos, hacíamos tertulias interminables en las terrazas de la explanada cuando hacía sol y luego nos íbamos a comer a algún figón aunque estuviéramos a doscientos pasos de nuestras casas. Los fines de semana volvíamos a juntarnos en un domicilio particular: una gran familia de filósofos, latinistas, geógrafos, físicos, químicos y, por supuesto, juristas. Posiblemente una comunidad demasiado cerrada, pero tampoco era muy abierta, por muy cortés que fuera, la sociedad lagunera; aunque esta era la mejor oportunidad de convivencia entre "godos" (o peninsulares) y "guanches", nacidos en Canarias.

Desde el punto de vista académico, la calidad de los catedráticos era excelente. Casi todos habían estudiado en el extranjero, lo que significaba que hablaban idiomas y habían perdido el innato complejo de inferioridad entonces tan generalizado. Además, lo habitual era la dedicación exclusiva, pues muy pocos compatibilizaban la docencia con alguna actividad profesional privada. Pero la excelencia no venía precisamente de ahí sino de su ilusión por mejorar la universidad. Eran conscientes del retraso de la española y estaban dispuestos a sacarla del hoyo con los medios de que disponían: el trabajo, el estudio y la dedicación a los estudiantes. En verdad que nunca se ha estado tan cerca de conseguirlo.

Desde la perspectiva de hoy me parece admirable la simplicidad orgánica de aquella universidad, que no contaba más que con un decano por Facultad elegido por los catedráticos a primeros de curso y una junta que se reunía dos o tres veces al año, sin orden del día y como un pretexto para continuarla luego en una comida corporativa. Un rector, que residía prácticamente en Madrid para atender de cerca (del

Ministerio se entiende) los asuntos, un secretario vitalicio con una sola mecanógrafa y un gerente profesional con seis empleados que tramitaban todos los papeles y cuentas. Las pocas decisiones que procedían se tomaban en el café o durante alguna cena. En una palabra: ni nos complicábamos la vida ni perdíamos el tiempo. Yo fui vicerrector por elección de mis colegas y, por la indicada ausencia del rector, ejercía sus funciones casi con permanencia. Para ello me bastaba pasar un rato por el despacho después de clase (dos diarias, por cierto, de lunes a viernes) para echar alguna firma y recibir visitas. La ocupación más laboriosa era la de cumplir con las invitaciones representativas oficiales y la más dura, la de asistir a las cenas también oficiales cuando no encontraba algún colega que me sustituyese. ¿Cómo es posible –me he preguntado posteriormente muchas veces– que se hayan complicado tanto los trámites burocráticos? Porque la masificación estudiantil no es justificación suficiente.

Otra nota no menos destacable era la intimidad de las relaciones entre la sociedad y la universidad. Esta consideraba como natural el ocuparse de cuanto pudiera afectar a los intereses canarios. En la Facultad de Ciencias se estudiaban sus volcanes, las peculiaridades de su flora y el subsuelo hídrico sobre el que entonces giraba la economía del archipiélago. En la Facultad de Filosofía y Letras se ocupaban de su historia y de su literatura. Y en la Facultad de Derecho publicamos siete tomos de Derecho Administrativo Especial canario. Las conferencias en locales no académicos eran habituales. Y todo, absolutamente todo, con carácter gratuito, pues se daba por supuesto que quien viviera en Canarias tenía que preocuparse por ella en la medida de sus fuerzas y en el lugar en que estuviese. Es un extraño privilegio de la edad el haber vivido en una universidad, en una sociedad y entre unas gentes que estaban más cerca del siglo XVIII que del XXI. Lo que debe entenderse aquí como un elogio.

Para mí personalmente los años de La Laguna fueron años de paz interior, de orden, de estabilidad, de consolidación pausada. Llegué a la Facultad algo asustado por la falta de experiencia. Entonces y allí un catedrático era el señor de su cátedra y eso llevaba consigo bastante responsabilidad. Era libre por completo, pero asumía como un deber el decidir la compra de libros y de clasificarlos y colocarlos físicamente en las estanterías; de redactar (y explicar, naturalmente) un programa con dos asignaturas; de aleccionar a ayudantes que me sustituyeran en clase en casos de enfermedades y ausencias, por fortuna muy escasas; de dirigir el estudio de los alumnos con pretensiones académicas; y sobre todo de organizar la docencia, la investigación y la convivencia con colegas y estudiantes. Los catedráticos no éramos una pieza de la máquina universitaria porque sencillamente no existía tal máquina, sino que gozábamos de una libertad absoluta y aún me asombra el recuerdo de aquella autorresponsabilidad con la que gestionábamos los deberes que voluntariamente habíamos asumido.

En aquella fase de generosidad de primerizo establecí un seminario periódico con gentes de dentro y de fuera de la universidad a los que halagaba el ser llamados y acogidos por esta y que respondieron sin regatear tiempo ni esfuerzo. Con ese mismo asombro confieso que todavía, y durante más de cincuenta años, ha seguido funcionando en todas las cátedras por donde he pasado, sin haberse interrumpido jamás, aunque ahora ya no esté yo en condición de sostener las riendas y en locales de la Universidad Complutense de

Madrid lo dirige con singular eficacia y tenacidad Carmen Chinchilla.

De la misma manera establecí la costumbre de realizar excursiones dominicales por la isla con alumnos que tenían especial interés por el Derecho Administrativo y así, caminando por barrancos y montañas, logré establecer con ellos una relación de proximidad, y con muchos luego de amistad.

Ya he dicho que intelectualmente fue un tiempo de orden y completitud. Año tras año fui afinando un sistema propio de Derecho Administrativo en el que todo se encajaba con suavidad y rigor hasta tal punto que terminé creyendo que era un modelo perfecto con la única carga de irlo ajustando cada curso. Pero poco más tarde, ya de vuelta en la Península, me percaté de mi error porque el Derecho no es orden, el sistema es una trampa y la pretendida estabilidad un estado fugaz. El resto de mi vida me he dedicado, en consecuencia, a disipar ese sueño asumiendo la realidad.

III. UNA UNIVERSIDAD CATALANA AUTÓNOMA

De repente un día hice las maletas y me trasladé a Barcelona. Una decisión probablemente equivocada pues descendió mi calidad de vida. Y en todo caso precipitada ya que tuve que tomarla en los veinte días de plazo que daban para participar en el concurso. Ya he dicho que nunca he estado mejor que en Tenerife, pero no podía evitar una cierta sensación de alejamiento y aislamiento. Entonces no eran las comunicaciones tan fáciles como ahora, no existía Internet, los libros seguían siendo escasos al no haber otras bibliotecas bien dotadas. Pero lo fundamental era la distancia con Europa, que echaba de menos y más teniendo en cuenta que por razones familiares pasaba las vacaciones en Alemania. Con acierto o desacierto el caso es que me convertí en catedrático de Derecho Administrativo de la Universidad Autónoma de Barcelona y aterricé en otro mundo, del que quiero hablar con cierto detenimiento porque, más que de una vivencia personal, se trata de un episodio histórico, de un experimento académico que se pretende dolosamente ocultar y que no merece ser olvidado.

El quiebro de mi trayectoria personal coincidió, y no por azar, con otro quiebro de la institución universitaria. El Tardofranquismo –en cuyos Gobiernos abundaban los catedráticos– había llegado a la conclusión de que era imprescindible cambiar el modelo universitario y, entre las muchas opciones posibles, escogió la de la autonomía, de tal manera que se establecieron dos tipos de universidades: las tradicionales, que continuaban como estaban en espera de los resultados de la nueva fórmula; y las autónomas de nueva creación con modalidades que, de tener éxito, se irían extendiendo paulatinamente a todas la demás. Lo malo de este ensayo –que en principio no estaba mal pensado– era que el Ministerio y sus teóricos no tenían una idea clara, ni medio clara, de en qué podía consistir esa agua renovadora. Y así fue como los gestores de ellas nos pusimos a la tarea sin saber, ni siquiera aproximadamente, lo que teníamos que hacer ni hasta dónde podíamos llegar. El caso fue que se construyeron unos espléndidos edificios para la Universidad Autónoma de Barcelona, nos adjudicaron un presupuesto nada cicatero y nos encomendaron a media docena de catedráticos, no más, que sacáramos adelante aquello como Dios nos diera a entender.

La tarea a primera vista parecía fascinante: un desafío intelectual y vital que se da pocas veces en la historia. Una oportunidad reformadora como la de Olavide en el siglo XVIII o como la de Humboldt en Berlín unos años después. ¿Quién podía resistir la tentación de aceptar tal envite? El fracaso, no obstante, vino pronto y fue total. Si el Ministerio no sabía lo que quería, nosotros menos y, lo que es peor, ignorábamos el alcance de nuestras facultades; y así terminó la aventura. Valdría la pena hacer la historia de aquel esfuerzo; pero no es este el lugar adecuado, me llevaría demasiado espacio y sinceramente no me apetece hacerlo. Muchos años después la propia universidad publicó su "historia oficial" y en verdad que se trata de una fábula en que no se encuentra ni un solo grano de lo que yo vi y viví. De una vez por todas, unos plumíferos a sueldo han reconstruido mi pasado con datos no ya manipulados sino sencillamente inventados.

Desde luego no tuve problemas con el idioma. No eran muchos los que hablaban catalán y era costumbre disculparse cuando alguien en presencia de extraños se expresaba en él. Por sentido común estudié esta lengua (que no es difícil de dominar para un español) y la historia de Cataluña; pero las clases las daba en castellano y así había de ser aunque sólo fuera porque era el idioma de las leyes, de la jurisprudencia y de los autores. Creo que fui el primero que sostuvo por escrito (no recuerdo si fue en *Triunfo* o en *Destino*) la posibilidad de que se dieran clases también en catalán según la libre elección de los estudiantes, aunque ello encareciera (no mucho, la verdad) la enseñanza. Lo que sí recuerdo es que vino Laporta (el futuro rector y consejero de la Generalidad) a "agradecerme" el gesto. En las reuniones sociales se hablaban con naturalidad las dos lenguas y sin asomo de tensión.

Dejando aparte este extremo, que hoy tanta importancia tiene, el desafío al que yo había acudido era el académico. Porque se trataba nada menos que de crear una universidad "nueva" bajo el signo de la autonomía, sin antecedente alguno (el recuerdo de la universidad autónoma de la Guerra civil era confuso y lejano) y sin que nadie supiera, como ya he dicho –ni los profesores ni el Ministerio– qué podía ser eso. Eran tiempos en que se lanzaban palabras mitificadas y se esperaba que el mito se hiciera realidad por gracia de la historia. Por desgracia no fue así y al cabo de un par de cursos nos dimos cuenta de que las universidades autónomas, que se multiplicaban como setas, eran exactamente igual que las demás y que todas se desmoronaban pues perdían lo poco sólido que tenían y nada encontraban de repuesto. Aparte de la retórica verbal la situación era un caos. El progreso había significado cambiar lo cierto por lo dudoso, perder el rumbo, dar aprobados generales como símbolo de libertad y, sobre todo, abandonar la institución en manos de quienes quisieran ocuparla, y estos no faltaron, como era de suponerse.

Empezando por las cuentas, el rector –por fortuna un hombre honrado y cabal– pasaba todas las mañanas por el banco, se metía un puñado de billetes en el bolsillo y luego, en el despacho, iba recibiendo a los acreedores a los que pagaba en metálico exigiendo un simple "recibí". Nadie terminó en la cárcel y ni siquiera procesado, pero el gerente –también por fortuna un hombre honrado, que entonces abundaban– terminó ingresado en un psiquiátrico. Cuando do yo llegué no éramos más que siete catedráticos (dos de ellos, curiosidades de la vida, de la misma asignatura: farmacología) y junto con algunos profesionales de Barcelona de prestigio indudable, y que todos terminaron escalafonados, nos reuníamos semanalmente bajo la presidencia del rector y hacíamos y deshacíamos lo que se nos pasaba por la cabeza. En mi condición de jurista yo era, por así decirlo, el asesor técnico, pero poco tenía que decir, sin leyes de referencia, en aquella casa de orates de buena voluntad.

A falta de colegas, ejercía al tiempo de decano de las Facultades de Derecho y de Económicas y Empresariales. Como lo más urgente era conseguir profesorado, de entrada me dieron un fajo de títulos en blanco que yo había de distribuir como pudiera. En una época de oposiciones aquello corrió como la pólvora, me visitaban individuos más o menos recomendados, y yo les daba, sin más, un título que les habilitaba para cobrar un pequeño sueldo y para dar clase de la asignatura que les había tocado. Unos salieron buenos y otros no tanto, pero al cabo de los años todos o casi todos terminaron de catedráticos y ninguno quiere recordar su pintoresco origen.

Mientras tanto íbamos configurando a nuestro aire esa autonomía imprecisa que se nos había concedido y que se despachaba en un régimen asambleario de profesores recién estrenados y sin experiencia alguna. De la fijación de los sueldos y del personal administrativo no disponíamos; pero el resto era nuestro. Por la tarde nos reuníamos y nos distribuíamos las aulas y horarios dejando que cada profesor estableciera su programa, que no siempre coincidía con el título de la asignatura y mucho menos con su contenido habitual. Los problemas llegaron a la hora de señalar las asignaturas de la carrera porque cada uno proponía las que más le gustaban y otras a falta de defensores se quedaban fuera. En este punto tuve que ejercer mi imprecisa autoridad de decano porque en la Facultad de Derecho se habían eliminado el Derecho Internacional, el Canónico y el Romano. Claro que en la Facultad de Económicas y Empresariales pudo haber sido peor, porque los estudiantes, a iniciativa propia, rechazaron las matemáticas "por fascistas" (así como suena) y, por descontado, los exámenes dejaron de ser obligatorios abriendo su realización a negociaciones con los alumnos y siempre con la puerta abierta de un aprobado general para formalizar los expedientes.

La situación era fascinante y así me imaginaba yo los años 36 y 37 en la zona republicana dominada por los anarquistas (con la diferencia de que aquí, por fortuna, seguía llegando puntualmente el dinero del Estado). El caso es que las clases se iban dando, compatibilizadas con sesiones de cine-club, talleres culturales, conciertos y, haciendo buen tiempo, sesiones lectivas en el parque con gran desesperación de los jardineros y basureros.

Poco a poco fueron llegando catedráticos numerarios de otras universidades, que seleccionábamos arbitrariamente, y nos íbamos rotando en el decanato, aunque de hecho gestionábamos la Facultad de Económicas en un comité integrado por los cinco que éramos. En la Facultad de Derecho el cargo de decano también era rotativo pues nadie quería aceptar responsabilidades y tener disgustos con los estudiantes. La masa de los profesores de la primera hornada se condensó rápidamente en dos grupos: los vocacionales y los simplemente aprovechados. Y resultó que efectivamente aparecieron muchos con ganas de estudiar y de enseñar, que terminaron siendo catedráticos numerarios de prestigio, aunque inicialmente les repugnara formar parte de lo que consideraban una burocracia corrompida. Daban la clase quienes querían y algunos lo hacían con afición y éxito, aunque en ocasiones se ensayaron experimentos docentes un tanto grotescos. Los profesores de

Derecho Constitucional se negaron a darlas alegando que si en España no había constitución, no podía explicarse nada. Mi carga docente era enorme, pues tenía dos cursos completos de Derecho Administrativo en la Facultad de Derecho más otro de Introducción al Derecho en la de Económicas con el añadido del Derecho Constitucional, que acepté como suplente. Ya sólo me faltaba dormir en el campus, pero no era el único y los domingos organizábamos partidos de futbol con un equipo de profesores de las dos Facultades (conmigo de árbitro), que terminaban con comilonas y demás jolgorios.

Fueron tiempos de desorden y caos, pero de exaltación inolvidable porque eran también de esperanza y de solidaridad. Un grupo de profesores aficionados (con algún compañero numerario, como era mi caso) que ensayábamos una vida y una universidad nuevas: sin jerarquías, sin formalidades ni formalismos, sin admitir barreras hacia arriba y derribando las que nos separaban de los estudiantes. Un sueño ácrata tan estimulante como fugaz, y que es inútil buscar en las historias oficiales. Porque aquello terminó pronto y de la peor manera posible, es decir, burocratizándose y hundiéndose en la mediocridad y en el nepotismo. Las aguas volvieron a su cauce. Se recuperó la normalidad. Aquellos jóvenes impetuosos y sinceros aceptaron el título de catedráticos numerarios y ocuparon los sillones de decanos y rectores y un poso de mala conciencia y de frustración vital les impide exteriorizar el recuerdo que quieren olvidar. Se recuperaron los valores y ritos de la universidad tradicional, pero únicamente los más despreciables, mientras que se olvidaron los honestos y hasta heroicos. La prometida autonomía fue burlada. Ahora todas las universidades son constitucionalmente autónomas a disposición de bucaneros de la peor especie.

Lo más asombroso de aquel espejismo de acracia académica ilusionada fue que no se enturbiara por la pasión política. Porque aquello coincidió con la exasperación de las ilusiones democráticas, que ya se tocaban en la agonía física de Franco, y la emergencia de las ilusiones nacionalistas, que con las ilusiones académicas formaban un combinado explosivo. El campus de la Universidad Autónoma de Barcelona era un teatro permanente de manifestaciones, mítines, conciertos y acampadas de los partidos políticos más o menos clandestinos y una pesadilla para las autoridades gubernativas. La militancia no se ocultaba, antes al contrario, y el catalanismo era un sueño generalizado en una versión que entonces parecía radical y que la realidad posterior ha desbordado en términos que entonces ni siquiera se imaginaban. Pero esto no afectaba al foro académico, donde todos se respetaban en un pacto implícito. Allí convivían en paz los que más adelante serían líderes de los partidos democráticos. Las discusiones –interminables por lo demás y desde luego en castellano– eran de un tono exquisito y los objetivos, más que catalanistas, eran marxistas y el marxismo teórico tenía que frenar inevitablemente el nacionalismo práctico.

En lo que a mi pensamiento jurídico se refiere, la Transición política de aquellos años vino acompañada de un quiebro no menos radical de mis ideas sobe el Derecho. Porque es el caso que, como ya he apuntado antes, perdí mi fe en la completitud de las normas y en la perfección tendencial del ordenamiento jurídico. A golpe de experiencias y de tertulias enriquecedoras me percaté de cuál era la verdadera función del Derecho estatal, de la incoherencia interna y relacional de las leyes, de la falsedad de los conceptos dogmáticos construidos con pretensiones científicas y, en fin, de la inviabilidad de un sistema estable. Al orden sucedía el desorden; a la razón, el egoísmo; a la unidad, la fragmentación; al dogma, la experiencia. Tenía, en suma, que construirme un nuevo universo jurídico, abandonando todo o casi todo lo que había venido manejando hasta entonces. Pero no puede decirse que empezaba desde cero porque los años de estudio que llevaba a la espalda eliminaban el riesgo de la frivolidad y de la improvisación. Había adquirido cierta confianza en mí mismo y algo de autoridad dentro de la comunidad científica, lo cual me ponía a salvo de las críticas, aunque no de los silencios, que era el precio de apartarme de la bandada académica.

Mientras tanto mi vida iba consumiendo sus plazos. En La Laguna me despedí de la universidad tradicional, en Barcelona (Bellaterra) me despedí del sueño de una universidad nueva. Y de Cataluña, al igual que me había sucedido en Canarias, me marché sin heridas personales ni resquemores académicos; y es posible que también entonces volviera a equivocarme. En la estación siguiente, en Alcalá de Henares me desperté para enfrentarme, ya definitivamente, con la cruda realidad y con nuevas experiencias, renovadas lecturas y prolongadas reflexiones, empecé a asentar mi propio pensamiento jurídico.

IV. EN LA MESETA CASTELLANA, A ORI-LLAS DEL HENARES

En la nueva Universidad me esperaba la frustración de los esfuerzos meditados en La Laguna así como el despertar de los sueños generosos y un tanto lúdicos de Bellaterra a los que he aludido antes. De todo aquello no quedaba ya nada:

todo se había quemado en unos pocos años sin dejar rastro, reduciendo a cenizas las esperanzas de quienes habían creído en la viabilidad de la empresa. No se había alcanzado la universidad democrática y moderna pero se había perdido lo poco que valía la pena de la universidad tradicional, ya irremediablemente obsoleta. Lo que quedaba era un monstruo burocrático de escaso valor formativo y aún más bajo nivel científico. Mi traslado geográfico coincidió otra vez con un nuevo peldaño en la escalera descendente de la universidad: otro experimento de autonomía, pero ya sin ilusiones ni esperanzas. Teníamos conciencia plena de que íbamos cuesta abajo y de que la recuperación era imposible. La triste universidad tradicional se nos deshacía entre las manos y no veíamos una fórmula atractiva de recambio. Ya nadie pensaba en reformas sustanciales. De lo único que se trataba era de "ir tirando" y, para la mayoría, salvar de la ruina lo que se pudiera y utilizarlo en beneficio personal propio.

Con la nueva planta universitaria –una universidad en cada pueblo– se satisfacía el ridículo orgullo de los políticos de campanario y se inauguraban las grandes rebajas de títulos académicos: una permanente operación de saldo. Títulos de licenciado que de poco valían, títulos de profesores sin prestigio, poder académico trufado por la política, dinero para exhibiciones inútiles, rectorados convertidos en agencias de turismo internacional, dinero sobrado para todo lo inútil y penuria para lo importante. Catedráticos absentistas, docentes esperando el ascenso para poder hacer lo mismo. Nepotismo y endogamia de la mano. Papeles y más papeles. Poco estudio y agobio de reuniones. Lo que desalentaba no era el fracaso sino la ausencia total de esperanza y la falta de ilusiones. Un barco a la deriva abandonado por sus tripulantes y con las bodegas ocupadas por roedores insaciables. Estudiantes que no se indignan por la desidia de sus profesores y se convierten en cómplices del desastre y que cuando acaban se van tan contentos con un título devaluado: vino aguado, pan de trescientos gramos, carne de mileuristas y de parados, emigrantes sin idiomas.

La Universidad de Alcalá estaba pensada como una antesala de las de Madrid para permitir acercarse a los catedráticos con pulsión centrípeta. Estaba instalada en un aeropuerto abandonado con unos barracones que servían de aulas mientras se levantaban febrilmente los nuevos edificios. A mí, viniendo de donde venía, no me asustaba nada y como vicerrector me busqué un despacho en la torre de control para tener al menos buena vista sobre el campo. Había tenido la fortuna de que me acompañaran viejos amigos-alumnos de la Autónoma de Barcelona, y aun de La Laguna, que por méritos propios no tardaron en hacerse un hueco profesional. A ellos se añadieron alumnos brillantes que también han hecho carrera aunque se les haya resecado la vocación. Yo daba mis clases y me quedaba allí todo el día disfrutando de las últimas ilusiones que aún me quedaban, a sabiendas de que iban a durar muy poco.

Fue en esta época cuando tuve una experiencia nueva. El Consejo Superior de Investigaciones Científicas estaba sufriendo una crisis de identidad y, a falta de otros disponibles, me invitaron a presidirlo sabiendo que, al menos, a mí ya no me asustaban las crisis. El Consejo, sin necesidad de mi ayuda, salió adelante y yo al principio aprendí mucho y, además, me divertía mi nueva ocupación que me devolvía a la Administración activa después de los ya lejanos tiempos de funcionario vallisoletano. En una segunda etapa seguí aprendiendo pero ya no me divertían tantas dificultades y desintereses. Y cuando dejé de aprender porque todo se repetía ya, me marché antes de convertirme en científico burócrata, que es la especie más dañina de todos los académicos. E inmediatamente después probé a cambiar de postura dedicándome durante unos años al ejercicio de la profesión de abogado: moderadamente rentable y cómoda en las condiciones en que yo la desarrollaba, pero que me dejaba vital e intelectualmente insatisfecho. Así que cuando las circunstancias familiares me permitieron volver a vivir de mi sueldo funcionarial, cerré el despacho y regresé a lo que en los actos oficiales se denomina el *alma mater*; aunque ahora en otro sitio: la Universidad Complutense de Madrid. Con ello salí de la sartén alcalaína para caer en las brasas capitalinas, pero al menos podía desplazarme cómodamente en metro.

V. DEFINITIVAMENTE EN EL HOYO: UNIVERSIDAD COMPLUTENSE DE MADRID

Universidad Complutense de Madrid: mausoleo de todas las vanidades, panteón de todas las celebridades, espejo de todas las universidades hispánicas, cumbre de la ciencia, cifra del saber, meta de ambiciones, fábrica de influencias, tesoro de subvenciones, reserva de mezquindades, sentina donde desaguan las cloacas del universo académico. Allí fui a terminar en el ocaso de la vida, cuando, a la vuelta de todo, ya no me quedaban ni ilusiones ni energías. Pero buscaba la tranquilidad a la sombra y en la compañía de quienes me habían enseñado el Derecho Administrativo español. Maestros a los que agradecía, compañeros a los que admiraba, jóvenes a los que envidiaba.

Tranquilidad sí que encontré, desde luego, porque no veía a nadie. Reanudando mis costumbres, llegaba por la mañana, daba mi clase (ahora en singular, pues éramos casi tantos profesores como alumnos asistentes), me quedaba a comer y luego leía o dormitaba en el despacho. Eso había hecho durante cuarenta años. Pero pasaron dos cursos sin que me encontrara con un solo colega en el comedor y decidí que estaba mejor en casa, a donde regresaba al mediodía y tampoco acudía a la Facultad los sábados ni domingos. Con algún colega coincidía en la lectura de tesis doctorales y esporádicos actos académicos. Mientras que mis antiguos discípulos, ya consagrados, habían levantado el vuelo y sólo nos veíamos en el seminario ritual, que ya no se celebraba a la semana sino cada quince días, y al que concurrían también otros profesores de los que seguía aprendiendo. Me convertí, en suma, en un solitario que deambulaba caduco por los pasillos. Un día pedí prestado un libro en la biblioteca y no me lo dieron explicándome que, dada su antigüedad (que tanta no era), tenía que ir a leerlo allí junto con los estudiantes que pasaban a limpio sus apuntes.

Esta soledad me ofrecía, en cambio, la oportunidad de leer y reflexionar durante horas infinitas. Cada vez leía menos y reflexionaba más y en estos años pude escribir los libros que más aprecio. Y, por otro lado, me aficioné a ir a América a donde me llamaban los jueces y las universidades, interesados –para mi sorpresa– por lo que aquí no importaba a nadie. De tanto ir a Buenos Aires, la Universidad Nacional me concedió un doctorado *honoris causa* que, achaques seniles, me halagó de veras. A la hora de jubilarme definitivamente, después de cuatro años de emérito, me marché de la Complutense sin despedirme, por así decirlo, rechazando el Libro Homenaje que afectuosamente me ofrecieron. El manto de la vanidad es tenue, pero pesa en los cansados hombros de un retirado.

Posteriormente me ingresaron (tercera persona del plural) en la Real Academia de Ciencias Morales y Políticas, venerable recuerdo del pasado, donde tengo todavía la oportunidad de hacer una tertulia semanal con eminencias de la política y de saberes no jurídicos que me asombran, deslumbran y enseñan paisajes científicos y sociales a los que, para vergüenza mía, nunca me había asomado. Y de tarde en tarde nos reunimos antiguos presidentes del Consejo Superior de Investigaciones Científicas y con ellos puedo comprobar que la investigación española sigue renqueante y cada vez más burocratizada, pero que ya puede dialogar y practicar con soltura y sin complejos en el concierto internacional. Personalmente los colegas de estos dos grupos me demuestran a diario hasta qué punto un cerebro humano bien entrenado puede seguir funcionando con rendimiento a edades avanzadas. Constatación, engañosa o no, que en buena parte me ha dado ánimo para redactar este libro.

VI. INCLINACIONES POLÍTICAS DE LOS PROFESORES

En mis tiempos de estudiante (Valladolid 1947-1952) las cuestiones políticas no se aludían siquiera en la Facultad: sencillamente no existían. Las depuraciones –sangrientas, penales y administrativas– habían terminado ya y los profesores represaliados empezaban a regresar a sus antiguas cátedras, pero todos, en cabeza propia o ajena, habían aprendido la lección del silencio prudente. Y como ni el falangismo militante ni la ideología del Régimen habían afectado a la universidad (la asignatura de Formación Política era una "María" anecdótica en el mismo nivel que la Formación Religiosa y la Gimnasia), lo que se produjo en consecuencia fue un vacío intelectual político absoluto.

El Derecho de Guerra –que significativamente no ha merecido ningún estudio posterior– pasó sin dejar huella en las Facultades de Derecho. En la Legislación del Nuevo Estado o en el Derecho Administrativo Nacional (como titulaba voluntariosamente Gascón y Marín un manualito que se reeditaba periódicamente), sólo se aludía –mera alusión– al régimen político, aunque el Derecho Social, empezando por el Fuero del Trabajo era desde luego una disciplina de cuño propio. En España la legislación de guerra y de posguerra no llegó, por tanto, a cuajar nunca en un cuerpo doctrinal ni adquirió el menor viso de asignatura académica.

De hecho se hablaba lo menos posible de "aquello", dado que si los profesores debían conocerlo bien, estaban escaldados por un ambiente de represalias, de tal manera que ni alababan ni criticaban. Y sus eventuales simpatías por la República no salían de círculos amistosos y cautas tertulias de café, a las que los estudiantes naturalmente no teníamos acceso. En aquel ambiente esterilizado lo único que percibíamos era que los catedráticos recomendaban a los malos estudiantes que dieran "clases de repaso" (de efectos positivos fulminantes, huelga decirlo) con algún catedrático depurado, de los que merodeaban por los pasillos acechando alguna magra ganancia en espera de ser reintegrados pronto a su cátedra. En cuanto a los catedráticos jóvenes, aunque fuera por distintas razones que las de sus colegas seniores, todos guardaban la misma actitud de silencio riguroso.

Por lo que se refiere a los estudiantes, la circunstancia de que no saludáramos al Derecho de Guerra y de Posguerra en los programas académicos no impedía, sin embargo, que viviéramos cada día sus consecuencias en un proceso de disolución paulatina. La presión religiosa se palpaba, por ejemplo, si bien no era tanto oficial como social: las organizaciones tradicionales de "Acción Católica" y de "Luises" convivían con el empuje de los "Propagandistas", mientras los misioneros del Opus Dei batían los pasillos universitarios reclutando adeptos y de las militancias clandestinas sólo teníamos vagas referencias de segunda mano. La afiliación obligatoria al Sindicato Español Universitario era una rutina simbólica: se pagaba forzosamente una tasa anual al matricularse, que no generaba deber alguno y hasta ofrecía eventualmente la ventaja de utilizar los servicios de un comedor mugriento pero barato, la posibilidad de algún viaje de vacaciones y hasta pequeños enchufes, en forma de beca, para los mandos. O a la inversa, como la demanda era escasa, se concedían las becas con la carga de desempeñar algún destino oficial.

Personalizando las inclinaciones políticas de los profesores, con ellas puede establecerse un repertorio de lo más variado sin salirme, obviamente, del campo del Derecho Administrativo. De la primera generación Pi y Suñer, que salvó su vida milagrosamente de la amenaza anarquista, y nacionalista significado, practicó el resto de su vida la virtud de la prudencia; Jornada de Pozas, cercano a Calvo Sotelo, encajó perfectamente en el régimen franquista; García Oviedo y Mesa Moles también pertenecían sociológicamente a este bando; Segismundo Royo Villanova murió ocupando el cargo de subsecretario. García Labella merece un recuerdo aparte porque murió fusilado por los nacionales.

Con los catedráticos de la generación de la *Revista de Administración Pública* ya es otra cosa. Sin ser ideológicamente franquistas ocuparon con absoluta naturalidad cargos en el régimen. Villar Palasí (ministro de Educación), García Trevijano (director general de emigración), Serrano Guirado (secretario general técnico del ministerio de la vivienda), Antonio Carro (subsecretario y ministro) y el más significado de todos, Laureano López Rodó, varias veces ministro.

Los demás se cuidaron de guardar una distancia expresa de la política, como correspondía a su condición de técnicos de Derecho y rechazaron ofrecimientos concretos de aquella índole. Su actitud fue deliberadamente neutral aunque colaboraran activa y eficazmente en la elaboración de leyes y reglamentos en un sentido inequívocamente aperturista que caracterizaba en aquella época al Consejo de Estado y al Instituto de Estudios Políticos. Pero, como buenos abogados, supieron mantener en beneficio de sus clientes excelentes contactos con los hombres del Régimen.

Esta situación se prolongó en la siguiente generación; pero a la caída del franquismo se desvelaron algunas tendencias proclives al centrismo suarista: Sebatián Martín-Retortillo, Clavero y Cosculluela (ministros), Meilán y Santamaría (secretarios generales técnicos). Sólo Lorenzo Martín-Retortillo se pronunció por el nacionalismo progresista de izquierdas.

Con la generación posterior siguió la mayoría conservando una neutralidad formal expresa. No así los socialistas: Quadra-Salcedo fue ministro; Parejo, secretario de Estado; Sosa, secretario general técnico (pasando luego a UPyD); Jesús Leguina y Ortega, magistrados del Tribunal Constitucional. Inicialmente se decía que los partidos de derecha se apoyaban en catedráticos y los de izquierda en profesores no numerarios; pero al final todos estos se apresuraron a acceder a una cátedra que se habían preparado para ellos. Y, por otro lado, cuando se estabilizó la democracia descendió notablemente la influencia política de los catedráticos, cada vez más distanciados de los consejos de ministros.

Se habrá notado que la identificación política se ha hecho utilizando únicamente el criterio de los cargos ocupados, no por los escritos: en todo caso asépticos por el cerrado positivismo que les inspira. La única tendencia que meridianamente se refleja en la bibliografía es la nacionalista. Los profesores no madrileños son, apenas sin excepciones, nacionalistas de la comunidad autónoma de su destino. Circunstancia que es consecuencia, por lo común, de los dictámenes y cargos que les solicitan y ofrecen las Administraciones respectivas.

Los profesores de hoy, en todas sus categorías, ya no tienen reparo en confesar su ideología y afinidades políticas, que se refleja en los altos cargos que van ocupando.

REFERENCIAS

La tribu universitaria, Madrid, Tecnos, 2ª. ed. ampliada, 1985.
La ideología revolucionaria de los estudiantes europeos, Barcelona, Ariel, 2ª ed., 1971.
Estudios de Derecho Administrativo especial canario. Tenerife, Cabildo Insular, 7 vol. 1967-1972.
Apuntes para una política científica, Madrid, CSIC, 1982.

CAPÍTULO TERCERO

DE UN ESTADO A OTRO

ÍNDICE

I.	Taxonomía: de un Estado de guerra a un Estado de crisis.	68
II.	El Estado franquista: personal, autocrático y autoritario.	69
III.	Estado de Guerra	76
IV.	Estado Nuevo	79
V.	Estado Totalitario Nacionalsindicalista	83
VI.	Estado administrativo del Tardofranquismo.	90
VII.	Estado de la Transición democrática	98
VIII.	Estado de crisis y crisis del Estado	103
IX.	Percepción popular: Control político.	107
X.	Intervención en los comportamientos sociales	113
XI.	Ilusiones y desencantos.	118

D ejando ya la parte más superficial de mi biografía –el peregrinaje a través de tantas universidades españolas y extranjeras–,
en el presente capítulo me propongo saltar a la enumeración de los
diversos Estados –o por mejor decir: a las diversas manifestaciones del
Estado– que sucesivamente han ido cargando sobre mis hombros sin
yo comerlo ni beberlo (como suele decirse) porque nadie me ha preguntado nunca sobre el particular. Cambian los Estados a la manera de
las lluvias y las sequías o como las estaciones del año, en una evolución
fatal e irresistible en la que a los ciudadanos de a pie no nos cabe más
que abrigarnos en invierno y buscar la sombra en verano. A otros más
importantes tocará manejar el timón, suponiendo que lo haya y no sea
el destino el que empuje por su cuenta el carro de la historia. Yo me he
limitado a tomar nota de lo que veía, a intentar explicármelo, y ahora
a contarlo al que me quiera oír.

El lector constatará pronto que dedico especial atención a las
distintas variantes del Estado franquista y también, aunque menor,
a los primeros años de la Transición, pasando como sobre ascuas
por la actualidad. Una asimetría que se explica por la circunstancia
de que la mayoría de los lectores potenciales apenas si conocen el
Régimen de Franco, pues por su edad no llegaron a verlo y las informaciones que sobre él corren son, lo mismo las favorables que las
contrarias, de una parcialidad escandalosa. El en su tiempo llamado
Generalísimo ha dejado de ser un personaje histórico real para convertirse en una referencia ideológica tan manipulada, y al tiempo tan
desconocida, como la de Felipe V.

Sólo muy pocos quedamos ya en condiciones de depurar en el
filtro de nuestros recuerdos personales los juicios y las teorías que
circulan firmados por políticos tendenciosos o por intelectuales que
escriben "de leídas", es decir, ni siquiera "de oídas", sin haber tenido

ocasión de contrastar las informaciones recibidas. Mi testimonio tiene, al menos, el valor de lo que se ha sabido directamente, de primera mano, enriquecido luego por muchos años de reflexión crítica. Estas circunstancias no garantizan, desde luego, su fiabilidad absoluta ni su imparcialidad exquisita, pero avalan como mínimo su plausibilidad.

I. TAXONOMÍA: DE UN ESTADO DE GUERRA A UN ESTADO DE CRISIS

Ordinariamente se dice que en España de 1936 a 2017 ha habido dos Estados: el franquista y el constitucional democrático. Esto es cierto pero conviene precisar bastante más porque dentro de una y otra figura existen variantes significativas que no se pueden pasar por alto. Concretamente, dentro del Estado franquista importa distinguir las fases de un Estado de Guerra, del Estado Nuevo, del Estado Totalitario Nacional Sindicalista y del Estado administrativo del Tardofranquismo. Mientras que dentro del Estado democrático puede distinguirse también entre las fases del Estado de Transición democrática, el Estado constitucional e incluso el actual Estado de crisis. Una relación taxonómica que puede parecer demasiado prolija y sutil en exceso; pero su existencia real es indiscutible y conviene tenerla presente a la hora de analizar la marcha de los acontecimientos. Esta es, al menos, mi opinión, aunque sé de sobra que para muchos se trata de maquillajes intelectuales, de adjetivos irrelevantes de lo fundamental, pues afirman que sólo es terminante la línea que separa el Estado Franquista del constitucional y que ni las dictaduras ni las democracias admiten modalidades con las que se pretende desnaturalizar e incluso ocultar su naturaleza.

Yo veo las cosas –insisto– de una manera menos rotunda, mucho más matizada, hasta tal punto que, por ejemplo, el Estado Nacional Sindicalista y el Estado administrativo presentan unas singularidades propias tan notables que priman sobre el dato común de la jefatura de Franco, como tampoco puedo equiparar el Estado de Adolfo Suárez al de Mariano Rajoy por mucho que los dos disfrutaran de la misma Constitución.

Quienes han jurado la Ley de Principios Fundamentales del Movimiento y unos años más tarde la Constitución de 1978, quienes han estudiado la Ley de responsabilidades políticas y después la Ley de Memoria Histórica saben perfectamente lo que separa dos Estados y dos Derechos, la dependencia en que se encuentra el ordenamiento jurídico respecto de la organización política de la sociedad y, sobre todo, lo que condiciona la vida cotidiana de cada individuo la naturaleza y circunstancias del Estado en que le ha tocado vivir.

Empecemos en cualquier caso con unas palabras sobre el género llamado Estado franquista antes de desarrollar el pormenor de sus variedades.

II. ESTADO FRANQUISTA: PERSONAL, AUTOCRÁTICO Y TOTALITARIO

El llamado con toda propiedad –puesto que la jefatura del General Franco es su nota esencial– Estado franquista ofrece las siguientes características comunes presentes en todas las modalidades que con el tiempo fueron apareciendo: personal, autocrático y totalitario.

1. El Estado personal no ha encontrado todavía su sitio en la teoría política pero es un fenómeno histórico incuestionable que los historiadores conocen bien. Desde el Paraguay del Doctor Francia y la República Dominicana de Trujillo hasta la actual Corea del Norte, pasando por todos los continentes e ideologías, conocemos emiratos islámicos, socialismos, comunismos y fascismos en una letanía interminable de manifestaciones más o menos violentas o sangrientas, que tienen una nota común: más allá de los formalismos constitucionales está la figura de una persona física cuya desaparición arrastra la caída del régimen, salvo que aparezca un sucesor familiar. Desde el punto de vista de la ortodoxia democrática estas figuras parecen un resto anacrónico de regímenes que se creía desaparecidos, pero que, dada su extensión y resistencia, no pueden ser considerados como excepciones históricas y merecen mayor atención, pues de ellos puede aprenderse mucho. El caso de Franco es a tal propósito suficientemente significativo.

En el Estado personal es una sola persona (el dictador, el caudillo) la que dispone del destino de la nación porque es la única que tiene poder para ello, aunque de ordinario se busque títulos formales de cobertura legal. Su legitimación, carismas aparte, es la fuerza tolerada por los ciudadanos. En el Estado personal franquista, a Francisco Franco, que había asumido todos los poderes del Estado en virtud del Decreto de 29 de septiembre de 1936 de una autodenominada Junta de Defensa Nacional, correspondía la "suprema potestad de dictar normas jurídicas de carácter general" (art. 17 de la Ley de 30 de enero de 1938).

Las primeras normas jurídicas emanadas desde el bando nacional solían venir precedidas de primorosas introducciones en las que se deslizaban términos y conceptos de nuevo cuño que intentaban popularizar los objetivos y principios inspiradores del Estado que un tanto a ciegas se estaba fundando. Así, en el preámbulo del Decreto de Unificación de 19 de abril de 1937, escrito por cierto en primera persona del plural, se alude de forma expresa a "régimen totalitario", "Nuevo Estado Español", "revolución nacional" y "principios eternos de moralidad y justicia". Mientras que en el Fuero del Trabajo de 9 de marzo de 1938 se invoca la "Tradición católica" y el "Estado Nacional Sindicalista".

Un Estado personal tiene, en principio, fecha de caducidad –la desaparición de Franco en nuestro caso– y lo imprevisto fue que esta tardara tanto en llegar, con la consecuencia de que lo provisional se eternizase y de que no se hiciera el menor esfuerzo para acelerar o alterar el proceso. El final había de ser la "muerte (natural) de Franco" y no la "caída de Franco" pues no se pensaba seriamente ni en un derrumbamiento violento ni en un golpe de Estado palatino ni en un magnicidio. Lenta y sosegadamente desapareció de este mundo Francisco Franco, a quien la Ley Fundamental de 26 de julio de 1947 había denominado en términos megalómanos "Caudillo de España y de la Cruzada, Generalísimo de los Ejércitos, Jefe del Estado, Presidente del Gobierno y Jefe Nacional del Movimiento".

2. El Estado franquista era también autocrático. Autocracia significa que todos los poderes del Estado están concentrados en las mismas manos; pero estas no son necesariamente las de una persona individualizada con nombre y apellido, como era el caso de Mussolini o de Franco, sino que pueden ser las de una institución, un órgano colegiado o una persona jurídica. En el caso del General Franco convergían todos los hilos del Poder. En rigor sólo le faltaban los títulos de Presidente del Tribunal Supremo y de Primado de la Iglesia Católica. Títulos que en rigor no le eran necesarios porque la Administración de justicia (incluidos los nombramientos y destinos de los jueces) dependían de un ministro nombrado por Franco; y en cuanto a la Iglesia Católica es posible que al Generalísimo le hubiera gustado ocupar el cargo indicado, pero, aun sin él, al menos tenía asegurada su colaboración entusiasta en agradecimiento a la protección dispensada durante la guerra y al generoso fomento posterior.

3. Autocracia y totalitarismo –tercera nota genérica del Estado franquista– no deben confundirse, porque si la autocracia hace referencia a la concentración de poderes en un órgano o en una persona física, totalitarismo se refiere a la intensidad o ámbito de ejercicio del poder. Un Estado totalitario aspira a intervenir en toda la sociedad, hasta en sus últimos rincones. Autocracia y totalitarismo coincidieron en los primeros años del franquismo, aunque esta coincidencia no fuera necesaria. En el Preámbulo de la Ley de Vigilancia y Seguridad del

Estado de 8 de marzo de 1941 se alude expresamente, aunque sin venir mucho a cuenta, al "Estado totalitario".

En este lugar el término totalitario se entiende por su relación con la política. Un Estado totalitario es aquel que lleva la política hasta los últimos rincones de su actuación. Para él todo es político y por ende todo tiene que ser regulado y gestionado con criterios políticos: concretamente la voluntad del gobernante. A la sociedad, por tanto, se le deja muy poco espacio e incluso se cuestiona la existencia de una sociedad distanciada del Estado. Esto es lo que pretendió ser el Estado Nacional Sindicalista, aunque a decir verdad tuvo escaso éxito en su empeño, porque la intervención totalitaria del Estado exige un aparato administrativo eficaz del que en los años cuarenta y cincuenta carecía el Estado franquista, cuyos únicos instrumentos útiles eran la policía social y la guardia civil. En la ortodoxia doctrinal falangista (Pemartín), "el Estado totalitario coordina y recoge las actividades individuales, las energías y riqueza particulares para ordenarlas al servicio de una verdad superior y permanente".

Sin perjuicio de sus conocidas semejanzas es evidente la distancia que media entre el régimen franquista y sus contemporáneos europeos de cuño dictatorial y aparentemente tan próximos. Porque el régimen fascista italiano (de hecho, la dictadura personal de Mussolini), el nacional socialista alemán (de hecho, la dictadura personal de Hitler) y el soviético (de hecho, la dictadura personal de Stalin) estaban atemperados por la presencia de un partido político, aunque estuviera controlado por el dictador; mientras que en España esto no podía suceder porque los partidos políticos fueron radicalmente disueltos con la única excepción de Falange Española y la Comunión Tradicionalista fusionados, bien a su pesar, en el Decreto de Unificación de 19 de abril de 1937 para constituir "una sola unidad política de carácter nacional, que de momento se denominará Falange Española Tradicionalista y de las JONS (...) intermedia entre la Sociedad y el Estado". Una unificación traumática pero de eficaz pragmatismo, ya que evitó de una vez por todas que una organización ajena se interfiriera en el ejercicio del poder del Jefe del Estado (que de paso lo era también del Movimiento y por supuesto del Ejército) y de un Consejo de Ministros de su absoluta confianza.

La característica más notable del Estado franquista fue sin duda la de que, en contraste con sus referentes, carecía en absoluto de objetivos positivos. El Estado de Mussolini pretendía establecer un régimen corporativo fascista y el Estado de Hitler un régimen nacionalsocialista, imperialista y étnicamente puro; mientras que el Estado de Franco no pretendía nada más que subsistir paralizando, y en su caso aniquilando, a sus enemigos declarados y a sus eventuales rivales. Fuera de la afirmación vitalicia de la jefatura no había nada, porque el Estado nuevo y el nacionalsindicalista no pasaron de ser caricaturas pretenciosas en las que nadie creía. Los dos hipotéticos pilares ideológicos del Régimen –la Falange y la Comunión Tradicionalista– fueron concienzudamente esterilizados al ser unificados en 1937. Y tampoco puede hablarse de una dictadura militar puesto que esta presupone una fuerza colectiva que en España Franco no dejó arraigar. El Estado español franquista es un ejemplo perfecto de Estado personal.

Por lo que a mí se refiere, yo he visto nacer y morir al Estado franquista y vivido en él "cuarenta años de paz" con la falta de información más absoluta. Nadie me habló de él en parte porque era un término redundante dado que con nombrar a Franco bastaba, puesto que se daba por supuesto que el Estado empezaba y terminaba con el Generalísimo; y en parte también por prudencia. Aunque ahora pienso que no se hablaba de él porque, a fuerza de tan prolongados silencios, nadie sabía, ni siquiera aproximadamente, lo que aquello era y la cuestión ni interesaba ni importaba. En la enseñanza secundaria se obligaba a memorizar los Puntos de la Falange sin explicar lo que significaban en la vida pública, y en la universidad había una asignatura denominada "Formación del Espíritu Nacional" (o algo parecido) que se aprobaba sin necesidad de asistir a clase, si es que se daba. Los catedráticos de Derecho Político se cuidaban mucho de no acercarse a España. Teodoro González, que había trabajado en el Tribunal de Garantías Constitucionales de la República, escapó a duras penas de una depuración severa, y en sus lecciones de Valladolid se explayaba prolijamente sobre la constitución inglesa sin pasar jamás al continente. Y luego en La Laguna José María Hernández Rubio, a quien el Régimen no podía hacer reproche alguno, divagaba sobre los imperios asirios y faraónicos sin acercarse ni de lejos a la era cristiana.

Mi impresión es que el Estado franquista no quería que se hablase de él ni para bien ni para mal y que prefería permanecer en un silencio ambiguo, pues si no renegaba de su naturaleza fascista originaria, tampoco le gustaba que se la recordasen esperando poder salir algún día de su aislamiento llamando la atención lo menos posible.

Es posible que con el tiempo consigan los ideólogos borrar de la historia el Estado franquista, al que las generaciones jóvenes –y no tan jóvenes– sólo conocen por las anécdotas de las series y documentales de televisión. En mi caso, sin embargo, la experiencia de haberlo vivido desde el principio hasta el final, me ha servido para comprender muchas cosas, empezando por la imprevisibilidad de su fundación. En ningún libro estaba escrito, en efecto, que un grupo de amigos reunidos a iniciativa propia bajo el nombre tan poco original de Junta de Defensa Nacional pudieran dictar lo que llamaron un Decreto y que de tan sencilla manera quedara fundado un Estado que duró medio siglo.

El Estado franquista puede ser tachado con razón de dictatorial, pero aceptando el riesgo de incurrir en la ambigüedades propias de un concepto tan impreciso como el de dictadura. ¿Qué tienen en común, en efecto, las dictaduras de nacionalsocialismo y del nacionalsindicalismo? El dictador español –escéptico radical, cansado prematuramente y sin la menor afición a gobernar– se retiró pronto de la vida pública para refugiarse en la naturaleza (caza y pesca, embalses y repoblaciones) y en la placidez de la vida familiar. Confió el gobierno a amigos de confianza en una pasividad aparentemente asombrosa pero muy atento siempre a eliminar cuanto pudiese entorpecer su poder, que era lo único que le preocupaba y aun obsesionaba. Sabía muy bien lo que quería y era un maestro en el arte de manejar las virtudes y las debilidades de quienes le rodeaban. Puesto de acuerdo con Dios había elaborado una ética pública y privada propia, que imponía a los demás sin vacilaciones.

Enemigo encarnizado del liberalismo, no tuvo el menor escrúpulo en "acostarse en su lecho" (es decir, en mantener y utilizar buena parte de sus instituciones) donde descansó cómodamente sin introducir más modificaciones que las imprescindibles para salvaguardar sus intereses personales. Ahora bien, aun respetando siempre esta referencia fija, los tumultuosos acontecimientos de cuatro décadas de historia impusieron una evolución que quizás no aprecien debidamente los teóricos políticos, pero que condicionaron profundamente la vida cotidiana de los españoles, como a mí me sucedió, y por eso mi empeño en dar cuenta de una serie de situaciones que, independientemente de lo que ahora digan los historiadores políticos, fue importante en mi vida y en la de todos los españoles de aquel tiempo.

III. ESTADO DE GUERRA

Mirando hacia los años de 1936-39, lo primero que llama la atención es que para el Gobierno republicano la Guerra civil legalmente no existió. Tal como suena. El "estado de guerra" previsto en la Ley de Orden Público de 1933 no fue decretado por el Presidente de la República hasta fines de enero de 1939 cuando ya la suerte estaba decidida. En su lugar se declaró un simple "estado de alarma", que se renovaba periódica y rutinariamente cada mes. En la otra zona, por el contrario, las autoridades militares sublevadas declaraban formalmente el estado de guerra conforme ocupaban cada provincia. Situación generalizada en el Bando de la Junta de Defensa Nacional de 28 de julio de 1936 en cuyo artículo primero se establecía que "el estado de guerra declarado ya en determinadas provincias se hace extensivo a todo el territorio nacional". Así se ejemplifica el distinto valor que puede darse a las leyes. Azaña prescindía de una realidad evidente declarando por decreto (28 veces seguidas) que no había guerra sino simple alarma. Los generales alzados, en cambio, cumplían a la letra una ley vigente prescindiendo de que se habían sublevado contra el régimen que la había dictado.

A mí siempre me ha sorprendido el enorme respeto que los militares tienen por la ley (por la dictada por ellos, claro). Buena prueba de ello es que los organismos que se habían autoconstituido apoyados en su fuerza empezaron a crear un ordenamiento jurídico propio que impusieron militar, administrativa y judicialmente sin dificultades. El artículo primero del Decreto de la Junta de Defensa Nacional de 29 de septiembre de 1936 formalizó el acuerdo de esta de nombrar "Jefe del

Gobierno del Estado español al Excmo. Sr. General de división D. Francisco Franco Bahamonde, quien asumirá todos los poderes del nuevo Estado", mientras que en el art. 5 se derogaban "cuantas disposiciones se opongan a este Decreto".

No sé qué pensarían del estado de guerra y de su Derecho los juristas coetáneos. Yo por entonces no había pisado aún la universidad ni tenía trato con ninguno que estuviera dispuesto a hablarme con sinceridad. Y sabido es que posteriormente poco o nada se ha escrito sobre el particular. Un ejemplo más del escaso interés que han tenido siempre los profesores en hozar en el estiércol de un pasado desafortunado cuando no sangriento y que en este caso –y para las dos zonas en contienda– parece que hubo un pacto de silencio, si no de olvido, que los afectados han respetado escrupulosamente.

Lo que conservo es la impresión de que los españoles consideraban todo aquello como una cosa natural, pues en unos tiempos en que eran cotidianos los encarcelamientos, fusilamientos y expoliaciones, a nadie se le ocurría poner en duda que todo era posible ni invocar las doctrinas enrevesadas de la división de poderes o el principio de legalidad. Cualquier demasía se aceptaba sin preguntarse siquiera si aquello procedía del Estado o de algún otro poder legítimo o ilegítimo. Lo esencial era que procediese de quien tenía la fuerza para imponerlo: lo mismo si se trataba de un general, un obispo o un simple miliciano. Y el que tenía un fusil en la mano estaba en condiciones de disponer de la vida y hacienda de los españoles, considerándose un detalle casi de cortesía el justificar lo que se hacía con una norma legal escrita y expresa.

En mi primera infancia interioricé, por tanto, que la fuerza de la ley es a veces una nota característica de la misma que se apoya en su mero nombre con independencia de su origen y de su contenido. Para los ciudadanos (y para mí el primero) lo que hay detrás del rótulo de la ley es ya obligatorio sin preguntarse quién ha puesto tal rótulo ni qué es lo que se ordena en ella. Basta con que tenga fuerza para hacerlo. Es una operación mágica que convierte las palabras en hechos como unas meras palabras solemnemente pronunciadas convierten una pareja en matrimonio y el vino en la sangre de Cristo. Así se nos ha adiestrado a los súbditos y reaccionamos ante una ley con la misma mecánica con que las mulas empiezan a tirar del carro o se paran cuando el arriero pronuncia unas palabras rituales y hace restallar el látigo en el aire. Lo curioso, tal como descubrí muchos años más tarde, es que esta convicción que con tanta facilidad me habían interiorizado desde que tuve uso de razón y que operaba como un reflejo automático, había sido prolijamente teorizada por autores de primera fila y desde hace siglos constituye uno de los ejes más polémicos de la Ciencia Política.

Ahora bien, todo cuanto arriba se ha escrito valía mientras durase la guerra puesto que entonces el único problema que existía era el ganarla y se vivía el presente sin mirar al futuro, que se mantenía incierto mientras los contendientes tuvieran una bala en su cartuchera. Pero a partir del primero de abril de 1939, ¿qué iba a pasar del Estado español y de su Derecho Público?

IV. EL NUEVO ESTADO

En 1939, Año de la Victoria, se ofrecían una serie de opciones políticas para cerrar definitivamente la pasada contienda.

La primera consistía en la continuación pura y simple de la República (no hay que olvidar que la primera bandera que levantó Franco en 1936 fue la tricolor) aunque fuese depurada de los elementos espurios que la habían manchado y que habían justificado, al parecer, la rebelión militar, o sea, el liberalismo, el separatismo, el comunismo, el laicismo y la masonería. Posibilidad que podía entreverse en los "Puntos de Negrín", pero que nadie tuvo en cuenta ni se atrevió nunca a formular.

La alternativa más viable –dentro del esquema político tradicional– era entonces la monarquía en cualquiera de sus dos variantes (la donjuanista y la tradicionalista) pero Franco no aceptó ninguna de ellas, aunque cautamente tampoco rechazó expresamente tal posibilidad "llegado el momento".

Descartada una Restauración republicana o monárquica había que pensar necesariamente en un "Orden Nuevo" de los que por aquel entonces estaban de moda en Europa y que no por azar habían ayudado al bando nacional. Allí estaban efectivamente el fascismo italiano, del que la Falange podía considerarse una hijuela, y el nacionalsocialismo alemán. Uno y otro con una apoyatura doctrinal frondosa y a decir verdad bastante confusa.

Así es como se asentó en España la idea del "Estado Nuevo" como alternativa al régimen de la vencida Segunda República, que, sin perjuicio de las influencias italoalemanas (recuérdese que durante la guerra si los nacionales llamaban "rojos" a los republicanos, estos llamaban "fascistas" a aquellos) adoptó entre nosotros un sorprendente matiz original de inspiración seudohistórica y seudoreligiosa. La primera y más antigua apología se debe al tradicionalista Víctor Pradera en su temprano libro de 1935 (titulado inequívocamente El Estado Nuevo) que se cerraba con estas palabras que reflejan fielmente la ideología y estilo de aquella pasmosa publicación: "el nuevo Estado no es otro que el Estado español de los Reyes Católicos".

En cuanto a la inspiración religiosa, utilizando una expresión de Pemartín, "la Nación española se ha fundido con su ideal católico (…) Si España ha de ser nacional y ha de ser fascista, el Estado español ha de ser necesariamente católico". Ideal encarnado en la actuación beligerante de la Iglesia Católica en el bando nacional –y en su violenta persecución en el contrario–, hasta llegarse a la extrema afirmación de un llamado "nacionalcatolicismo". La verdad es que a la sazón eran muchos los que pretendían medrar poniendo a la religión de su parte. Recuérdese a este propósito el lema del cardenal Torras y Bages: "Cataluña o será católica o no será".

Lo nuevo era en cualquier caso necesario desde el momento en que las ideologías admitidas por Franco tenían en común el repudio absoluto del régimen parlamentario y en general del liberalismo; lo que hacía imprescindible buscar un repuesto que los intelectuales tuvieron la fortuna de encontrarse con la palabra de moda de "el Estado Nuevo" en el que convergían el Tradicionalismo y la Falange, sin que la derecha sociológica, partidaria inequívoca de un régimen democrático moderado, tuviera la menor oportunidad no ya de decidir, mas ni siquiera de opinar.

La fórmula del Estado Nuevo, además de las coincidencias indicadas, tenía la ventaja de su total imprecisión: era una caja vacía en la que cada uno podía meter lo que le conviniera. Por aquellos años fue su mejor teorizante el citado José Pemartín, quien aportó, minuciosamente desarrolladas, las ideas apuntadas por José Antonio Primo de Rivera. Pero fue un erudito profesor universitario, Juan Beneyto Pérez, el que en un libro titulado "El nuevo Estado español" acertó a situar el fenómeno español en su contexto europeo identificando sus orígenes italiano y alemán así como sus parentescos con los regímenes turco y portugués. De él vale la pena recordar las siguientes afirmaciones de singular contundencia: "El Nuevo Estado es una organización poderosa de tipo asociativo y autoritario, que se enfrenta con el parlamento y el sufragio atómico y pluripartidista. Exaltando lo nacional, exalta la unidad y por la unidad la jefatura. El partido único es la base de esta actitud (que se resume en) Unidad, Totalidad y Autoridad".

Un Estado "nuevo", como cualquier figura jurídica, no puede construirse, sin embargo, sobre un simple rechazo (en este caso al régimen parlamentario democrático), sino que ha de tener un contenido positivo y esto es cabalmente lo que faltaba, quizás por premura de tiempo y de reflexión (y más probablemente todavía por el derrumbamiento bélico de modelo italoalemán, con lo que se cortó el suministro de doctrina). En consecuencia el flamante pero gaseoso Estado Nuevo tuvo que acudir *in extremis* a la asunción de los Puntos de la Falange que originariamente no era más que un simple manifiesto político sobre el que resultaba imposible estructurar racionalmente un Estado.

El armazón normativo del frágil Estado Nuevo constaba, en efecto, de dos pilares fundamentales: los Puntos de la Falange que aportaban la base ideológica primaria y el Fuero del Trabajo de 9 de marzo de 1938. Este último texto, que se autodenomina "carta de derechos y deberes" es por su contenido una auténtica constitución que –además de declarar los derechos y deberes de los trabajadores– diseña un programa preciso de actuación estatal sobre las relaciones laborales, previsión social, empresa, capital, crédito y propiedad privada con la voluntad expresa "de poner la riqueza al servicio del pueblo español subordinando la economía a su política". A tal propósito invocaba las dos raíces, antes señaladas, de la Tradición Católica y del Imperio. A lo que hay que añadir una puntualización terminológica trascendental al advertir en su Preámbulo que ese nuevo Estado "es Nacional en cuanto instrumento totalitario al servicio de la integridad de la Patria, y Sindicalista en cuanto que representa una reacción contra el capitalismo liberal y el materialismo marxista". El Fuero del Trabajo es, por tanto, el acta de bautismo del Estado Nacional– Sindicalista con señas de identidad propias respecto de sus modelos fascista italiano y Nacional Socialista alemán.

Por lo que a mí se refiere, yo recuerdo que al Nuevo Estado se aludía en el bachillerato aunque en términos tan imprecisos que demostraban que los profesores sabían de él tan poco como sus alumnos y que se limitaban a repetir frases y consignas de tercera mano. Caso por lo demás no raro en los establecimientos de enseñanza. De esta forma se cumplía con un deber, se celebraba un rito y como la cuestión no interesaba a nadie, ni en el dogma nadie creía, se pasaba adelante sin mayores preocupaciones. Si alguien ahora quisiera volver a este tema tendría que acudir al desván de los trastos viejos, donde junto al armatoste del Nuevo Estado se amontonan antiguallas tan olvidadas como la revolución pendiente, Dios, Patria y Rey, Patria, Pan y Justicia y tantas otras.

¿Qué queda hoy, al cabo de tantos años, de aquel sonoro Estado Nuevo? Nada, ni siquiera el nombre pues, salvo en muy pocos, no despierta evocación alguna. Ni siquiera se ocupa de él la memoria histórica actualmente tan refrescada. ¿Quién conoce hoy a Pemartín o a Víctor Pradera?

V. ESTADO TOTALITARIO NACIONALSIN-DICALISTA

Desaparecido el estado de Guerra y frustrado el Estado Nuevo, lo que se afirmó a partir de 1939 fue un Estado totalitario denominado oficialmente Nacional Sindicalista y que, en el fondo, era sencillamente una fase más del Estado franquista.

El núcleo de su ordenamiento jurídico procedía del Derecho de Guerra, del que se iban limando progresivamente sus aristas más agresivas y al que se fueron añadiendo otros elementos de gobierno que en ningún caso llegaron a ser democráticos, aunque externamente quisieran parecerlo, como las Cortes, que no pasaron de ser un extraño poder resonador sin representación popular ni voluntad propia; o la mecánica del referéndum, de aplicación literalmente grotesca. La evolución más señalada fue la de las entidades locales –municipales y provinciales– cuyo nuevo régimen les permitió funcionar con aceptable eficacia aunque no fueran democráticas ni pretendieran serlo. La Administración estatal, una vez superado el trauma de las depuraciones, se estabilizó. Las instituciones públicas empezaron, en suma, a actuar y a recuperar la normalidad, si bien en unas condiciones económicas y financieras bajo mínimos.

La unidad y la jerarquía siguieron vigentes manifestándose ahora bajo la fórmula de una rigurosa centralización administrativa y de una vigilancia policial –y militar: este dato es esencial– férrea. El aparato político y el sindical crecieron en términos gigantescos, pero no llegaron a suponer un poder estatal ni un contrapoder del Gobierno. Hubo una especie de pacto de no agresión: el Estado financiaba esta burocracia y el partido único y los sindicatos, encargados de la gestión de la economía, se mantuvieron pacíficos y garantizaban, independientemente de la policía, la tranquilidad de las masas proletarias y de la población en general. De hecho, el orden público era la tarea fundamental del Gobierno.

Los profesores observaban mansamente esta situación e incluso inventaban justificaciones plausibles de la misma. En los *Elementos de Derecho Administrativo* de Royo Villanova (ed. 1948, I, p, 65) –que fue el manual que me obligaron a memorizar en la Facultad de Valladolid– puede leerse el siguiente comentario: "Se ha dicho algunas veces que el Estado autoritario desconocía el principio de la división de poderes. Tal afirmación es cierta si se considera la división de poderes en un sentido genuinamente liberal. (…) Mas la doctrina de la división de poderes tiene, además, otra significación: es una explicación del principio de la división del trabajo. En este sentido la doctrina subsistía incluso en los Estados totalitarios. Mas ya no tiene por finalidad la garantía de la libertad individual sino el perfeccionamiento de la labor del Estado".

En el Estado totalitario nacional sindicalista la ley tomaba, pues, un sentido muy distinto del que tenía en el Estado liberal, como reiteraba el mismo Royo Villanova (*ibidem*, II, 880): "Las garantías jurídicas (del Estado liberal) no han perdido su razón de ser en el nuevo Estado. Es verdad que el Derecho Administrativo no puede estimarse como un conjunto de reglas encaminadas a garantir los derechos de los particulares frente al poder de la Administración sino que tiende a regular la vida nacional de manera que pueda realizarse la misión histórica de la Nación. Sin embargo, ello no significa que desaparezcan todos los intereses individuales para el Derecho (pues) algunos merecen y obtienen la protección (que se traduce en) acudir a los tribunales. Verdad es que estos intereses particulares sólo obtienen protección en tanto que no están en pugna con el supremo interés nacional, pero no es menos cierto que una vez garantizado el bien de la Nación, nada se opone a que los intereses legítimos de los ciudadanos alcancen una tutela eficaz".

La inevitable consecuencia es que la función de la ley se reducía ahora a proporcionar simples "directivas" que orientasen a la Administración hacia los fines políticos que se les añadían, tal como había intuido ya en 1939 García Oviedo en una obra cuyo título habla por sí solo: *Las directivas del Estado nuevo*. Desde el punto de vista constitucional la naturaleza de este Estado se coronó en la ley refrendada de 26 de julio de 1947 conforme a la cual "España, como unidad política de un Estado católico, social y representativo, de acuerdo con su tradición se declara constituida en Reino".

Si en el Derecho de Guerra no había sitio para los partidos políticos en cuanto que podían entorpecer la unidad de la acción militar, lo mismo sucedía con los sindicatos, cuya capacidad bélica se había revelado en la zona republicana durante los primeros meses del conflicto. En la zona nacional ambos elementos compartieron el mismo destino: fueron radicalmente eliminados y sustituidos por unos remedos o caricaturas, en este caso los Sindicatos Verticales de la Organización Nacional Sindicalista. Burda mistificación coronada lógicamente –aunque la fórmula no dejaba de tener cierta ironía– por la unión de ambos factores. Tal como declaraba el apartado XIII, 4 del Fuero del Trabajo de 1938, "las jerarquías del sindicato recaerán necesariamente en militantes de FET y de las JONS".

Esta operación era hábil y expresaba una vez más el cínico pragmatismo del incipiente régimen franquista, puesto que alcanzaba de un solo trazo diversos fines: se eliminaban competidores del Estado que podrían debilitar el poder militar, se levantaba una fachada de cobertura ideológica notoriamente engañosa pero formalmente suficiente y, sobre todo, se creaba una estructura pública parasitaria cuyos cargos y prebendas desestimularían para siempre las inquietudes de los ciudadanos críticos o ambiciosos que podían comprobar cómo a cambio de realizar el trabajo sucio del poder y de controlar la insatisfacción de las masas de trabajadores, se vivía mejor dentro del Estado y a costa de él que en su contra.

La incorporación del sindicalismo al Estado franquista es un ejemplo perfecto del pragmatismo con que se constituyó este Estado en unos años en los que se carecía de principios e ideas propias –puesto que es notorio que el Alzamiento únicamente disponía de un objetivo negativo: el rechazo del liberalismo y la defensa frente a las presiones populares sociales y anarquistas– y pensadores políticos de alguna autoridad no tenía desde el momento en que José Antonio Primo de Rivera había desaparecido y los ideólogos tradicionalistas y de la CEDA fueron marginados.

Por su parte, el general Franco carecía en absoluto de una fórmula de recambio y tampoco tenía de dónde tomarla, puesto que los regímenes fascista y nacionalsocialista no le inspiraban demasiada confianza y duraron a estos efectos demasiado poco. En estas condiciones se limitó a formalizar el caudillismo, que era lo único en lo que creía, improvisando un Estado original, para lo que aprovechó con desenvoltura algunos elementos que tenía a mano y se cuidó bien de que no pudiera nadie hacerle sombra. La utilización de la Falange, como sucedáneo de los partidos políticos, fue un alarde de imaginación y más todavía la incorporación a las estructuras públicas de un sindicalismo de zarzuela que nadie se hubiera atrevido a soñar antes y que terminó desarrollándose de una manera inesperada.

El origen se encontraba en unas frases de los Puntos de la Falange, cantera inagotable de toda clase de innovaciones: "Los españoles participan en el Estado a través de su función sindical (…) Concebimos el Estado en lo económico como un gigantesco sindicato de productores. Organizaremos corporativamente la sociedad española mediante un sistema de sindicatos verticales".

Durante la Guerra civil se plasmó esta vaga idea en unos rudimentos de organización sindical encuadrados en un ministerio del Gobierno. Solución que encontró una dura oposición, que acabó imponiéndose en la Ley de Unidad Sindical de 26 de enero de 1940 donde se invirtió el planteamiento puesto que desgajó los sindicatos de la estructura ministerial para adscribirlos a la Falange, que así quedaba robustecida y de paso –si se permite la expresión– se le daba algo importante y rentable que hacer, evitando además la tentación de una actividad política auténtica. La exclusividad monopolística de estos sindicatos, la ampliación de sus funciones económicas y sociales y la imposición de una cuota obligatoria para su mantenimiento, convirtió el sindicalismo en un patrimonio personal del partido único, que garantizaba su poder y al tiempo la alimentación de una clientela gigantesca y, en fin, un campo de cierta maniobra política desde el momento en que –además de su participación, nada desdeñable, en el gobierno municipal– por la ley de las Cortes de 1942 se fijaba la inserción en ellas nada menos que de un tercio de procuradores sindicalistas. Con todas estas operaciones se justificaba la denominación del Estado franquista como Nacionalsindicalista, aunque, por otra parte y para no dejar al descubierto la vulnerabilidad del sistema, las Leyes Fundamentales (salvo la primitiva del Fuero del Trabajo) se cuidaran mucho de no insistir en este punto.

La Falange y el Nacionalsindicalismo fueron dos artilugios improvisados a última hora. Detrás de ellos no había otras realidades institucionales que la de la Iglesia Católica y el complejo Ejército-Policía. Todo ello a la sombra de un "caudillaje" cortado a la medida personal de Francisco Franco con retazos teóricos importados atropelladamente de Italia y de Alemania sin otros adornos intelectuales que los que quiso añadir –y no pudo rematar– Francisco Javier Conde.

En estas condiciones el paliativo de las Leyes Fundamentales era un escarnio, puesto que si sólo algunos añoraban una constitución auténtica, todos precisaban pan y techo, que el Gobierno no les daba ni podía darles en mucho tiempo y al precio de enormes esfuerzos y sacrificios. Algo hubo, con todo, que no debe silenciarse: el Estado nacionalsindicalista bien sea por impulsos sinceros o para aplacar el descontento de las masas y compensar el déficit democrático estableció las bases de un bienestar social que no se había conocido nunca en España y que tampoco se habían imaginado siquiera las izquierdas más progresistas: un Derecho laboral que garantizaba al extremo los derechos individuales de los trabajadores, un Derecho de arrendamientos inclinado confesadamente en beneficio de los arrendatarios tanto rústicos como urbanos y una Seguridad Social de amplitud inédita que incluía una protección sanitaria generosa para los tiempos.

Conste finalmente que mis consideraciones anteriores no son de la cosecha de los años cuarenta y cincuenta sino muy posteriores. Con sinceridad reconozco que el aislamiento intelectual de los universitarios de aquella época nos había esterilizado por completo e ignorábamos hasta el nombre de las cosas importantes: una tibetanización férrea donde ni las personas ni las ideas podían entrar ni salir. Por tal experiencia he podido calcular luego lo que supuso para la decadencia de España el cerrojazo intelectual y religioso que impuso en su tiempo Felipe II. Cierto es que en otras ciudades más grandes y más abiertas pudieron formarse grupos avanzados de pensamiento académico y de acción obrera; pero yo sólo puedo testimoniar que Valladolid era un páramo en el que únicamente medraban cardos burocráticos de la peor especie y versificadores de juegos florales. Hubiéramos podido leer, desde luego, pues había suficientes librerías de contrabando, pero es que ni siquiera sabíamos lo que nos importaba. Nadie nos dio un consejo, nadie nos abrió una ventana para que entrara el aire de Europa. Éramos ignorantes perfectos, es decir, que hasta ignorábamos que lo éramos.

Y por si fuera poco, nos habían adiestrado para la indiferencia porque el Estado Nacional Sindicalista no tenía el menor interés en que los españoles conociéramos sus estructuras y eventualmente sus secretos. Se cerró sobre sí mismo y consiguió que, al darle todos la espalda, nadie le perturbase la digestión de la comida ni la siesta. En lo que a mí se refiere, pese a todo, fui madurando y un día, aunque fuera muy tarde, alcancé la edad de la observación y de la reflexión después de haberme escapado de aquella isla de lotófagos.

VI. EL ESTADO ADMINISTRATIVO DEL TARDOFRANQUISMO

En las décadas de los 50 y los 60 se pasó en el terreno económico de una autarquía obsoleta a una liberalización moderna con sus toques planificadores y un inequívoco conservadurismo social. Con ello dio un salto el nivel de vida de los españoles que "pasaron de las alpargatas al 600" y al tiempo se relajó sensiblemente la presión religiosa y de orden público. Progresos que en la vertiente política no tuvieron, sin embargo, la menor correspondencia puesto que aquí no se fue más allá de la retórica y de la pintoresca Ley de los Principios Fundamentales del Movimiento. Otra cosa no cabía porque, cuando no se había montado un aparato político institucionalizado y todo giraba sobre una persona física, no había otra alternativa en vida de esta (sea un tirano sangriento o un patriarca semidemenciado) y Franco no acababa de morirse.

En consecuencia hubo que olvidarse del cambio político para atender a otros paños. Lo que se logró cuando se descartó, al fin, la baza de los viejos falangistas de camisa descolorida, que si no habían logrado plasmar su ideología en la estructura estatal, ciertamente habían paralizado cualquier intento de evolución. Con tal ocasión llegaron los tecnócratas (encabezados por López Rodó protegido por Carrero Blanco) que, aprovechando el espacio que se les dejaba, se apoderaron de la Administración pública y de parte del sector económico, que transformaron sustancialmente. Pero se cuidaron mucho de no "meterse en política" ni de tocar una ideología que desde luego no compartían, pero a la que se adaptaron con facilidad. De esta forma durante el Tardofranquismo se pasó suavemente del Estado Totalitario al Estado administrativo dirigido por tecnócratas o, si se quiere, por una tecnoburocracia.

En el vacío político abierto por un General que había desmontado el Estado constitucional de la Segunda República, pero que no había establecido nada nuevo salvo los telones y bambalinas de una nada política llamada nacionalsindicalista y un régimen totalitario repudiado en Europa, era natural que la mejor de las demás fórmulas posibles fuera la del Estado administrativo perfectamente teorizado en las ciencias políticas y administrativas.

El Estado administrativo, tal como se diseñó con absoluta precisión a mediados del siglo XIX y se ha practicado esporádicamente desde entonces en algunos países europeos, pues la versión norteamericana es distinta, se basa en los siguientes principios:

1. Se respeta el régimen político cualquiera que sea –absoluto, autocrático o democrático– y a él se subordina el aparato y la actuación administrativa.

2. Su objetivo se centra en la eficacia de la acción pública mediante el afinamiento de la organización, el establecimiento de procedimientos idóneos y la utilización racional de sus medios personales y materiales.

3. La eficacia se refiere tanto a los fines del Estado como a los de la sociedad.

4. El Derecho es atendido por ser considerado como un instrumento útil tanto para la eficacia del Estado como para el bienestar de los ciudadanos.

5. Aunque formalmente el aparato administrativo no pretende sustituir ni rectificar las decisiones políticas superiores, de hecho influye en ellas puesto que de ordinario las prepara y en su mano está ejecutarlas.

6. El respeto es mutuo porque los órganos políticos, que confían en la honestidad y en la eficacia del aparato, no pretenden inmiscuirse

en su autoridad: son dos esferas separadas pero bien encajadas y coordinadas.

7. Los funcionarios, incluidos los que ocupan los cargos superiores, aunque tengan ambiciones políticas personales, evitan presentarse como políticos y utilizan el sello identificatorio –en ocasiones hipócrita y aun cínico– de técnicos o burócratas para no despertar recelos en la clase política, cuya fuerza están soterradamente socavando cuando no suplantando. Por cierto que esta inhibición política formal fue sin duda lo que les permitió ganarse la confianza de Franco.

Las consecuencias del Estado administrativo pueden ser inesperadas y a veces sorprendentes, puesto que si suceden a un régimen excesivamente politizado, su tibieza puede provocar un déficit democrático, pero esta misma tibieza, cuando se parte de un régimen autocrático, puede servir de puente para llegar sin violencia a un Estado constitucional democrático, como ha sucedido en España. Porque durante el Tardofranquismo el Estado administrativo o tecnoburocrático ha operado como sucedáneo –y al tiempo como anuncio– del posterior Estado constitucional democrático. Algo loable siempre y cuando no se confunda lo sucedáneo con lo auténtico.

Una de las claves del Estado administrativo es la de que en él se reconoce la importancia del Derecho en cuanto elemento de la eficacia. Un aparato sólo puede ser eficaz si cuenta con reglas adecuadas de funcionamiento, a las que los gestores deben atenerse, como ya se vio en el Antiguo Régimen cuando las Monarquías absolutas se engrandecieron apoyadas en una burocracia centralizada y en unas ordenanzas minuciosas que indicaban a cada servidor del monarca qué es lo que tenía que hacer. En el Estado administrativo franquista al tomarse conciencia de que la eficacia pasaba por el Derecho se recuperó el viejo principio liberal de legalidad exigiéndose en consecuencia que todas las actuaciones administrativas se ajustaran a la ley. Aunque también es cierto que se trataba simplemente –y no era poco– de una legalidad formal, que incluía un refinado entramado de jerarquías normativas y una minuciosa regulación del procedimiento administrativo. Esta legalidad meramente formal del Estado administrativo suponía, por tanto, que la ley tenía por sí misma un valor supremo con independencia de su contenido y, más aún, con independencia de su origen y sin sujeción a otros valores superiores propios de la justicia o de la constitución y, por supuesto, sin tener en cuenta que emanaba de un poder autocrático sin la menor participación del pueblo.

Nada de esto preocupaba en el Estado administrativo aunque se consiguió, al menos, que se respetasen las reglas de jerarquía y de procedimiento, acercándose así solapadamente al Estado liberal de Derecho y renegando de un credo que venía predicándose desde 1936. En 1954 el Estado franquista metió así dentro de sus murallas a un peligrosísimo caballo de Troya.

Y más todavía: a este primer elemento del principio de la legalidad se añadió el segundo, no menos importante, de la generalización, apenas sin excepciones, de la garantía judicial. Porque se comprendió, al fin, que de poco valían los derechos legalmente reconocidos si no existían mecanismos que asegurasen su realización efectiva.

La proposición anterior puede parecer axiomática, pero en mi caso personal provocó unos efectos ambiguos dado que por primera vez se me despertó la sospecha de que los tribunales, además de la función indicada, podían cumplir otra muy distinta, a saber, la de encubrir con su velo de legalidad una situación descarnada de represión. Tal es lo que habían hecho sin disimulo los tribunales militares de la guerra y de la posguerra; pero dadas las circunstancias no había llamado la atención, puesto que igual valor se daba a sus sentencias que a las ejecuciones ordenadas de plano por cualquier autoridad militar o por el oficial al mando de una patrulla antimaquis. Pero en 1960 la situación era muy otra cabalmente porque lo que se pretendía era someter a Derecho todo el comportamiento del Estado y para eso estaban los tribunales.

El planteamiento oficial no podía ser más correcto a primera vista, pero no superó en la realidad la piedra de toque del Tribunal de Orden Público. En un ambiente cada vez más sosegado, aún seguía latiendo la cuestión del orden público en su variante político-social. Pues bien, como el Gobierno no estaba dispuesto a confiar tales asuntos a los tribunales ordinarios creó el Tribunal especial de Orden Público que, siendo formalmente un tribunal igual que los demás, encajaba de hecho en el mecanismo represivo de la brigada político-social (oficialmente Policía de Investigación Social), cuyas actuaciones santificaba y coronaba. Y recuérdese que no se trataba de una bagatela pues llegó a dictar nada menos que cuatro mil sentencias hasta que desapareció en 1976. En mi caso –repito– aquel episodio levantó inicialmente unas dudas que con el tiempo fueron haciéndose más densas hasta que han llegado a consolidarse en mi actual escepticismo y desconfianza total hacia los tribunales, según expondré más adelante en un capítulo aparte.

La razón del establecimiento de este tribunal era muy clara: con él se pretendía mejorar la imagen internacional de la represión española en 1962 dañada por la declaración de frecuentes estados de excepción y por las actuaciones todavía más frecuentes de consejos militares de guerra (sin olvidar el pintoresco "Juzgado especial militar del Coronel Eymar"), que culminaron en la condena a muerte de Julián Grimau. Formalmente, por tanto, aquello suponía un gran paso hacia la normalización del Régimen, puesto que suponía la supresión casi total de la jurisdicción militar para los civiles. Pero por otro lado funcionó como un portillo para la exposición de críticas en boca de abogados que no sólo denunciaban que no era un tribunal propiamente dicho por su falta de independencia real y por la ausencia de garantías en sus procedimientos, sino que aprovecharon la oportunidad para atacar al Régimen sin rebozo desde la (relativa) impunidad que les ofrecía el banco de la defensa.

A estas alturas ocioso es conjeturar si la superación del Estado Nacionalsindicalista y su sustitución por el Estado administrativo contribuyó a despertar la conciencia democrática ciudadana o si, por el contrario, fue esta la que trajo al Estado administrativo como preparación para el Estado constitucional cuyo advenimiento se tenía ya por inevitable e inminente. Lo que aquí importa es dejar constancia de que el Estado franquista, rigurosamente inmovilista en política, tuvo el acierto de evolucionar en su forma de gestión, flexibilizando la Administración, adaptándose al cambio de circunstancias, aliviando la presión ejercida sobre los ciudadanos y provocando una mejora sustancial en la economía y en las relaciones sociales que, en definitiva, desestimulaban la oposición violenta y permitían esperar con paciencia la muerte del General y, lo que era aún más interesante, facilitó un cambio posterior rápido y nada traumático. Por así decir, el Estado personal y autocrático del franquismo incubó en paz el huevo del Estado democrático que había de sucederle. Una prudencia que ahorró muchos disgustos a los españoles y permitió una transición política pacífica sin necesidad de acudir a una nueva Guerra civil o al menos a un golpe de Estado. En los años setenta del siglo pasado esta sensatez parecía modélica y por eso nada tiene de extraño que la vía española de la transición fuera tenida por ejemplar en todo el mundo y de aplicación recomendada para salir de los regímenes dictatoriales, entonces tan generalizados. Los españoles, por una vez con razón, pudimos sentirnos orgullosos de nuestra historia aunque no por mucho tiempo.

El Estado administrativo nos hizo tomar conciencia de un dilema capital: la interminable agonía de Franco nos ofrecía dos posibilidades de futuro: o bien un Estado apolítico o bien un Estado constitucional democrático. La primera opción tenía muchos seguidores seducidos por el hecho de que no pasaba de ser la continuación de algo conocido, de éxito comprobado, y que podría introducirse sin violencia puesto que bastaba un par de retoques para ponerlo en marcha. Además, los Estados apolíticos que se conocían en los países asiáticos estaban dando buen resultado: económicamente prosperaban a buen ritmo, su gestión era barata y, sobre todo, en España no significarían una ruptura y por ende no se encontraría demasiada resistencia por parte de la clase política dominante. Mientras que los seguidores de la otra opción argumentaban razones más imprecisas aunque más contundentes: por la vía democrática se llevaba suspirando –y algunos luchando– demasiados años y no era el caso de dejar pasar esta oportunidad para incorporarnos a Europa y a la civilización occidental a la que pertenecíamos; en cuanto a la eventual resistencia de los privilegiados actuales era de esperar que se percatasen de que con la muerte de Franco su hora había pasado. En cualquier caso esta opción arrolló a la contraria y los españoles se inclinaron por la fórmula política constitucional y democrática. La dificultad estaba, no obstante, en su establecimiento efectivo, que era lo que todos deseaban.

Aquí tuvo lugar un milagro inesperado. Porque es el caso que la revolución política prosperó sin violencia en una operación de retirada voluntaria: el Régimen franquista se suicidó literalmente –en una rocambolesca maniobra parlamentaria– abriendo las puertas provisionalmente al Régimen democrático.

Con la muerte de Franco se terminó el Estado administrativo y con él se cerró la última fase del Estado franquista: una figura histórica de larguísima duración que se había iniciado con un golpe de Estado cuartelero y que se retiró pacíficamente en una sorprendente operación parlamentaria.

VII. EL ESTADO DE TRANSICIÓN DEMO-CRÁTICA

Los millones de españoles que asistieron sollozando a los funerales de Franco, cuando regresaron a sus casas se apresuraron a mudar de hábito y en unas horas se convirtieron en demócratas de toda la vida: exactamente lo mismo que habían hecho unos años antes cuando se pusieron en un amanecer la camisa azul. Nada nuevo, por tanto, en la historia. La seguridad es lo primero, siempre es útil tomar precauciones y aunque ahora no hubo represalias, más valía ser precavido y para el pueblo llano tanto daba la uno como lo otro.

Con la muerte de Franco se terminó definitivamente un franquismo que todos soportaban mansamente pero en el que ya nadie creía y el Estado franquista en su última variante administrativa se disolvió como un azucarillo, si bien dejando un poso turbio. Esta vez, sin embargo y a diferencia de en 1936, no había que inventarse un fantasmagórico Nuevo Estado sino que existía una alternativa indiscutida y bien conocida: el Estado constitucional democrático, al que se llegó con una rapidez inusitada y en un clima de paz completa.

La transición de una autocracia a una democracia fue modélica en cuanto rápida, sincera, sin traumas, rencores ni violencias. Lo que demuestra la vaciedad y el formalismo del régimen anterior y la existencia de un pacto social implícito mediante el cual los españoles se habían comprometido a establecer y aceptar la democracia al día siguiente de la muerte de Franco. Un pacto que los políticos de viejo y nuevo cuño respetaron fielmente y que acertaron a llevar a cabo de forma tranquila –con la ayuda de una Monarquía que emergió en una inesperada carambola histórica– que nadie quiso analizar porque el aludido pacto social estaba asegurado por una cláusula de olvido y cierre del pasado. No era el momento de ajustar cuentas sino de recuperar el tiempo político perdido y de incorporarse lo más rápidamente posible al destino europeo. La Constitución de 1978, pese a sus imperfecciones de bulto, sirvió para sellar formalmente ese pacto social.

Esta transición fue una operación técnicamente delicada puesto que el régimen pasado no ofrecía salida legal alguna (antes al contrario parecía que "todo estaba atado y bien atado") y las soluciones propias del régimen futuro tampoco podían utilizarse cabalmente porque aún no habían nacido. La Transición, al no ser revolucionaria ni violenta, exigió unas manipulaciones de "ingeniería normativa" que únicamente fueron posibles porque la voluntad de la sociedad era prácticamente unánime y, al cabo de tantos años de travesía en el desierto, había prisa por llegar al fin a la Tierra Prometida. En consecuencia no se levantaron críticas ni escrúpulos en un proceso que no podía ser impecablemente regular.

Ahora bien, tal proceso no consistió en una simple sustitución de unas Leyes Fundamentales por una Constitución democrática ni en la elección de unas Cortes mediante sufragio universal libre. La adaptación al cambio exigió tiempo y para este período puede hablarse con toda propiedad de un Estado de Transición democrática.

La verdad es que se empezó mal porque la Constitución de 1978 era un adefesio: algo que hasta ahora ha sido "políticamente incorrecto" decir públicamente, pero que hoy se reconoce cuando ya es demasiado tarde para rectificar ciertos errores.

Al aprobarse esta Constitución hubo un consenso ciertamente, pero el consenso consistía en que quería aprobarse a todo trance y que, en consecuencia, había que dejar para más adelante todo lo discutido, que era mucho. Y, peor todavía, la cuestión fundamental de la organización territorial del Estado se redactó de una manera deliberadamente confusa. La consecuencia fue un texto abierto, prácticamente en blanco, que permitía toda clase de posibilidades, de tal manera que en 1979 los españoles no sabían qué iba a ser de ellos en el futuro inmediato.

En aquel momento, y por fortuna, las pasiones políticas no estaban aún inflamadas y unos Gobiernos conciliadores pudieron ir clarificando pacíficamente la situación sin otros frentes violentos que los de la amenaza militar (pronto sofocada) y el terrorismo vasco. Además, el primer Tribunal Constitucional en un alarde de sabiduría y sensatez acertó a dar contenido preciso a buena parte de los preceptos que el texto constitucional había dejado abiertos.

Esta fue, pues, la gran obra del Estado de la Transición: convertir un régimen autocrático en otro democrático, aprobando con rapidez un texto constitucional, al que luego las leyes de desarrollo y la jurisprudencia del Tribunal Constitucional dotaron de un contenido aceptablemente preciso. Así fue cómo, al cabo de unos breves años y en un ambiente de pacífica convivencia e inequívoca voluntad democrática, ha podido establecerse en España el Estado constitucional social y democrático de Derecho durante tanto tiempo deseado.

La existencia real de la Transición democrática no autoriza a silenciar, sin embargo, la alternativa, pronto abortada, de una vía revolucionaria amorosamente cultivada por una juventud universitaria tan alejada entonces, en el fondo, de la realidad. Porque es el caso que en los años 70, cuando ya se daba por segura e inminente la extinción de Franco y con él la del franquismo, se ofrecía un segundo dilema de futuro que se superponía al que acaba de enunciarse antes: la vía democrática o la vía socialista. Luego se olvidó pronto esta segunda opción; pero en aquel tiempo encendía las pasiones estudiantiles y alimentaba las ilusiones de los hijos revolucionarios de las familias burguesas que ocupaban la mayor parte del profesorado de segundo nivel y que desarrollaban un proselitismo infatigable.

Esta opción abortó, como es sabido, antes de llegar a la vida. A las primeras de cambio los densos escuadrones de universitarios comunistas se pasaron en masa y sin rubor a los partidos nacionalistas y socialista, donde tenían asegurada una carrera que en el escuálido partido comunista resultaba imposible. El frenesí revolucionario de la Transición se apagó como por encanto y en unos meses desaparecieron los asistentes a los mítines y de las calles los manifestantes. Los fieles abandonaron, y hasta escondieron, sus manoseados catecismos que de nada valían ya en sus nuevas carreras políticas y profesionales y de aquel naufragio únicamente se han salvado algunos cantautores que se refugiaron a tiempo en el arca de Noé de la nostalgia y a los que todavía se sigue rindiendo intermitentemente un culto melancólico un tanto patético.

En resumidas cuentas el Estado de la Transición desarrolló limpiamente la maniobra política de despegue de la democracia y sabido es que esta operación es más difícil que la travesía propiamente dicha. Políticamente se despegó bien y sin incidencias: una auténtica hazaña.

En cambio, desde el punto de vista administrativo su gestión no pudo ser más desafortunada dado que, por lo pronto, se desaprovechó la oportunidad de dar un impulso que en los momentos de coyuntura es fácil de conseguir. Y no fue así, antes al contrario, puesto que se mantuvieron los errores anteriores y con la excusa de la democratización se iniciaron unas derivas que, según veremos más adelante, resultaron fatales y que ya no hubo forma de enderezar.

El objetivo del Estado de Transición era (o debió haber sido), además de liquidar las instituciones públicas anteriores en el sentido de depurar los elementos políticamente superados, conservar las que funcionaran bien y adaptar todas a las nuevas circunstancias democráticas. Una tarea que no se hizo. De hecho se conservaron intactas instituciones obsoletas y se respetaron todos los vicios y disfunciones que venían arrastrándose durante dos siglos. No se acertó a dibujar siquiera una Administración y una función pública "para la democracia".

Las buenas expectativas de la democracia española reinstaurada duraron muy poco. Pronto, demasiado pronto, vino el "desencanto" provocado en buena parte por el desacertado comportamiento de los partidos políticos, que en lugar de gestionar decentemente los intereses sociales prefirieron engañar a la masa ciudadana anunciando promesas que sabían irrealizables para apresurarse a ocupar el aparato público al que utilizaron como un botín de cada victoria electoral y como instrumento de un saqueo económico generalizado.

Mucho se habla del desmantelamiento del Estado del Bienestar pero lo que verdaderamente ha sucedido es que el Estado constitucional democrático se había convertido en un Estado pródigo propio de una sociedad consumista e irresponsable fomentado por una partitocracia insaciable.

Las afirmaciones anteriores son deliberadamente rotundas y exigen una mayor argumentación que, sin embargo, no voy a desarrollar aquí dado que, por tratarse mayoritariamente de aspectos administrativos y no estatales en sentido estricto, tienen mejor acomodo en el capítulo siguiente.

VIII. ESTADO DE CRISIS Y CRISIS DEL ESTADO

En los primeros años del siglo XXI el Estado constitucional de tipo occidental ha sufrido unas sacudidas tan intensas que bien merece un cambio de denominación –Estado de crisis o Estado de emergencia– cuyo rótulo no hace referencia a la crisis económica (o crisis por antonomasia por la popularidad que ha alcanzado), sino a una constelación de alteraciones contextuales que han desnaturalizado el fenómeno estatal que parecía haberse consolidado hasta colocarse por encima de las corrosivas e implacables evoluciones históricas. Porque es el caso que en estos últimos años han emergido simultáneamente y con efectos sinérgicos multiplicadores una serie de acontecimientos que venían incubándose desde hacía algún tiempo y que todos se empeñaban en desconocer sin querer escuchar los sombríos avisos de las sibilas.

Estaba el falseamiento sistemático del régimen democrático, el deterioro progresivo de las instituciones públicas, la europeización y luego globalización de las relaciones económicas y sociales, la revolución informática y de comunicaciones y, para no alargar demasiado la lista, la distorsión demográfica y sobre todo la inversión de los valores públicos y privados y la correspondiente subversión de comportamientos. En unas condiciones tan distintas resultaba a todas luces imposible la conservación de un modelo de Estado consolidado en la brevísima coyuntura histórica del siglo anterior. Lo único seguro es que el Estado tradicional ha entrado en crisis porque han fallado sus elementos: las fronteras se han permeabilizado, la población se ha fraccionado dejando atrás el unitarismo nacional disuelto ahora en contradicciones étnicas y religiosas al parecer insuperables, los Gobiernos han perdido el control de las fuerzas que antes manejaban, los políticos se han deslegitimado, la soberanía ha pasado a manos internacionales anónimas o a masas agresivas que pretenden articularse en Internet. Del Estado sólo queda un armazón obsoleto cuando no muerto a disposición del que quiera ocupar su puente de mando, pero no ya para pilotarlo sino para saquearlo.

En 1980 resultaba ya posible percatarse de que las cosas no podían seguir así. Con detalle lo expuse aquellos años en *La organización del desgobierno* y *La nueva organización del desgobierno*, que era una constatación implacable de hechos evidentes pero maliciosamente ocultados y que se traducía en un pronóstico para el que no cabía apelación: con aquel desgobierno nos íbamos a estrellar inevitablemente. Unos años más tarde realicé un análisis prolijo (*El desgobierno judicial* y *El malestar de los jueces y el modelo judicial*) de cómo se las habían arreglado los partidos políticos para desactivar el mecanismo constitucional de control, o sea, el poder judicial. Sin este control (y sin el de los medios de comunicación social, que con otros medios también se había paralizado) quedaba libre el camino hacia el despeñadero.

Tal era la verdadera crisis que los políticos ocultaban por la cuenta que les tenía y los ciudadanos preferían ignorar para no tener que apartarse de la mesa de los despilfarros. Las crisis inmobiliaria, bancaria, educativa, sanitaria, judicial y las demás son simples manifestaciones de un fenómeno general y más profundo. Y si han tenido más resonancia ello se debe simplemente a que han llegado a la carne y a la bolsa de los ciudadanos, que es donde duele, mas no porque tengan mayor importancia cada una de por sí. De todo ello ya he rendido cuenta en un libro (*El desgobierno de lo público*) de mayor perspectiva y más largo alcance.

Lo más grave, con todo, no ha sido que determinadas causas nos hayan llevado al desastre actual sino el hecho de que, al mantenerse tales causas, que nadie quiere tocar, nos van a impedir superar la crisis. Esto es lo fatal de la historia y lo que nadie quiere oír. Saldremos –o nos sacarán– de este tremendo bache, pero será para volver a caer un poco más adelante. A Europa no le importa el destino de España y si ahora nos echa una mano es sencillamente para no poner en riesgo la estabilidad de la zona euro. Lo demás es cosa nuestra. La crisis española, en suma, no es simplemente económica ni es de hoy ni se remediará con inyecciones de dinero, recortes de gasto ni descenso del paro. La crisis es un mal propio que llevamos dentro y que podrá aliviarse momentáneamente, pero ahí seguirá mientras continúen la rapacidad política, la incapacidad administrativa y la deficiente colaboración cívica en un entramado que se sostiene y corona con la corrupción generalizada. Por lo pronto se ha colocado un R.I.P. en la fosa del Estado social y democrático de Derecho.

Sin perjuicio de la posible exactitud de la observación anterior y de lo preocupante de sus inevitables consecuencias, hay un dato en la realidad actual que tiene mayor conexión con el pasado que con el futuro. A lo largo de mis estudios históricos sobre la primera mitad del siglo XIX (*Historia administrativa de la Regencia de María Cristina* y *Mendizábal* fundamentalmente) he tenido la oportunidad de familiarizarme con una situación habitual entre nosotros: cuando el Estado es débil, los partidos que no logran ocupar el poder central por la vía electoral pero que se han hecho con las diputaciones y ayuntamientos, se declaran en rebeldía desde las provincias y los municipios, desatendiendo manifiestamente las disposiciones de las Cortes y del Gobierno, si es que no se alzan en rebelión armada. Pues bien, esto es exactamente lo que estamos viendo cada día en la actualidad: los grandes ayuntamientos que están en manos de los partidos de la oposición (Barcelona, Madrid, Cádiz, Zaragoza, Valencia) y algunas Comunidades Autónomas (Cataluña, Navarra) han impuesto de hecho un cantonalismo anárquico del que hacen gala declarando oficialmente que únicamente están dispuestos a cumplir las leyes de las Cortes Generales, los decretos del Gobierno y las sentencias del Tribunal Constitucional que ellos consideren favorables a sus intereses particulares; y el Gobierno no tiene fuerza o energía para reaccionar y lo está tolerando.

Conste, finalmente, que aun reconociendo cuanto acaba de decirse, la crisis no es un fenómeno propio de España sino que afecta a todos los Estados de la Tierra, puesto que sus causas profundas, con independencia de los errores que cada uno haya cometido particularmente, son universales. Lo que pasa es que ha golpeado con singular violencia en los países de Europa occidental, donde había nacido y mejor arraigado el modelo del Estado moderno construido sobre los pilares de la soberanía nacional, la juridificación de las relaciones internacionales y la estructura popular democrática que culminó en la Ilustración y el primer liberalismo. Unos ejes que ya se empezaron a conmover con la consolidación de la Unión Europea y que han terminado definitivamente fracturados por la globalización tecnológica, económica, demográfica y por supuesto ideológica.

A la vista de lo que está sucediendo poco queda ya de las ideas de Bodino, de Grocio y demás fundadores del Estado moderno, que con grandes prisas y cierta nocturnidad se han trasladado a los desvanes de la Historia. El único que permanece es Hobbes, aunque bastante desfigurado porque su Leviatán estatal, al que ya estábamos acostumbrados, está desapareciendo y le ha sucedido otro más formidable pero ahora anónimo, difuso, cuyos tentáculos se extienden por todo el planeta.

Todos conocen la existencia de este Nuevo Leviatán y perciben su poder. Pero todavía es pronto para lograr identificarle con un mínimo de precisión. Yo no consigo ni siquiera imaginármelo. Lo que no obsta a que ya sea el momento de limpiar los escombros que ha dejado la ruina del Estado moderno y de empezar a levantar el Estado que ha de sucederle a la sombra del Nuevo Leviatán.

IX. PERCEPCIÓN POPULAR. CONTROL POLÍTICO

En los epígrafes anteriores se ha expuesto una taxonomía de las distintas manifestaciones del Estado que ha ido conociendo España: más que de un simple testimonio informativo se ha tratado, pues, de una reflexión teórica sobre hechos que se han analizado sistemáticamente y que he considerado útil exponer, sobre todo a título preliminar, para poder ir colocando luego las cosas en su sitio tanto desde el punto de vista cronológico como del político. Algo que no resulta fácil para quienes no han vivido aquellos años. A estos efectos baste con las sumarias observaciones que acaban de hacerse y a continuación voy a centrarme en el relato de las percepciones que como simple particular he ido teniendo de la acción del Estado, dejando a los historiadores el estudio detallado de lo que ha ocurrido. Se trata obviamente de una visión parcial y probablemente sesgada de cuestiones sobre las que ya se ha escrito mucho y su exposición aquí sólo se justifica por contener un testimonio personal y directo sin pretender ahora enturbiar el relato lineal con elucubraciones teóricas de jurista o de sociólogo de costumbres.

Una cosa es escribir sobre lo que se sabe (o se cree saber) y otra muy distinta contar lo que se ha visto y vivido. Para hacer bien esto último basta con ser sincero –cualidad rarísima ciertamente– y acertar en la selección de los hechos relevantes. Hacer con dignidad lo primero es, en cambio, difícil porque de hecho no se escribe sobre lo que se sabe sino sobre lo que se cree saber, se dispone de una información deliberadamente sesgada y se maneja una literatura apasionada y parcial tan escasa de reflexión como sobrada de mentiras y lugares comunes. Por mi parte, hora es ya de dejar a un lado mis pretendidos saberes académicos de teoría política y volver al relato de mis modestas vivencias personales.

A tal propósito dividiré el testimonio en los tres paños fundamentales del control político (incluido el orden público), la intervención en los comportamientos sociales y, en fin, el dirigismo económico.

En los años de la posguerra la intervención policial (y, en su caso, militar) sobre las actividades políticas no podía ser más intensa dado que no sólo se prohibía cuanto quedara fuera del Movimiento, sino que se reprimían mediante severas depuraciones las conductas anteriores. Y esto último era precisamente lo que más atemorizaba por la inseguridad que producía y, sobre todo, porque la represión oficial era, además de dura, eficaz y en España esto puede decirse de muy pocos servicios públicos. La gente entendía, desde luego, que quien siguiera desarrollando actividades políticas, violentas o no, pagara por ello; pero era difícil asumir que se castigase retroactivamente la mera pertenencia, incluso pasiva o rutinaria, a organizaciones políticas, algunas de inequívoca tendencia derechista o al menos burguesa, anteriores al Alzamiento. De aquí el desasosiego generalizado y el riguroso silencio cautelar para que no aparecieran cosas del pasado, que importaba mucho siguieran enterradas.

La operación se desarrolló, por tanto, en dos vertientes: la represiva para castigar comportamientos pretéritos realizados durante la Segunda República y la Guerra civil, y la preventiva para evitar acciones contrarias al Nuevo Régimen. Actividad oficial instrumentalizada por diversos brazos: el militar, el policiaco y el administrativo. Los tribunales militares, que fueron inicialmente los protagonistas de la represión y que imponían sin vacilar las penas más duras, incluida naturalmente la capital, fueron perdiendo con rapidez su importancia dando paso a la acción policial, que obviamente no sentenciaba pero que escudriñaba meticulosamente la vida de los sospechosos y utilizaba unos métodos de captura e indagación de violencia deliberada y no disimulada, puesto que lo que se pretendía era que su sola amenaza desestimulara a los activistas más convencidos. La actuación administrativa era más suave que la militar pero también la más extendida dado que la Administración era la encargada de depurar el pasado de los empleados públicos mediante procedimientos sumarios, e incluso de plano, privando o suspendiendo de empleo a miles de funcionarios que tenían luego que ganarse la vida como pudieran. Posteriormente, cuando se aprobaron las Leyes Fundamentales se generalizó la técnica del juramento de acatamiento y fidelidad, trámite ritual completamente inútil que casi nadie –ni quienes lo exigían ni quienes lo prestaban– se tomaba en serio. De mí puedo decir que funcionario de dos cuerpos (del técnico administrativo del Ministerio de Agricultura y del de catedráticos de Universidad), nadie se preocupó de tomarme tal juramento que, por lo demás, yo hubiera prestado sin escrúpulo alguno ni remordimiento de conciencia, dado que el control severo es la mejor escuela de la hipocresía.

Todas estas intervenciones fueron con el tiempo debilitándose gradualmente. Los tribunales militares actuaron con tanta diligencia que terminaron por agotar las listas de acusados; muchos condenados salieron sin consumir el tiempo de sus penas porque no había sitio en las cárceles y, además, hacían falta brazos en la agricultura y en las tareas de reconstrucción; y, en fin, buena parte de los depurados fueron poco a poco readmitidos en sus destinos originarios.

Lo más curioso del caso, no obstante, es que tal situación que desde la perspectiva actual se califica sin reservas de opresión brutal, entonces se consideraba casi leve pensando en lo que se había vivido antes, en lo cerca que todos los sospechosos habían estado de la pena capital y, en suma, de lo que hubiera podido pasar y a tantos había sucedido. Si inmediatamente después de la guerra caían al amanecer varias víctimas y casi nadie se alarmaba pues todos procuraban mirar para otro lado, en los últimos días del franquismo las excepcionales penas de muerte que se impusieron conmocionaban a todo el país y hasta se movilizaba a la prensa extranjera para que se hiciera eco del acontecimiento.

A partir de 1950 lo peor ya había pasado, la presión se fue aflojando y en el Tardofranquismo las actividades políticas reaparecieron, primero tímida y luego abiertamente, incluidas las huelgas y manifestaciones callejeras, mientras que las condenas judiciales llegaron a ser infrecuentes. La verdad es que los activistas apenas temían a los tribunales ordinarios, aunque todavía sí, y mucho, a los comportamientos policiales que no se caracterizaban precisamente por su escrupulosidad.

En la universidad la insurgencia estudiantil era un signo de identidad y un gesto de rebeldía familiar de los estudiantes había cuenta de su estatus social medio-elevado, a lo que se añadía un inequívoco componente lúdico bien visible en las diarias provocaciones a la policía. Era en cierto sentido una rutina, un desahogo juvenil en la mayoría de los casos. Participar en una manifestación ("ir de mani"), insultar a los policías y terminar corriendo formaba parte de la vida cotidiana como tomarse una cerveza por la mañana e ir al cine por la tarde. Por lo demás, la "rebelión española de los estudiantes", en la que apenas tuvo eco el mayo francés de 1968, terminó siendo muy rentable para los que perseveraron en ella pues en la Transición encontraron un excelente acomodo en las filas de la política profesional.

Aunque si bien es verdad que la auténtica oposición al Régimen franquista fue protagonizada por los trabajadores y singularmente por las organizaciones comunistas, el papel de los profesores, y de los intelectuales en general, fue relativamente importante. En unos casos por su actividad positiva directa, en las aulas y fuera de ellas y hasta con la pluma en la medida en que lo consentía una censura cada vez más relajada; pero también porque prestaban gustosos su nombre y persona para aparentar un cierto aire académico a lo que en realidad eran mítines incendiarios. En cuanto a los funcionarios la postura dominante era la de la oposición. Estaban descontentos con el funcionamiento de la burocracia y se creían ilusamente (yo el primero) que la democracia que había de venir se preocuparía de esta cuestión y por supuesto la arreglaría.

En definitiva, el Tardofranquismo –y salvo excepciones escasas pero resonantes– había trasladado la oposición delincuente a la clandestinidad semitolerada, y aflojado la mordaza de la prensa. Un cambio de actitud que a muchos parecía suficiente porque la gente estaba convencida de que al General Franco le quedaba ya poca vida y que luego vendría sin más la democracia, cayendo del árbol como fruta madura. Y el caso es que el Gobierno en el fondo pensaba lo mismo. En estas circunstancias lo único prudente era desdramatizar la situación y esperar a que las cosas se arreglaran por sí solas, sin abrir nuevas heridas, hacer méritos cautelosos y esperar. Los jueces dejaban dormidos los papeles, las autoridades procuraban que se olvidaran los rigores anteriores, los militares seguían creyendo que si fuera necesario podían controlar en un día la situación y únicamente la policía "cumplía con su deber" de conservación del orden público aunque fuera incumpliendo las leyes y, de paso, tomando conciencia de su fuerza. Esta actitud de la policía, que tanta trascendencia había de tener más tarde en la democracia, se reafirmó por la circunstancia de haber extendido su competencia en materia de terrorismo: un campo del que fue retirándose el ejército. Recuerdo especial merece aquí el Tribunal de Orden Público, del que ya se ha hablado con más detalle más atrás.

Últimamente el desencanto político, cada vez más generalizado, ha impulsado a los ciudadanos a volver a ocupar la calle recuperando la vieja costumbre tardofranquista de lo que ahora llaman "manifas", literalmente diarias al menos en Madrid y en ocasiones multitudinarias en una escala antes inimaginable. El elemento espontáneo ciudadano se ha multiplicado gracias a las nuevas tecnologías, que pueden convocar a las masas en unas horas y manejarlas *on line* sin necesidad de acudir a las tradicionales imágenes de las pancartas sostenidas por líderes políticos. En las manifestaciones actuales se conserva el carácter pacífico, lúdico e incluso musical, aunque con el contrapunto violento de unas minorías –llamadas antisistema– que han convertido las pedreas de policías y escaparates, y los incendios de coches y mobiliario urbano en una especie de profesión. Espectáculos que con el buen tiempo culminan en acampadas nocturnas en alguna plaza pública.

X. INTERVENCIÓN EN LOS COMPORTA-MIENTOS SOCIALES

Inicialmente la intervención en la vida social no fue quizás menos intensa que en la política; pero aquí sus consecuencias no fueron dramáticas o trágicas sino más bien grotescas. El Estado asumió la moral católica más rancia y la impuso sin contemplaciones al cuerpo social. Por otra parte, para asegurar su efectividad se integró dentro del orden público facilitando así su represión. Aunque, una vez más, aquí la amenaza no procedía tanto de los jueces como del celo sancionador de los gobernadores civiles y de los alcaldes.

Ni que decir tiene que esa moral social, ese orden público, se centraba predominantemente en el "sexto mandamiento", o sea, en los comportamientos sexuales entendidos en su sentido más amplio. La censura –y en su caso el castigo– se extendía a todo lo imaginable e inimaginable: desde los besos cinematográficos hasta el atuendo femenino e incluso masculino. Un funcionario celoso colocaba a la entrada del plató una toquilla sobre los hombros de las presentadoras de televisión para ocultar un escote que consideraba provocador. En los cines, entonces no refrigerados, estaba prohibido quitarse la chaqueta. Y lo peor era que cualquier persona con uniforme, aunque fuera de acomodador, estaba en condiciones de imponer su autoridad más arbitraria, que se aceptaba sin rechistar.

Menos ridícula y más grave era la censura que se refería a las materias no ya políticas sino culturales, puesto que se entendía que cualquier cosa podía agraviar la ideología del Movimiento y más teniendo en cuenta que nadie sabía exactamente en qué consistía este. El contenido de los periódicos y revistas estaba estrictamente controlado y las librerías despobladas. Aunque, la verdad sea dicha, en este punto la Administración censora no era demasiado eficaz, pues las importaciones clandestinas de libros prohibidos permitían la formación de un mercado negro, algo caro, pero prácticamente libre. Quien entonces no leía a Marx o a Sartre –los dos igualmente pecaminosos– era porque no tenía demasiado interés en ello.

Con el advenimiento de la democracia se produjo un vuelco total de la situación. Desapareció la censura y apareció la pornografía, en la playa los bikinis y en las calles las minifaldas; se despenalizó el adulterio, se liberalizó parcialmente el aborto, se legalizaron los matrimonios homosexuales, se multiplicaron los divorcios y se generalizó y hasta se impuso la enseñanza mixta. Mas no por ello se ha hundido la sociedad ni desaparecido los valores: simplemente se han sustituido unos por otros. El Estado se está haciendo laico a grandes zancadas y, anécdotas aparte, no ha pasado absolutamente nada.

En cuanto a la cultura ya no existe un índice oficial de libros prohibidos pero hoy las empresas editoriales, incluidas las periodísticas y televisivas, ejercen una censura interna totalmente opaca e incontrolada que nada tiene que envidiar a la franquista. Los autores que no la superan se han convertido en "raros" y es difícil encontrar sus publicaciones en las librerías "normales".

La gran sorpresa ha sido la constatación de que en la democracia ha aumentado prodigiosamente la intervención estatal en la vida social hasta tal punto que, salvo algunas excepciones, el Estado ya no respeta ni las relaciones sociales ni la intimidad de los ciudadanos. Las relaciones familiares y hasta las matrimoniales están rigurosamente intervenidas. Todo está reglamentado, prohibido o impuesto, nada se deja al arbitrio de los propios interesados. Y nada digamos de los espectáculos. De hecho lo que no está mandado está prohibido para formar una sociedad-rebaño minuciosamente dirigida.

Quienes hemos vivido estas dos etapas podemos asegurar que la esfera privada del franquismo era mucho más amplia que en la actualidad y que la manipulación y coerción psicológicas son hoy incomparablemente más intensas que antaño, donde todas las exigencias eran formales y podían cumplirse con poco esfuerzo acudiendo a una hipocresía elemental. Pero entiéndaseme bien porque me estoy refiriendo fundamentalmente a un bloque primario de comportamientos sociales. Antes se podía apedrear a los gatos, dar un cachete a los niños y los cónyuges se peleaban y reconciliaban a su gusto: cosas que hoy no se toleran.

Lo que sucede es que el Estado actual toma partido por estos comportamiento sociales espontáneos que tolera o reprime y, lo que es peor, legaliza o ilegaliza. Antes, el que maltrataba a un gato o a un niño o escupía en la calle era simplemente un maleducado, mientras que ahora infringe una ordenanza cuando no una ley. Los animales tienen derechos específicos como los niños y las mujeres; y para caminar correctamente por una ciudad tenemos que sabernos, aunque no lo hayamos leído nunca, un reglamento de más de cien artículos. Las relaciones conyugales y paternofiliales están minuciosamente reguladas. No hay que concluir, sin embargo, que el Estado democrático de hoy sea socialmente más intervencionista que las dictaduras de ayer sino que la sociedad tolera –y de ordinario exige– una mayor intervención pública. Antes, la esposa maltratada buscaba la protección de sus hermanos, hoy acude a alguna asociación feminista, a la policía o al juez. En la actualidad, cuando se habla de libertad se está pensando en la libertad política, que en el presente es mayor que nunca, y no en la libertad social, que en el presente es menor que nunca. Yo ya no puedo matar las palomas que ensucian la ropa y contaminan el suelo donde juegan mis nietos.

Los ciudadanos en definitiva adoptan actitudes de menores de edad que acuden al Padre Estado para que les arregle todos sus problemas, incluso aquellos que se han buscado ellos mismos. Son frívolos e irresponsables y cuando llega un incidente lloran y exigen sin pensar que ellos son quienes lo han provocado. No tienen en cuenta los riesgos de la vida moderna, que arrostran impávidos pero luego reclaman por los daños producidos. Consumen drogas y exigen ser tratados en un centro público. Practican el botellón y toman estupefacientes en fiestas multitudinarias y luego pretenden ser indemnizados a costa del dinero público si sucede un incidente; y con la misma frivolidad adolescente participan en un encierro popular taurino y se quejan de que un toro les haya lesionado. Mientras que yo tengo que soportar esas protestas y exigencias y de paso costearlas como contribuyente.

Las personas de mi generación añoramos la libertad social que nos han quitado y el sentido de responsabilidad personal que hemos perdido. No nos gusta que nos traten como niños ni formar parte de un rebaño en el que todo, sea público o privado, está reglamentado y predeterminado. Aunque bien es verdad que esta no es sólo una sensación de viejos. Buena parta de la actual "sociedad mimada y adolescente" vive insatisfecha y busca a tientas una salida: desde el romanticismo *hippy* hasta los comportamientos antisistema, pasando por las variopintas ONG y el pandillismo juvenil; y sin olvidar el botellón y la droga en todas sus manifestaciones.

XI. ILUSIONES Y DESENCANTOS

En las páginas anteriores he prestado un testimonio personal de lo que yo he visto y vivido durante casi un siglo: tantas cosas, tantos cambios que con mi experiencia sólo se puede estar seguro de la fugacidad de todo lo humano, de que todo pasa y desaparece. Con el tiempo se aprende el difícil arte del distanciamiento del mundo, de dudar de las afirmaciones rotundas, de desconfiar de los credos apasionados, de sospechar de los comportamientos ilusionados. En mis tiempos de Goettingen, Arnold Koettgen me hizo una noche, al calor de una buena botella de brandy con la que estábamos celebrando algo que no recuerdo, una confidencia íntima: "Mis colegas de la Facultad me reprochan mi escepticismo, que por otra parte es muy fácil de entender. Yo nací en el Imperio, viví la primera guerra, me formé con el espíritu de Weimar, me nombraron profesor los nazis, padecí otra guerra aún más cruel, pasé varios años en la Alemania socialista, luego pude venir a la Alemania democrática federal, ahora estamos conviviendo con Francia en algo confuso que llaman la Comunidad del Hierro y del Carbón. Después de haber vivido todo esto ¿en qué puedo yo creer ahora y más cuando tan bien conozco a mi colegas jóvenes y viejos?".

Yo puedo decir de mi destino que nací en la Monarquía, que me llegaron los ecos del entusiasmo republicano cuando la expulsión de Alfonso XIII, que padecí en mi casa y familia las tensiones de la Segunda República, que me han hablado los testigos de las matanzas y comunidades campesinas de la zona republicana, que he presenciado las pasiones de la Guerra civil y los horrores de la represión franquista, que he pasado hambre y frío en la posguerra (y eso que era casi un privilegiado), que he visto desfilar a cenetistas y falangistas y degustado las esperanzas del Estado Nuevo y de la Revolución pendiente, y comprobado lo pronto que se ajaban aquellas flores; que he conocido las ilusiones de la oposición al franquismo y la sincera emoción producida por la democracia y la rapidez con que en unas breves horas desaparecieron los pañuelos rojos y las camisas azules; que he visto nacer en una noche "socialistas de toda la vida" y hasta anarquistas uterinos, con los que había estado conviviendo sin enterarme; que he palpado el "desencanto" que vino inmediatamente después; que he admirado el ensalzamiento de un Estado rico y su derrumbamiento; que he sentido cómo me desnaturalizaban de español para darme la nacionalidad castellano-leonesa; que he escuchado discursos de todos los tonos y ninguno sincero pues el que hablaba tenía a los oyentes por adolescentes crédulos y no le faltaba algo de razón; que he leído libros donde se despacha sabiduría y erudición a tanto la línea. Pues bien, al cabo de todo esto ya es muy difícil engañarme y no encuentro nada o casi nada en que pueda apoyarme.

Acabamos de repasar el destino del Estado español y es comprensible que nos sintamos incómodos en un club tan selecto y democrático como la Unión Europea. Pero tampoco es necesario abrigar complejos de inferioridad porque casi todos nuestros socios tienen también un pasado poco limpio. La variedad de regímenes políticos no debe preocupar a nadie porque es muy fácil mudarse de ropa y enviarla a la lavandería.

El problema no está en la heterogeneidad política pues en la pila bautismal todos olvidan el pasado, entran en la nueva religión democrática y en unas horas puede escribirse una constitución satisfactoria copiando el modelo que tengamos más a mano. Pero poco se puede hacer con las sociedades que también evolucionan aunque más despacio, a otro ritmo. La sociedad española es una sociedad de pícaros que no puede sentirse en pie de igualdad con las sociedades ordenadas del "Norte" ni podemos exigir que nos costeen nuestras hazañas villanescas. Se han marchado las vacas gordas que nos traían la leche a domicilio y no hemos aprendido a pastorear las vacas flacas.

Nuestros gobernantes son pésimos pues entienden la política como el arte de ganar elecciones y la victoria electoral como patente de saqueo del Estado. En su consecuencia todo está permitido para lograr ambos objetivos sin que nadie pueda exigir cuentas. Pero estos políticos abominables han sido elegidos por una sociedad que piensa y obra como ellos: tales para cuales y algún día nos tocará a nosotros. Comamos y bebamos hasta que el camarero nos traiga la factura y cuando esta llegue, ya nos buscaremos un culpable al que intentar endosársela porque desde luego nosotros no tenemos dinero para pagarla ni intención de hacerlo si pudiéramos.

REFERENCIAS

Historia administrativa de la Regencia de María Cristina, Barcelona, Ariel, 2006.
Mendizábal. Apogeo y crisis del progresismo civil, Barcelona, Ariel, 2011.
La rebelión militar de la Generalidad de Cataluña contra la República, Madrid, Marcial Pons. 2014.

CAPÍTULO CUARTO

LAS ADMINISTRACIONES PÚBLICAS

ÍNDICE

I.   PANORAMA CRONOLÓGICO 123
II.   UNA PAUSA PUBLICITARIA: LA MODERNIZACIÓN 135
III.   POLITIZACIÓN................................... 138
IV.   SUPERFLUENCIA ORGÁNICA 143
V.   DISTORSIÓN FUNCIONAL: PRIVATIZACIÓN Y
           EXTERNALIZACIÓN DE GESTIONES Y SERVICIOS........... 148
VI.   INACTIVIDAD 155
VII.   CORRUPCIÓN................................... 158
VIII.   EVOLUCIÓN DEL FUNCIONARIADO 167
IX.   LA ADMINISTRACIÓN PÚBLICA ESPAÑOLA Y LA CRISIS 181

En el capítulo anterior, al cerrar el testimonio referente a los Estados de los últimos setenta años, deslicé la grave afirmación de que la Administración española actual es tan ineficaz que contribuyó no poco al derrumbamiento del sistema público y a la aparición de la crisis económica, al tiempo que imposibilita una autocorrección para el futuro. Ahora ha llegado el momento de desarrollar con pormenor tal proposición. Esto es lo que me propongo hacer en el presente capítulo para lo que me siento modestamente autorizado por la circunstancia de que ingresé por oposición en las filas burocráticas el año 1953 y, sin haberlas abandonado un solo día y ocupado ocasionalmente puestos de cierta responsabilidad, todavía sigo en ella en la humilde condición de jubilado. Creo, por tanto, que mi testimonio ha de merecer en este punto una cierta credibilidad.

I. PANORAMA CRONOLÓGICO

1. Durante los primeros años del franquismo la Administración pública corrió el mismo destino que el Gobierno: autoritaria en su comportamiento, ineficaz en sus resultados y depauperada en sus medios. Su desarrollo fue, por lo demás, extremadamente desigual. La Administración Militar –el Ejército– conservó formalmente la prepotencia que había adquirido durante la Guerra civil, pero su incapacidad para la lucha internacional era notoria y tuvo que concentrarse en la extinción de un maquis aún más débil, en la aventura de la División Azul y en la ocupación y administración del protectorado de Marruecos y de las colonias (luego provincias)

africanas. El ramo administrativo realmente atendido y hasta mimado fue el del orden público tanto en su brazo militar y armado (Guardia civil) como civil (singularmente la Brigada de lo Social, aunque no sólo ella) y el gigantesco servicio penitenciario.

Formalmente la Administración civil se estructuraba en tres niveles –el central, el provincial y el municipal– jerarquizados entre sí y concentrados cada uno de ellos en las figuras directoras del Consejo de Ministros, el gobernador civil y el alcalde. Con esta jerarquización autoritaria extrema se evitaban de manera efectiva los roces y conflictos que de otra suerte acompañan a todas las organizaciones administrativas. El nivel provincial se encontraba de hecho en las manos de los gobernadores civiles, que lograron desempeñar con cierto éxito la difícil tarea de la distribución de la escasez (el "racionamiento" de doloroso recuerdo) con el aparato especializado, no demasiado limpio, de las Comisarías de Abastecimientos y Transportes. A la cabeza del municipio estaba un alcalde de designación política y junto a él existía un órgano colectivo, el ayuntamiento, al que se había privado de cualquier elemento que evocase un funcionamiento democrático. La gestión estaba en manos de funcionarios, por lo general bien capacitados, aceptablemente retribuidos y estrechamente controlados desde el Gobierno civil, de tal manera que la corrupción, salvo la de baja intensidad, apenas existía. Conste, sin embargo, que las grandes ciudades, especialmente Madrid y Barcelona, tenían de Derecho, y más aún de hecho, un régimen excepcional.

En contraste con estas organizaciones, de ordinario rutinarias y sin pulso, destacaban los organismos especializados y coyunturales, como las citadas Comisarías, el Servicio Nacional del Trigo, la Dirección General de Regiones Devastadas y el Servicio de Prensa y Propaganda, incluida la censura y, en fin, Correos y las enseñanzas primaria y media. La Administración Civil General sobrevivía mortecina, sin capacidad alguna para abordar siquiera las ingentes tareas de la reconstrucción y de la autarquía económica.

El rasgo más llamativo de esta época fue, con todo, el establecimiento de Administraciones públicas paralelas. Una de ellas, de modestas proporciones y escasas atribuciones, fue la Administración del Movimiento, sometida a la Jefatura Nacional de Franco y a las jefaturas provinciales que correspondían a los gobernadores civiles. El auténtico botín que se adjudicó la Falange como institución (a los falangistas a título personal no les fue nada mal en todos los sectores públicos y privados) fue –como ya sabemos– el de los sindicatos, o sea, la Organización Sindical del Movimiento: un gigantesco aparato burocrático que se apoderó durante un tiempo del control, y en parte de la gestión, de las actividades económicas y sociales de todo el país.

Como resultado de esta desmembración funcional rigurosamente practicada y nunca debidamente teorizada del Estado Nacionalsindicalista, poco quedaba inicialmente a la Administración civil del Estado una vez que se le había privado de las actividades materiales del Ejército, el orden público, la economía y las relaciones sociales. A lo que hay que añadir la intervención de la Iglesia Católica en amplios sectores de la educación, la cultura y la policía de costumbres.

En la década de los cincuenta la situación descrita empezó a cambiar perceptiblemente en una evolución que terminaría desembocando en el Tardofranquismo. La progresiva normalización de los abastecimientos y del orden público relajó la fuerza de las presiones que venían ejerciéndose en estos campos. La Organización del Movimiento quedó anquilosada por completo y los sindicatos, aunque conservaron el control de las relaciones laborales, fueron desalojados progresivamente del ámbito económico, que recuperaron los ministerios estatales. La Administración pública volvía, en suma, por sus fueros y su presencia económica y social se hizo sentir y más con la jerarquizada colaboración de ayuntamientos y diputaciones, aunque aquella no acertara a resistir la cómoda tentación de ir creando organismos autónomos controlados ciertamente pero que distorsionaban la actividad de la Administración central. Civilidad organizativa y funcional que se completaba con una perceptible limpieza de intrusos dado que de los cargos oficiales fueron desapareciendo las guerreras militares y las casacas blanquiazules. Con lo cual, como apenas había políticos profesionales, la Administración pública cayó en manos de técnicos o, por lo menos, de quienes con tal título se presentaban. Fue la época de oro de la tecnocracia y de los tecnócratas. En otras palabras: los tiempos iban madurando hacia la transición del franquismo a la democracia.

Dirigida por tecnócratas (y no por políticos) y realizada fundamentalmente por miembros de un cuerpo de nueva creación llamado Técnico de la Administración Civil del Estado, se puso en marcha con gran publicidad y sin limitación de recursos, una ambiciosa reforma administrativa que no alcanzó ni remotamente sus objetivos, pero que fue el primer intento serio de adaptar las estructuras administrativas españolas a las transformaciones económicas y sociales que estaba atravesando el país, mejorando además su imagen y mentalidad. Su profeta fue López Rodó, catedrático de Derecho Administrativo y político de casta, y su Biblia un resonante discurso académico titulado "La Administración pública y las transformaciones socioeconómicas". A partir de esa reforma la Administración pareció dispuesta a asumir la responsabilidad de gestionar una fuerte intervención pública en la vida social y un correlativo dirigismo económico dentro de un contexto cultural que se iba liberalizando perceptiblemente.

Probablemente y por las mismas razones se tecnificaron también las estructuras de las Administraciones territoriales. Los ayuntamientos diversificaron y ampliaron sus objetivos aunque admitiendo su subordinación jerárquica –de hecho, ya que no totalmente de Derecho– respecto de la Administración del Estado, de la que se consideraban una pieza ejecutiva más. Mentalidad que a muy poco coste multiplicaba la eficacia administrativa sin crear problemas políticos. Porque es el caso que en unos momentos de enfriamiento ideológico general, los gobiernos locales pasaron a manos de reducidas oligarquías consolidadas que, estrechamente unidas con los gobernadores y en su caso con los ministros, se perpetuaban en los cargos municipales. Situación admitida mansamente por el vecindario por entender todos –los de arriba y los de abajo– que tal estado de cosas formaba parte del sistema (entonces llamado "el Régimen" por antonomasia).

En el nivel provincial las diputaciones de este orden aceptaban su condición de organismos técnicos de gestión de los intereses provinciales y de los locales supramunicipales. Sus cargos, al igual que los de los ayuntamientos, eran prácticamente gratuitos. Lo que significaba una sorprendente variedad hispánica –aunque sin independencia ni autonomía, huelga decirlo– de los históricos regímenes honorarios ingleses y alemanes: un gobierno de notables que aquí podría llamarse con mayor propiedad un "gobierno de caciques", que reaparecían inesperadamente en la vida pública después del traumático "descuaje" realizado a principios de siglo por Maura y Calvo Sotelo.

La intervención popular directa –por supuesto no democrática– se expresaba también en numerosas juntas provinciales de todo orden y función que iban desalojando poco a poco a los sindicatos y que estos, aunque las vieran con malos ojos, aceptaban sin reservas pues cada vez se alejaban más de la vida pública real para concentrarse en la defensa y disfrute de sus privilegios económicos personales. Las relaciones de estas juntas con los órganos provinciales de la Administración del Estado eran por lo general pacíficas y hasta cordiales pues se aceptaba sin reticencias la supremacía de estos, que por lo demás sólo se hacía notar en las decisiones importantes, pero que respetaba de ordinario las facultades de autogestión de los intereses sectoriales y corporativos que aquellas representaban y gestionaban de forma gratuita. Se trataba en el fondo de una opción administrativa no democrática ciertamente pero desde luego tampoco burocrática y que con el tiempo quedaría ahogada por las presiones políticas del régimen democrático que vendría luego. Este elemento popular (si no queremos llamarle democrático) inserto en la Administración pública franquista ha pasado absolutamente desapercibido, pero yo estoy en condiciones de testimoniar personalmente su existencia puesto que fui durante varios años funcionario de un servicio provincial ministerial y simultáneamente asesor de una de esas juntas provinciales corporativas, que dependía orgánicamente de la diputación provincial y era cabeza de todas las juntas locales. Conozco, por tanto, perfectamente el sistema y puedo asegurar que su nivel de gestión era tan deplorable como el de los servicios públicos de la Administración del Estado, pero incomparablemente más barato y más sensible a las necesidades de la población.

Reanudando el hilo cronológico es de recordar que en los últimos días del franquismo las permanentes ilusiones de reforma se apagaron en el vacío político que se abrió en España cuando todas las iniciativas se paralizaban ante la inminencia de la muerte del General y esta no llegaba nunca. La Administración se detuvo casi por completo, ocupándose sólo de los asuntos de trámite, pero atascándose en cuanto surgía un problema, pues nadie se atrevía a adoptar una decisión. La única consigna válida era la de ir tirando y dejar las iniciativas a los que vinieran después.

2. En esta coyuntura se estaba, cuando la muerte de Franco y la aprobación de la constitución de 1978 produjeron una fractura profunda, un cambio de página. El Gobierno de UCD (Unión de Centro Democrático, partido hegemónico del momento) tiene en su contra el no haber estudiado previamente los problemas administrativos y el no haberse preocupado de ellos durante su mandato, agobiado como estaba por las dificultades que tenía la implantación del nuevo régimen. En su haber tuvo, sin embargo, la modélica neutralidad de su actuación, que permitió la continuidad sin ruptura de la vida administrativa: no se produjeron las temidas depuraciones que tradicionalmente han sucedido en España a todos los cambios políticos y se dio cabida en las Administraciones a representantes de prácticamente todas las tendencias políticas.

A diferencia de UCD, cuando el PSOE llegó al poder en 1982 tenía un programa administrativo bastante cuidado. Sin embargo, no intentó llevarlo a la práctica y paradójicamente desarrolló una política contraria a sus anunciados principios. Esto produjo una decepción en las masas funcionariales inicialmente inclinadas a la izquierda, de la que se separaron electoral y funcionalmente y también se percibió un sensible deterioro en la gestión de los servicios públicos.

¿A qué se debía esta pasividad que impidió montar –o al menos intentar hacerlo– una Administración capaz de hacer efectivos los ideales políticos democráticos? A tal propósito no faltan justificaciones. Unos eran tan optimistas que creían que el de la Administración era un problema secundario por estar convencidos de que al cambiar el sistema político se transformaría también por reflejo automático el subsistema administrativo, es decir, que las cosas se arreglarían por sí solas. Otros, en cambio, justificaban la pasividad por un pesimismo no menos mecanicista, al entender que la Administración pública no es consecuencia ni depende del sistema político sino más bien del social y de ello deducían que no valía la pena ocuparse de aquella, dado que por profundas que sean las alteraciones políticas, la Administración seguirá igual, como pudo constatarse en España con las inamovibles rutinas de la Monarquía, la República y el franquismo. Ahora bien, la peor especie y la más extendida de los inhibicionistas –y además la que terminó imponiéndose– fue la de aquellos políticos que cínicos y pesimistas a un tiempo, sólo veían en la Administración un copioso racimo de cargos apetecibles por las rentas personales y el poder que proporcionaban, de manera que su creación y ocupación era su único objetivo; aunque, eso sí, disfrazaron su actitud con operaciones publicitarias fantasiosas para dar a entender que estaban haciendo algo. Descubierto este secreto es fácil ya comprender lo que ha sucedido con la Administración pública en los últimos decenios.

A partir de la muerte de Franco se popularizó el lema oficial singularmente ambiguo de "una Administración democrática". Porque si para unos significaba una Administración al servicio de la democracia sin precisar sus características (lo que era no decir nada); para otros significaba una gestión decidida por los propios funcionarios (lo que iba en contra de todos los principios conocidos de organización); y para otros, en fin, se aludía con ello al control de sus servidores, es decir, a la depuración de los eventuales franquistas supervivientes y a la imposición de un régimen sesgado de acceso y promoción. Discusión teórica inútil dado que pronto hubo un pronunciamiento real e inequívoco sobre el particular: lo que en la España constitucional inmediatamente iba a imponerse fue una Administración ocupada por los partidos políticos de un lado y por las entidades territoriales de otro. Y así se ha hecho con las deplorables consecuencias que inicialmente se temían y que posteriormente se han confirmado.

Dicho con otras palabras: en la versión española real actual de la llamada Administración democrática las innumerables Administraciones públicas se trocean en parcelas correspondientes al Estado, a cada una de las Comunidades Autónomas y a cada uno de los municipios y provincias. Parcelas que se entregan a la libre disposición de los gobiernos respectivos, o sea, al partido político dominante en cada momento y lugar. De hecho una auténtica explosión cósmica imposible de ordenar.

La segunda nota básica de las Administraciones públicas españolas es su politización partidista, de la que se hablará luego con más detalle. Lo que significa que es un partido político el que decide su composición, organización y fines. Los partidos políticos se han apoderado de ellas, las han patrimonializado y como de propiedad privada las utilizan. Ya no están al servicio de los ciudadanos ni del Estado sino del partido.

Añádase a lo dicho que el modelo politizado y patrimonializado de la Administración del Estado se ha trasladado literalmente a las Comunidades Autónomas desperdiciándose con ello la oportunidad de corregir defectos tradicionales harto conocidos. Mas como esto no se ha querido hacer, inevitablemente se ha mimetizado el modelo reproduciendo por diecisiete las disfunciones de la Administración central y por varios miles si se tienen en cuenta las Administraciones provinciales y municipales que se han alineado en el mismo surco.

Por lo que se refiere a ayuntamientos y diputaciones conviene insistir en una observación de mucho peso. Porque es el caso que dado que los ayuntamientos estaban sometidos a un riguroso control, especialmente financiero, con él se evitaba la corrupción y la arbitrariedad en el manejo legal de los fondos públicos. Una situación administrativamente envidiable pero a partir de 1978 constitucionalmente inadmisible puesto que agraviaba el sagrado principio de la autonomía o de la potestad de decidir sin trabas anteriores ni controles posteriores. Había que salvar, por tanto, a todo trance el dogma y esto se hizo de inmediato y hasta se blindó en una declaración constitucional. Los entes municipales son autónomos lo que significa que nadie (salvo los jueces, tardos y lejanos) puede tutelarlos ni controlarlos. En consecuencia y durante muchos años han podido gastar sin freno, endeudarse sin techo y gestionar sin control ni responsabilidad. Un motivo más para hacer apetecible su ocupación política y para defender con uñas y dientes una versión de la autonomía tan perversamente entendida. Para intentar contener esta tendencia se han ensayado en los últimos años algunos mecanismos legales y constitucionales de control; pero huelga decir que la cuestión no suele plantearse como un juego de tensiones entre caos y orden sino entre autonomía democrática y centralización autoritaria.

En cada una de las estrellas y planetas de esta galaxia administrativa se multiplican los entes, aumentan vigorosamente los empleados y las deudas, y se enriquecen los gestores. Entre la ineficacia y el despilfarro irresponsable la coordinación es ignorada. Existen objetivos de los que nadie se preocupa (unos por otros la casa sin barrer) y algunos servicios se superponen. En Madrid sin ir más lejos, a tiro de piedra existen tres Escuelas de Formación y Perfeccionamiento de funcionarios –la estatal, la regional y la municipal– cada una con presupuesto propio y sin que en ninguna se enseñe el principio de la coordinación y la regla del sentido común del ahorro.

Así hasta que se rompió la cuerda, la realidad se hizo sentir y ahora ha llegado el tiempo del llanto y crujir de dientes, pero sin voluntad de rectificación ni propósito de enmienda.

Al iniciarse la Transición, y luego al consolidarse el Estado constitucional, el gran interrogante era el de determinar qué es lo que iban a hacer los nuevos Gobiernos con la Administración recibida del Tardofranquismo: una Administración que con cierto optimismo estaba dando los primeros pasos de una "reforma" todavía renqueante pero decidida. Parecía que lo más natural hubiera sido insistir en esta tendencia depurándola en su caso de las adherencias tecnocráticas y autoritarias. Una tarea relativamente fácil de abordar puesto que se contaba con alguna experiencia, con un ingente material teórico y con la ilusión de densos grupos de funcionarios y profesores especializados y comprometidos. Pero ya he dicho que a la UCD no le preocupaba en absoluto esta cuestión y el PSOE se desdijo de sus sinceras implicaciones anteriores y no se atrevió a poner la mano en una materia tan compleja y que, además, podía resultar explosiva. Sin que pueda pasarse aquí por alto que a este enfriamiento –congelación más bien– contribuyó en gran medida la desbandada que se produjo de los funcionarios hasta entonces más entusiastas. Yo he visto, en efecto, con mis propios ojos cómo los activistas más significados, en lugar de insistir desde dentro en su esfuerzo, hicieron valer sus servicios prestados para participar en la rapiña de cargos públicos que se ofrecían y ocuparon sin pudor secretarías, subsecretarías, ministerios, tribunal de cuentas y demás prebendas, sellando a cambio sus labios para siempre. Mientras que los demás, decepcionados, sin coraje y sin fuerza, abandonamos resignados el campo cediendo el puesto a las nuevas generaciones de estudiosos, posiblemente más cultas, con seguridad más ambiciosas y desde luego carentes de experiencia. El caso es que se decidió olvidar todo lo que se había hecho –o al menos intentado– y abrir una nueva página en blanco.

II. UNA PAUSA PUBLICITARIA: LA MODER-NIZACIÓN ADMINISTRATIVA

Si la política administrativa del Tardofranquismo estaba dirigida a una reforma con la ideología y el grado de realización de que ya he hablado, la de la Transición estuvo inspirada por lo que a la sazón estaba de moda en el extranjero, a saber: la modernización. Docenas de becarios recorrieron afanosos Europa y los Estados Unidos recogiendo y traduciendo cuanto allí se hacía (no mucho) y escribía (demasiado) sobre el particular y a su regreso se encuadraron en equipos oficiales que no sólo traspusieron a nuestro país tales iniciativas sino que, convertidos en misioneros, no dejaron institución ni pueblo sin visitar anunciando la buena nueva.

Para hacerse una idea de la importancia de aquel movimiento –del que ya se ha perdido por completo la memoria– basta recordar algunos de sus hilos oficiales más importantes: a) En 1989 hizo público el Ministerio para las Administraciones públicas un documento titulado Reflexiones para la modernización de la Administración. b) En los años inmediatamente siguientes se celebraron numerosas jornadas y congresos en torno a esta cuestión, de los que se publicaron las *Jornadas de modernización de las Administraciones públicas* (1991) y *Modernización administrativa y formación* (1991); todos ellos con elevada participación de expertos internacionales. c) En 1990 publicó la Inspección General de Servicios para la Administración pública un *Estudio Delphi sobre la modernización de los procedimientos de actuación de la Administración pública* en el que se recogían y analizaban los resultados de una macroencuesta llevada a cabo entre funcionarios directivos. d) En 1991 y 1992 el Consejo de Ministros inició y luego aprobó el Plan de Modernización de la Administración del Estado. e) En un Acuerdo del Consejo de Ministros de 1994 se aprobó el Acuerdo Administración–Sindicatos para el período 1995-1997, sobre las condiciones de trabajo en la Administración pública. f) Y, en fin, para no extender innecesariamente la lista de esta feria de vanidades, en 1995 se publicó por el Instituto Nacional de Administración pública una memoria sobre *Modernización y cambio en las Administraciones públicas.*

El discurso oficial español de la modernidad, que se reflejaba en la documentación que acaba de citarse y en la machacona publicidad ministerial, adolecía de un mimetismo ramplón respecto de las realizaciones extranjeras y estaba redactado en un estilo vacuo y retórico que llegaba a la caricatura: grandes palabras y elevadas intenciones al margen de la realidad como correspondía a unos pensadores ensimismados, es decir, encerrados en sí mismos, en sus fantasías teóricas, sin sentido del ridículo y blindados frente a la crítica. Con una producción papelesca de cientos de congresos, reuniones y jornadas, miles de conferencias y toneladas de papel que contrastaban con lo raquítico de sus resultados.

Aquel famoso Plan, que intentó seguir el modelo modernizador del Reino Unido tal como había sido desarrollado por los conservadores bajo la dirección de sir Derek Rayner, había sido fruto del trabajo de 1.300 funcionarios y comprendía nada menos que 204 proyectos individualizados, la mayoría absolutamente irrelevantes, que nadie se preocupó nunca de llevar a efecto puesto que su verdadero objetivo había sido publicitar unas actividades ministeriales que carecían de sustancia y contenido.

En cambio, el Acuerdo Administración-Sindicatos de 1994, con el que pretendía plasmarse la política modernizadora en materia de condiciones de trabajo, sí que resultó auténticamente moderno, aunque no ya por su contenido sino por el hecho de asumir la existencia de un compromiso entre la Administración y los representantes formales de sus servidores, sin perjuicio de que los sindicatos negociadores y firmantes no contaran con el 1 por 100 de los funcionarios "representados".

De todo aquel pintoresco episodio lo que yo saqué en limpio es que se puede modernizar mejor o peor o a medias; pero también que el camino más perverso es el de no hacer nada y disfrazar el inmovilismo e incluso la involución con verbalismos modernizadores. El discurso modernizador oficial ha sido utilizado como cobertura ideológica de actuaciones que nada tienen que ver con la modernización auténtica y lo que pretende es legitimarse con su actuación. Un ejemplo más, en definitiva, de estos engaños constantes que han terminado obligándome a sospechar de todo y a examinar con mucho cuidado las mercancías antes de admitirlas. No sé cuántas conferencias pronuncié sobre el particular aquellos años así como varios artículos que publicados están. Muchas desde luego y por mi boca y mi pluma fluía la indignación que me provocaba el escamoteo de los esfuerzos realizados años antes y más todavía por la cínica burla de los flamantes modernizadores a la violeta. Un episodio inútil más de mi vida personal y un traspiés más en la desdichada historia de la Administración española, del que debiera quedar la lección de lo que inevitablemente sucede con las improvisaciones, las frivolidades y la carencia total de responsabilidad.

Pasan los años y la Administración "reformadora" sigue imperturbable el mismo camino de siempre, sin analizar los resultados, sin atender a las críticas y, sobre todo, sin tomar conciencia de sus fracasos ni del ridículo de la propaganda. Buena prueba de ello es la labor de una flamante "Comisión para la reforma de las Administraciones públicas" (CORA), cuyo primer Informe oficial fue presentado en 2013 a bombo y platillo por cuatro ministros que anunciaron un cambio de página, aunque en la nueva se repita la aburrida cantinela de anuncios de mejoras milagrosas, que en el mejor de los casos son maquillajes de poca monta. A la hora de reformar, la actitud de todos los Gobiernos de la democracia ha sido siempre la misma: denunciar desviaciones de detalle, pero cuidándose mucho de no tocar las causas que las producen. Tal es el secreto de su conocida inutilidad. Y lo peor del caso es que ni siquiera la Administración se toma en serio tales proyectos, cuya única consecuencia real, aparte de la publicidad, es la de dar ocupación y sueldo a una legión de amigos y clientes que se autotitulan especialistas.

III. POLITIZACIÓN

Nunca he tenido claras las relaciones entre política y administración, entre autoridades y funcionarios. La fórmula más reconocida es sencilla: los políticos establecen las líneas generales de actuación (cabalmente por eso llamadas "políticas": sanitaria, educativa, cuantos sectores materiales se quiera) y la Administración y sus funcionarios las desarrollan o ejecutan y también asesoran a los políticos en sus tomas de decisiones. Una idea que por su sencillez puede explicarse en clase y hasta da para escribir alguna tesis doctoral, pero que en modo alguno se corresponde con la realidad, que es mucho más compleja. La mejor referencia válida sigue siendo la ya antigua del análisis weberiano: burócrata es el poseedor de conocimientos y técnicas especiales que ejerce de manera profesional y es contratado y retribuido por ello; mientras que los políticos carecen de estos conocimientos especializados y son elegidos o designados para establecer y esporádicamente dirigir bajo su responsabilidad las actividades públicas cualesquiera que sean sus objetivos.

Apoyándome en esta referencia ya he contado cómo en la posguerra se produjo una inequívoca "ocupación política de la Administración" desde el momento en que masas de excombatientes, invocando sus méritos de guerra o su condición de víctimas del terror rojo, se incrustaron en las filas administrativas como premio y modo de vivir, supliendo su ignorancia con buena voluntad. En el fondo de lo que se trataba era de una forma extraordinaria de selección de funcionarios y su trascendencia fue pasajera. Con el tiempo los así llegados aprendieron mejor o peor su oficio y al cabo de unos años se restauraron las tradicionales prácticas de una oposición estricta con rigurosas exigencias de conocimientos técnicos. Mayor relevancia tuvo luego en el Tardofranquismo la aparición de la tecnocracia, de la que también he hablado antes, como forma de Gobierno y Administración protagonizada por técnicos con vocación política y por políticos disfrazados de técnicos para no despertar alarma en un dictador suspicaz y en su timorato entorno.

La politización propiamente dicha se afianzó y generalizó más tarde en la democracia con unas consecuencias devastadoras. El objetivo de esta operación fue, como siempre, la ocupación de cargos públicos, pero ahora de forma más profunda y sistemática, con intenciones inequívocas y con una nota singular: los beneficiarios procedían del partido político gobernante y de sus aliados. Cuando un partido llega al poder quiere realizar, en lo que aquí importa, un doble propósito: por un lado apoderarse del aparato administrativo para ponerlo a su servicio (y no al del Estado) y, por otro, alimentar a sus huestes y asegurarse su fidelidad presente y futura.

La primera parte de la operación siempre ha sido así y tampoco llama la atención la práctica de colocación de amigos y afines, que fue ya una de las características del viejo sistema caciquil. Lo específico de la politización de la etapa democrática ha sido, además de la intensidad de la ocupación, el compromiso implícito de respetar a los ocupantes del partido anterior (por aquello de que "una mano lava la otra"), con la consecuencia de que, al no producirse cesantías (salvo en las capas altas, naturalmente) el número de empleados ha de crecer indefinida y periódicamente en cada relevo electoral hasta tal punto que desde la muerte de Franco el número de empleados públicos se ha multiplicado de acuerdo con un proceso repetido: primero se coloca a los amigos en calidad provisional de interinos, asesores y similares; y luego se les escalafona mediante unas oposiciones amañadas en las que lo que cuenta no son los conocimientos exhibidos sino el estar sirviendo ya en la Administración.

Por otra parte la politización tiene un segundo efecto no menos deletéreo porque, una vez escalafonados, los funcionarios no ascienden o consiguen mejores destinos y retribuciones por sus méritos profesionales sino por la confianza política. Desviación que lleva consigo inevitablemente la pérdida de estímulo: como el funcionario sabe que sus méritos profesionales no van a ser tenidos en cuenta puesto que sólo vale la confianza política, se abandona y la Administración va perdiendo tono inexorablemente. Y lo mismo sucede con las autoridades superiores puesto que saben de sobra que su carrera no depende de sus realizaciones ni de sus conocimientos especializados sino de que tire de ellos un político de peso.

Entre unas y otras cosas el nivel de la eficacia administrativa desciende al igual que el de la eficiencia pues no por aumentar el número de empleados las cosas van mejor, aunque resulten más caras.

Lo más importante, en suma, no es la perversión que significa el acceso a la función pública por méritos políticos. Esto es grave, desde luego, porque va en contra de los principios constitucionales y elementales de igualdad, mérito y capacidad y por engrosar las filas burocráticas con individuos incompetentes; pero aún es peor lo que influye en el comportamiento posterior de los agraviados y de sus compañeros regularmente ingresados, dado que unos y otros pierden igualmente el estímulo para el trabajo ya que saben que no van a ser valorados por su esfuerzo sino por sus amistades políticas. El que se siente protegido por un patrón poderoso, que encubre su escaso rendimiento y tira de él hacia puestos mejores, es inevitable que desatienda sus obligaciones y sólo se ocupe de halagar a su protector.

Pero conste que no se trata solamente de esto. Hace muchos años (1967) en un libro dedicado a la retribución de los funcionarios en España me atreví a formular una "ley social" conforme a la cual resulta que la mayoría de los empleados públicos reducen su esfuerzo laboral al nivel en que se encuenta el compañero que trabaja menos. Ley observada empíricamente por mí entonces y que posteriormente he visto confirmada en el período democrático. Los funcionarios ingresados por oposición descienden en su rendimiento –o tienden a hacerlo– porque consideran que es una injusticia que sus compañeros de origen político cobren igual aunque trabajen y rindan menos.

Y, por si esto fuera poco, todavía se produce otro efecto no menos pernicioso, a saber: que el empleado público que ha ingresado en las condiciones indicadas no tiene fuerza para desatender las instrucciones, por muy ilegales que sean, que le dé aquel a quien debe el puesto ya que está en sus manos y, en su caso, además, tendrá que sacrificarse por él si la justicia exige una víctima.

En España la Administración siempre ha estado politizada (al menos desde la llegada del liberalismo) pero con matices singulares en cada época. La "politización caciquil" se basaba en relaciones personales estrictas; la "politización franquista" fue inicialmente rigurosa, pero de índole más bien negativa pues se traducía más en la exclusión de los desafectos que en la captación de adeptos, en cuya sinceridad nadie creía. La "politización democrática" es la que ha resultado funcionalmente más degradante según se ha puesto de relieve hace un momento.

En esta atmósfera tan depravada asombra encontrar oficinas y servicios que funcionen aceptablemente bien, atendidos por servidores competentes e incluso amables. Pero a tal extremo han llegado las cosas que estos supuestos, por su rareza, son noticia entre nosotros. En cualquier caso, la raíz del mal es sabida; pero nadie intenta tomar noticia de ella en los programas de las escuelas de formación funcionarial, ocupados por teorizaciones, triviales o exquisitas, tomadas de manuales franceses o norteamericanos que nada tienen que ver con la triste realidad española.

IV. SUPERFLUENCIA ORGÁNICA

En lo que a las Administraciones públicas se refiere, la llamada Transición democrática provocó un cambio incomparablemente más radical que el que había supuesto el franquismo respecto a la situación republicana. Franco, que por su temperamento era un escéptico y un pragmático convencido, comprendió que la organización administrativa heredada no estorbaba sus ambiciones autoritarias y en consecuencia la respetó en lo sustancial. Los demócratas de 1978, por el contrario, sabían de sobra que las estructuras existentes podían obstaculizar seriamente sus ambiciones por lo que decidieron transformarlas a fondo, y no tanto en su forma como en su espíritu, hasta hacerlas irreconocibles. En el epígrafe anterior hemos visto lo que sucedió con la politización; seguidamente nos detendremos un momento en la autonomía aunque no en sus aspectos territoriales, que son los más populares, sino en los funcionales. En este punto la democracia fue implacable y cambió de signo el movimiento pendular que tanto gusta a los españoles: a la centralización tradicional, que la República no había conseguido desarraigar, sucedió una descentralización en su variante más exasperada, o sea, la autonómica.

La regla de oro de la Administración constitucional ha sido, en efecto, la descentralización travestida de autonomía, que ha erigido en la palabra mágica del nuevo régimen. A tal propósito se ha procedido a una absolutización de conceptos, considerándolos buenos o malos por sí mismos. De esta manera se condenó la centralización sin llegar a hacer un análisis de sus efectos propios sino que banalmente se dio por sentado que la centralización administrativa era execrable por la sencilla razón de haber sido practicada por el franquismo, un pecado mortal que excusaba otros razonamientos.

Mientras que, por el contrario, la descentralización administrativa terminó considerándose como un valor positivo absoluto, un bien por sí misma, y –lo que es más importante– su función se amplió, además, conectándola con la autonomía: los entes territoriales que constituyen el Estado (municipios, provincias y Comunidades Autónomas) deberían gestionarse, pues, a través de Administraciones descentralizadas autónomas. La primera reivindicación (o mejor, exigencia) democrática en este campo fue de hecho el reconocimiento de la autonomía, entendida como la liberación de toda clase de controles internos y externos, anteriores y posteriores, salvo el judicial. La autonomía de los entes públicos se corresponde, por tanto, con la libertad personal, que es conocidamente uno de los valores capitales de la democracia.

Esta idea tiene su lógica, desde luego, pero cuando se lleva a la práctica aparecen unas disfunciones gravísimas. La primera de ellas, como puede imaginarse, es la desmesura. Las corporaciones territoriales, acostumbradas por tradición a un control muy severo, orgánico y administrativo, por un lado, y el económico derivado de la limitación de sus propios presupuestos, por otro, se encontraron de pronto libres de toda limitación, como consecuencia de haberse erradicado el control administrativo, de ser inefectivo técnicamente el judicial y de estar superado el económico por la vía de las subvenciones y de una posibilidad de endeudamiento casi ilimitada. Solamente quedaban la responsabilidad política ante el partido, que presentaba las listas electorales; y la electoral, fácilmente manipulable. En una palabra: la impunidad.

Así sucedió lo que tenía que suceder: sueldos espléndidos autoestablecidos, instalaciones y automóviles fastuosos, aumento de funcionarios clientelares, inversiones disparatadas y, en suma, desgobierno, caos y corrupción tanto en los ayuntamientos como en las diputaciones provinciales y Comunidades Autónomas. Aeropuertos sin aviones, trenes sin vías y vías sin trenes, centros culturales y deportivos en cada esquina, congresos inútiles, viajes sin sentido y subvenciones sin cuenta y sin destino conocido. Cuando en 2011 se empezaron a hacer públicos datos comprometedores se levantó una pregunta: ¿cómo es posible que se dejara que llegaran las cosas tan lejos? Pregunta hipócrita, por lo demás, dado que si bien los expedientes y las corrupciones eran (casi) secretos, a la vista de todos estaba el despilfarro y a todos les parecía bien mientras no apareciese el cobrador.

La descentralización y la autonomía no nos han traído la ruina por sí solas; pero es evidente que la han facilitado y desde luego hoy y en España no han superado la prueba de la eficiencia. Pero también es verdad que a nadie se le había ocurrido exigirla, puesto que el único parámetro que se tenía en cuenta era el político y este se había pronunciado ya en términos dogmáticos en contra de la centralización, tachada sin más de franquista.

Al cabo de los años no han sido razones políticas ni de eficiencia las que han permitido –o mejor dicho impuesto– un cierto freno a la autonomía "alegre y confiada" de la joven democracia. La crisis económica y algunas reglas elementales de la Unión Europea han establecido algunas medidas presupuestarias de contención que políticamente han sido condenadas sin paliativos como expresiones de una proterva y antidemocrática re-centralización.

Y es el caso que políticamente todo era poco. Los ministerios estatales, las consejerías autonómicas y las concejalías municipales crecían alegremente en cada cambio de gobierno con sus séquitos de asesores, nubes de funcionarios, vehículos, escoltas, viajes, gastos de representación y fondos secretos que antes, con mayor sinceridad, se llamaban de reptiles. Desde la democracia las Administraciones públicas se han estado expandiendo como un gas. Pronto se hicieron insuficientes los tres niveles tradicionales y se añadió un cuarto: la comarca. Cada comunidad autónoma creaba las suyas y como no se sabía qué hacer con ellas, se iban arrancando competencias de las diputaciones y ayuntamientos y con tales girones se vestían sus desnudeces y se entretenía a los nuevos cargos políticos y a los funcionarios enrolados. La Administración pública era una galaxia en expansión constante que se derramaba en el exterior con embajadas (sic), consulados y toda clase de servicios en los cinco continentes; y en el interior, las Administraciones autonómicas se instalaban delegaciones en todas las unidades territoriales inferiores y hasta se creaban otras nuevas echando mano a lejanos recuerdos históricos, como las veguerías catalanas.

Puede imaginarse lo que todo esto significaba para un jurista, como yo, educado socialmente en la cultura de la austeridad (un elemento, además y según se dice, del estereotipo castellano) y jurídicamente en el principio de la centralización, que parecía potenciarse con la creciente facilidad y rapidez de las comunicaciones y de la información. Durante varios años he visto cómo día tras días se deterioraba la eficacia administrativa al tiempo que dejaban de respetarse los viejos principios.

Hecha esta constatación mi primera e intuitiva reacción había de ser inevitablemente la de dar preferencia al anterior régimen centralista y abominar del descentralizador y autonomista. Ahora bien, nunca me he dejado llevar por este apasionamiento y mi actitud pasada y presente es distinta. Para mí ninguno de estos sistemas es en abstracto mejor o peor que el otro ya que los dos tienen ventajas y desventajas potenciales que es difícil ponderar *a priori*. Lo que me importa es cómo funcionan realmente y aquí sí que tengo opinión. Porque a la vista de lo que está sucediendo es indudable que la Administración española actual ha perdido muchos puntos en comparación con la anterior y eso que esta no era precisamente modélica. En otras palabras: lo que ha sucedido en España –y que yo he vivido desde dentro y desde fuera– me permite afirmar sin vacilaciones que la fórmula centralista de la Administración ha funcionado mejor (o menos mal, si se quiere) que la descentralizada y autonomista y, además, con unos costos incomparablemente más bajos.

Aunque también sé de sobra que otros, aun reconociendo el deterioro de la eficacia y la elevación de los costos, están dispuestos a aceptarlo como precio debido a la introducción de una calidad democrática que antes no existía en absoluto. Comprendo este sentimiento mas no lo comparto: primero porque no veo ni asomos de calidad democrática en la nueva Administración; y segundo porque la democracia no es un valor que pueda predicarse de la actuación administrativa puesto que hay esferas que nada tienen que ver con la democracia. Los puentes se construyen con reglas técnicas, las selecciones de futbol se montan con el criterio de la habilidad, el ajedrez se rige por sus propias e inmutables reglas. Si en estos ámbitos –y en el administrativo– se introduce un elemento democrático, el equilibrio se rompe y se fracasa.

V. DISTORSIÓN FUNCIONAL: PRIVATIZACIONES, EXTERNALIZACIÓN DE GESTIONES Y DE SERVICIOS

Un observador de mi generación, cargado de años, ha visto tantas cosas que le resulta difícil contarlas con cierto orden. Todo cambia tan rápidamente que, antes de llegar a comprender lo nuevo, ya se ha hecho viejo. Decididamente el mundo está girando demasiado aprisa, los círculos de la evolución son cada vez más pequeños y el péndulo cambia de signo con demasiada frecuencia. En este epígrafe me toca recordar las alternancias de los movimientos publificador y privatizador del sector público.

1. Procede ahora, pues, dar testimonio de la lucha agónica (agónica en el sentido preciso de que no ha terminado ni terminará nunca) que he presenciado entre dos tendencias contrarias: por un lado la propensión de ciertas organizaciones públicas a escapar de la matriz administrativa; y en dirección opuesta la propensión de sujetarlas en el centro o, si se quiere, de no dejarlas escapar. Este es un fenómeno tan repetitivo que recuerda el de las mareas porque aquí también hay momentos de bajamar y pleamar.

El Estado y su Administración central son desconfiados, dan por supuesto que los demás organismos públicos son ineficaces y que sus ocupantes son incompetentes y corruptos. Así lo dice su experiencia y para remediarlo imponen una serie de instrucciones minuciosas de actuación y control. Esto está muy bien; pero también la experiencia enseña con igual contundencia que tales precauciones, además de no conseguir casi nunca los fines que formalmente persiguen, lo que de hecho producen es una rigidez que disminuye sensiblemente la eficacia administrativa. Con lo cual se pone en marcha un círculo vicioso imparable: para librarse de las trabas que llevan a la ineficacia, los órganos administrativos tienden a obtener un régimen extraordinario de mayor libertad, mientras que el Estado, para frenar las consecuencias no deseadas de esa mayor libertad (es decir, la ilegalidad y la corrupción), tiende a someterles al régimen común; y vuelta a empezar. Un hacer y deshacer de la tela de la Penélope pública, que es el símbolo de la evolución administrativa.

En este ir y venir, tejer y destejer reiterado la solución parece clara: la pluralidad y heterogeneidad de las actividades públicas es tan enorme que resulta imposible imponer un régimen jurídico igual para todas ellas, salvo que este se reduzca a unos pocos principios elementales. Pero como el legislador no está dispuesto a renunciar a sus detalladas regulaciones, la única salida posible es la diferenciación de regímenes para adaptar cada ente a sus propias necesidades. Lo cual nadie discute. El problema aparece, no obstante, cuando los entes separados y singulares no huyen del Derecho Administrativo para adquirir mayor flexibilidad y eficacia, sino para ofrecer mayores posibilidades de arbitrariedad y corrupción, porque los rigores odiados burocráticos de los que todos quieren escapar, no son perversos por sí mismos, sino que se justifican por la garantía que ofrecen frente a los desmanes administrativos; y esta disciplina es la que no gusta.

El hecho es que todas las Administraciones, en todos los niveles, terminan desmigajándose literalmente, segregando indefinidamente nuevos entes de la naturaleza más variada que, con el pretexto de la flexibilidad y de la eficacia, escapan al control y, además, propician el nombramiento, promoción (y en su caso dorado retiro) de los amigos políticos. La pretendida eficacia se convierte en desorden y en último extremo la gestión se encarece con la proliferación de cargos y empleos.

Al final de este proceso centrífugo cada Administración pública –desde la del Estado hasta la de un ayuntamiento mediano– son simples puntos de referencia de una nube de entidades periféricas, cuya única justificación es el nepotismo político y la corrupción descontrolada saltándose los (relativos) controles del Derecho Administrativo.

En la actualidad, no obstante, ha vuelto a girar la rueda del destino y se tiende de nuevo a revisar los organismos indebidamente creados para cerrar en lo posible esta puerta de desgobierno. Forzados por la crisis, a lo largo del año 2014 se han suprimido más de dos mil organismos autónomos. Enorme poda que a muchos, como a mí, se nos antoja todavía demasiado suave y que en cualquier caso no logra silenciar la pregunta de por qué no se había hecho antes, siendo así que se había denunciado hasta la saciedad la inutilidad y el despilfarro de tales entes. Pleamar y bajamar que se aceptan resignadamente como fenómenos de la naturaleza, ya que nadie piensa seriamente en abordar esta cuestión en su raíz. Ahora bien, al hacerse públicas las listas de estos organismos extravagantes, los ciudadanos han podido ver con asombro lo que antes sólo conocían los profesionales, a saber, que alrededor de la Administración del Estado, de las Comunidades Autónomas y de cientos de ayuntamientos medianos y grandes giran como satélites organismos creados por aquellas en algunos casos tan numerosos y tan fuertes que la Administración matriz se ha vaciado y el personal y los presupuestos se les han escapado de las manos, hasta tal punto que el municipio de Sevilla –pongamos por caso– no está administrado por su ayuntamiento sino por un racimo de entes planetarios que hacen inextricable la gestión y, en su caso, imposible el control y la depuración de responsabilidades. Y esto sólo es un aspecto de la cuestión ya que todavía queda otro no menos grave.

2. En el fondo, la tendencia a las personificaciones singulares es una simple manifestación de la incapacidad administrativa de gestión de ciertos servicios que se asumen un tanto frívolamente y luego no se pueden desarrollar. Pero, para salir del paso, también cabe otra opción que consiste en externalizar totalmente la gestión administrativa y encomendarla al sector privado que se convierte así en un auxiliar –remunerado por supuesto– del sector público. Aquí reaparece una vez más el conocido dilema de la gestión pública o privada. Dentro de la matriz de una gestión pública principal se desgajan actividades marginales o complementarias que se trasladan al sector privado por entender que lo hace más barato o mejor. O en otras palabras: una actividad o producto aislado se expulsa de la gestión pública encomendándose mediante contrato a empresas privadas.

El proceso de "despublificación", que como estamos viendo es gradual, se corona así en la privatización pura y simple, de tal manera que ya no se trata de una mera personificación singular liberada del Derecho Administrativo ni de una externalización parcial de actividades concretas de gestión o producción sino, dando un paso más, de una privatización total pura y simple de la actividad o materia. Sencillamente la Administración pública renuncia a su posición y entrega (o devuelve) la gestión (o la propiedad) al sector privado. La Administración, en suma, está dejando de gestionar para limitarse a contratar y, en su caso, controlar la gestión cedida al contratista.

Así es como se ha pasado del Estado prestador de servicios públicos al Estado garantizador de que van a prestarse adecuadamente por cualquier otro sujeto. Del Estado realizador material directo de una esfera de bienestar de los individuos (ciudadanos o no) al Estado garantizador de que va a realizarse adecuadamente por otros. El Estado que se retira de la acción no la abandona nunca del todo, puesto que –desde fuera– adopta el papel de garante dirigiendo la actividad de los demás a través de regulaciones e incluso admitiendo "autorregulaciones reguladas".

Esta cuestión aparece en otros lugares del presente libro, pero resultaba aconsejable aludir a ella también aquí porque es sin duda uno de los ejes de la evolución administrativa que he presenciado. Del Estado gestor (y prestador) al Estado interventor para terminar en el Estado regulador (e incluso inhibido) y al fin deshacerlo todo, volver al principio y reanudar el ciclo.

La externalización de funciones y servicios, la creación de entes separados y las privatizaciones son frontalmente rechazables si se utilizan con los fines desviados y corruptos de crear cargos y justificar gratificaciones extraordinarias a amigos políticos. Pero son aceptables si así se consigue abaratar y dotar de mayor eficacia los servicios de interés público: un juicio que únicamente puede hacerse en concreto, caso por caso. Por lo demás, la opinión de los usuarios y de los gestores no es a tal propósito muy fiable. Todos hemos visto cómo ambiciosas privatizaciones y externalizaciones realizadas por Gobiernos de izquierda no han suscitado reacción popular o mediática alguna; mientras que las mismas operaciones realizadas por Gobiernos de derechas han sido contestadas con manifestaciones callejeras atizadas por los sindicatos, sin que en ningún caso se haya realizado un análisis objetivo sobre los fines concretos de cada operación concreta ni se hayan calculado sus costos y beneficios.

Existe, con todo, un criterio general de principio. Por unas causas o por otras, es un hecho que el Estado ha asumido funciones desmesuradas que, independientemente de su justificación ideológica, ha resultado que no puede atender sino de manera deficiente y a costos inaceptables. En su consecuencia se ve obligado a adoptar alguna de las siguientes posturas: o "soltar lastre", es decir, renunciar a una parte de sus competencias para poder gestionar mejor el resto; o aplicar mejores métodos de administración; o, en fin, esperar impasible la ruina y, cuando esta llega, afrontarla con recortes presupuestarios. Tal ha sido conocidamente la opción escogida en España en el siglo XXI.

¿Y qué han hecho los juristas? ¿Cómo han reaccionado en las distintas fases de este proceso circular? En la fase de expansión privatizadora (y correlativa retracción de lo público) se mostraron inicialmente reticentes por lo que tan negativamente parecía afectar al interés público. Pero pronto percibieron las ventajas que representaba para sus intereses personales y corporativos. La externalización en entes y funciones, y más todavía las privatizaciones, son operaciones legalmente complicadas que exigen la colaboración de cientos y miles de juristas expertos en ingeniería legal, capaces de justificar y hacer viables las transformaciones más sorprendentes. Esto significó una sensible –y obviamente rentable– ampliación del mercado de servicios, sin contar con la oferta posterior y permanente de nuevas asesorías especialmente atractivas para individuos capaces de moverse con soltura en medios poco explorados y en actividades opacas. Así es como he visto yo desplazarse en esta dirección a una parte del estamento académico. Movimiento que luego se reprodujo en sentido contrario cuando cambió el signo. Los expertos en publificaciones se convirtieron de la noche a la mañana en expertos en privatizaciones; y a la inversa.

La retención o externalización en todas sus variantes de gestión de servicios ha sido una de las experiencias más amargas de mi vida de jurista y de las que con mayor fuerza me han empujado al pesimismo vital. Porque una y otra vez he visto girar la rueda de la Fortuna repitiendo a la letra los mismos ciclos e idénticas críticas. En los años 50 del siglo pasado leí con entusiasmo y esperanza los reproches a una situación desquiciada y las promesas de su racionalización. Pues bien, justo medio siglo más tarde estoy leyendo las mismas constataciones y propósitos de enmienda. Las palabras y los remedios se repiten cíclicamente y nada cambia. La tarea racionalizadora no es fácil, desde luego; pero no se trata de dificultades sino de ausencia de voluntad de rectificación. De aquí mi pesimismo porque este es un ejemplo excelente de que en la alternativa entre la gestión y el saqueo, siempre se termina escogiendo la segunda opción. De la misma forma que en la alternativa de reformar los mecanismos públicos para que la garantía no desemboque en la ineficacia, siempre se escoge la cómoda opción de escapar de la garantía para aparentemente buscar la eficacia y al final nos quedamos sin garantía y sin eficacia. Cuando se ha visto repetido varias veces este proceso durante cincuenta o sesenta años ¿cómo creer en las buenas intenciones de quienes ahora acuden al viejo discurso de siempre?

Desde el punto de vista académico, el destino no me ha dejado descansar ni un momento. Formado jurídicamente dentro de la política económica autárquica y adiestrado en las técnicas jurídicas de la intervención social, al finalizar la Segunda Guerra Mundial, cuando llegó a España la ola de las publificaciones de patrimonios y servicios, tuve que estudiar sus mecanismos de la mano de una bibliografía francesa sólo parcialmente asequible. Luego cambió el signo y me vi obligado a seguir la copiosa literatura planificadora. Y al cerrase el círculo tuve que olvidarme de todo lo aprendido con tanto esfuerzo y volver a empezar con los secretos de la nueva liberalización y la globalización. ¿Cuántas veces hemos tenido los profesores que subir la montaña, como Sísifo, para terminar rodando y repetir la ascensión con una carga distinta?

VI. INACTIVIDAD

El Estado social y democrático de Derecho pretende hoy abarcarlo todo. Nada hay en la Tierra ni en el Cielo que escape a sus ambiciones. Pero como el que mucho abarca poco aprieta, al final tiene que limitarse a realizar algunas actuaciones singulares en determinadas materias aisladas escogidas por azar o por necesidad. Lo demás, las inmensas parcelas de la vida administrativa y social, quedan forzosamente abandonadas digan lo que digan las leyes. La española es una Administración de objetivos desmesurados recogidos en una legislación utópica, pero que no se pueden realmente atender sin percatarse de que los medios de que dispone son escasos y están mal utilizados. De hecho, la manifestación más extendida de su reconocida ineficacia no es el hacer mal las cosas sino sencillamente no hacerlas después de haberse comprometido solemnemente a su realización.

Existen diferentes modalidades de inactividad. Está en primer lugar la inactividad consecuente de la desidia de la Administración al cumplir los deberes que por ley le corresponden: recaudar ingresos públicos, realizar inspecciones y controles, castigar infracciones. Estas inactividades son bien recibidas por los afectados ya que alivian la presión pública que sobre ellos se ejerce y, además, facilitan el tráfico económico y jurídico, pues si la Administración se mostrase aquí diligente se producirían no pocos colapsos económicos.

En un libro con el melancólico título de *Balada de la Justicia y la Ley* he relatado con cierto pormenor una peripecia personal mía que refleja hasta qué extremos puede llegar la inactividad administrativa más torticera. Trátase de que la alcaldesa de mi pueblo había abierto un restaurante naturalmente sin licencia y sin cumplir los requisitos reglamentarios que intentan asegurar las condiciones de salubridad de estos establecimientos y que en mi caso suponía una tortura por los ruidos y olores que durante la noche fatigaban a los vecinos y a mí el primero como el más próximo. La historia cuenta y documenta los escritos que yo había presentado reclamando, como mínimo, una inspección y la clausura, dirigidos al propio ayuntamiento, a la Delegación provincial de la comunidad autónoma, a la policía, a la fiscalía, al juzgado y al Defensor del Pueblo. Y en ninguna parte se me atendió y ni siquiera se acusó recibo. Cinco capítulos de Derecho Administrativo (y tres de Derecho Penal) convertidos en papel mojado.

La segunda variante es más grave dado que, además de los perjuicios difusos, supone una agresión a derechos individuales: la Administración no liquida sus deudas, no resuelve un concurso, no ejecuta sus decisiones, no presta un servicio. De esta manera el acreedor puede arruinarse por falta de liquidez, el concursante ganador se queda sin su contrato o nombramiento, el empresario no puede abrir su establecimiento, el paciente no es operado y el alumno no tiene clase… o todo se realiza con retrasos desmesurados que frustran por sí mismos la realización del derecho. Pues bien, en todos estos casos –y dando por descontado que las soluciones legales no son por lo regular eficaces– no queda al afectado otro camino que el de la corrupción, que como buen aceite puede desatascar todo.

Desde mi experiencia he llegado a la convicción de que el peor defecto de la Administración española no es el desorden ni la incompetencia técnica ni la arbitrariedad ni el sectarismo ni la ilegalidad ni la corrupción, sino la inactividad donde desembocan todas estas presiones nefastas. Porque la inactividad material deliberadamente discriminatoria es fuente de desigualdades, madre de injusticias, origen de frustraciones, causa de ilegalidades, cobertura de tropelías y refugio de autoridades holgazanas e incompetentes. Pues si las cosas son así, ¿qué es lo que un profesor sincero debe explicar en sus clases de la Facultad de Derecho: la ley o la realidad? ¿Es Derecho la ley que no sale de las páginas del Boletín Oficial del Estado? ¿Qué principio de legalidad es este cuando la Administración va picoteando en el ordenamiento jurídico para aplicar media docena de artículos de una ley que contiene doscientos? ¿Qué queda del Estado de Derecho cuando así se obra? Buena parte de los profesores y jueces únicamente consideran actuaciones ilegales de la Administración aquellas que van en contra de la ley; pero yo siempre he dicho hasta desgañitarme que también es ilegal la falta de ejecución de las leyes y que con estas prácticas se convierte el Derecho en un juego de azar ya que el ciudadano nunca sabe de antemano cómo va a reaccionar la Administración: si acudiendo a la ley o tapándose los oídos y mirando para otra parte. ¿Cómo puede un profesor honesto y consciente superar estas tensiones sin terminar psicológicamente lesionado?

VII. CORRUPCIÓN

1. Corrupción siempre ha habido y habrá sin falta en cualquiera o en todas sus variantes y sin que existan fórmulas viables para su detección y prueba, cabalmente por tratarse de operaciones opacas que deliberadamente se ocultan y silencian, aunque de ordinario dejen algún rastro más o menos difícil de seguir. Aquí hay que atenerse, por tanto, no a su existencia demostrada sino a las percepciones personales y yo cuento las mías, en modo alguno desdeñables porque durante toda mi vida me he movido en medios muy sensibles a tales prácticas y hartas páginas que nadie ha desmentido he escrito sobre este particular.

En el primer franquismo estaba muy extendida la corrupción de baja intensidad provocada por las necesidades de supervivencia. Los funcionarios, salvo excepciones, estaban mal pagados y para sobrevivir tenían que acudir a estas conductas, socialmente no rechazadas y que sus superiores toleraban porque todos sabían que eran un complemento imprescindible de retribuciones insuficientes y con ellas, de paso, se eliminaban a poco precio buena parte de las trabas y disfunciones burocráticas. Estando yo destinado en el Servicio Provincial de Ganadería de Valladolid, un granjero agradecido por la cortesía con que le había recibido me entregó sin ceremonias un billete de cinco pesetas "para que tomara un café" y lo hizo con tanto espontaneidad que lo acepté sin remilgos y me tomé no uno sino dos.

Claro es que también existían otras prácticas no tan inocentes puesto que en las alturas administrativas y políticas, incluidas las instancias sindicales y militares, se realizaban turbios negocios con ocasión del estraperlo mayorista y del régimen de cupos e importaciones. Grandes corrupciones ciertamente pero presumiblemente escasas y no por escrúpulos éticos sino porque en aquellos tiempo de hambre y miseria había pocas cosas con las que mercadear influencias.

El desarrollo económico creciente hizo disminuir las corrupciones de baja intensidad y las extorsiones de supervivencia dejaron de ser imprescindibles; pero la práctica aumentó proporcionalmente con la presión del intervencionismo estatal, ya que parece existir una ley social conforme a la cual a mayor intervencionismo hay mayor corrupción.

En cualquier caso la consolidación del Estado administrativo del Tardofranquismo con el estímulo que supuso para el reforzamiento de las iniciativas económicas privadas se tradujo en un cambio de estilo de las prácticas de corrupción, basadas ahora en las ventajas que la Administración ofrecía de una forma arbitraria –y aquí era donde estaba el secreto– a las empresas privadas. Porque el sector privado, por mucho que así se dijese, no era independiente del público, antes al contrario, su suerte estaba condicionada por las autorizaciones, subvenciones y ayudas de todo género que la Administración proporcionaba. El apoyo público era en muchos casos imprescindible para el desarrollo y para lograrlo nada mejor que las palancas de la corrupción, cuyo uso se generalizó pronto y siempre bajo el signo de la impunidad, dado que sus beneficiarios eran los mismos que realizaban el control.

En este ambiente estalló el escándalo MATESA, primer ejemplo de enriquecimiento de una empresa a costa de subvenciones no controladas, del que los españoles pudimos enterarnos con todo detalle por la prensa. Y también una primera lección que no se me olvidaría nunca: la regla de la impunidad puede romperse en una maniobra de ajuste de cuentas cuando se quiere desarzonar al contrario desvelando prácticas corruptas, aun permitiendo que se mantengan otras exactamente iguales pero no afectadas por el ajuste. La empresa MATESA tuvo el infortunio de formar parte de uno de los grupos –el Movimiento y el Opus Dei, por decirlo en términos muy simples– que a la sazón luchaban por ganarse la confianza de Franco y pagó las consecuencias de la mala suerte de estar en el bando perdedor. Así hasta hoy. A partir de entonces la economía y la organización administrativa española se convirtieron en un gigantesco aparato de corrupción y no ya para sobrevivir sino para enriquecerse con descaro.

Ambiente favorecido por el cambio político. Porque con la democracia apareció una casta política profesionalizada en la corrupción, cuya impunidad estaba garantizada por la protección de los partidos políticos, de tal manera que el botín se repartía entre dos grupos de beneficiarios: los políticos (y en menor medida ya los funcionarios) realizaban el trabajo sucio dando una fuerte participación a los partidos y estos les aseguraban la impunidad, mientras que al tiempo los empresarios se enriquecían. Un sistema, pues, en el que todos ganaban, todos se encubrían recíprocamente y los únicos perjudicados eran los servicios públicos, caros e ineficaces, es decir, los ciudadanos.

Aunque el papel más triste correspondía a jueces y fiscales que se limitaban a indagar y suprimir algunos asuntos ejemplares –los que les autorizaban los partidos políticos– para tranquilizar a ilusos ciudadanos dando la sensación de que estaban haciendo algo. Y digo que su papel era el más triste porque eran, con gran diferencia, los que menos participaban en el botín. La ética corporativa es tan curiosa que les permitía contemplar inactivos cómo los demás se enriquecían ilegalmente pero no les autorizaba a ellos a enriquecerse. Cuando, pese a todas las precauciones, un periódico sensacionalista destapa un asunto, la mejor defensa es imputar la misma práctica al adversario y formar una bola de nieve que por acuerdo general se detiene antes de que se forme una avalancha que arrastre a todos en la catástrofe y el descrédito. El mejor modo de evitarlo es el tiempo, que está en manos de un juez que se cuida de que las investigaciones se alarguen lo suficiente para que los hechos se olviden, prescriban o simplemente desaparezcan. La opinión pública es voraz, pero versátil y se cansa pronto de la misma pitanza, salvo que alguna artista o estrella del corazón ande por medio.

En los primeros años de los noventa empecé a escribir con asiduidad sobre este tema primero en *El País* y luego en otros periódicos y revistas hasta que en 1997 –reiterando y desarrollando escritos anteriores– publiqué un libro, *Corrupción en la España democrática*, con el que lo único que conseguí fue que mis lectores me tuvieran por exagerado y que desapareciera mi nombre de las listas públicas y privadas de conferenciantes "políticamente correctos". Desde entonces no he cesado de ocuparme casi obsesivamente de esta cuestión, a la que he dedicado muchas páginas en publicaciones posteriores porque lo que más me ha preocupado siempre no es tanto el hecho mismo de la corrupción como la indiferencia social hacia ella, que es, a la postre, lo que mejor la fomenta. Cualquiera podía ver la corrupción en la España democrática y nadie quería mirarla.

Periódicamente se hacía pública una operación de este tipo a gran escala (Filesa, Marbella, Gürtel, Liceo, Bárcenas) y los ciudadanos honestos se escandalizaban, pues no podían creer que tales cosas sucedieran entre nosotros; pero al mismo tiempo se tranquilizaban porque creían comprobar que el Estado tenía y utilizaba mecanismos suficientes para ahogar tales brotes. Pero inmediatamente se olvidaba del tema hasta la próxima vez en la que se repetía el mismo proceso de descubrimiento escandalizado y consuelo reconfortante.

Policías, fiscales y jueces conservan en sus archivos miles de expedientes que van tramitando a paso de caracol hasta que inopinadamente se les indica que saquen uno a la luz para agredir con él a una persona o a un partido determinado. Así se hace. Estalla el consabido escándalo. Los acusados no se atreven a negar los hechos y se defienden alegando simplemente que sus enemigos hacen lo mismo. Los trámites se van arrastrando y el público se cansa y aburre. Si un juez o un policía se muestran demasiado celosos, se les cambia de destino. Al fin un día, cuando el asunto ya se ha olvidado, se dicta sentencia en la que se declara que los delitos ya han prescrito o se condena a un escribiente o a un portero que pasaba casualmente por allí y se indulta, llegado el caso, a las personas de alguna importancia.

Los políticos manejan también estas armas pero con mucho cuidado ya que saben que les puede salir el tiro por la culata. Si se comete alguna imprudencia (el problema catalán del 3 por 100, por ejemplo), enseguida se recogen velas y se llega a un acuerdo de no agresión y a un pacto de silencio: sobre todo no hablar en las campañas electorales porque todos están manchados por el mismo barro. Cualquier precaución es poca aunque a veces no se resiste la tendencia a defenderse de una imputación alegando que el denunciante ha cometido el mismo pecado y el escándalo mediático termina escapándose de las manos de denunciantes y denunciados hasta que aparece un juez prudente que deja enfriar el asunto varios años propiciando que todos se olviden de él y que se desactiven los efectos políticos que en su origen parecían inevitables.

Las consecuencias legales de una conducta corrupta pueden ser la impunidad o el castigo. La impunidad se produce por el no descubrimiento de los hechos o por su no persecución, aun habiendo sido descubiertos, o por una sentencia absolutoria, por no considerarse probados los hechos, o por una sentencia absolutoria por prescripción, aun habiéndose declarado probados los hechos delictivos. El castigo resulta de una condena judicial, que suele ser llamativamente leve e incluso levantada por indulto. Desafortunadamente no se conocen estadísticas sobre esta materia.

El verdadero riesgo, en cuanto imprevisible, es el azar. Porque puede suceder que el asunto termine incluido en un "ajuste de cuentas" o en una inesperada campaña de desprestigio general o, lo que es más frecuente todavía, cuando sea necesario sacrificar un chivo expiatorio en una operación de lavado de imagen. Pero aun así, en términos generales, la corrupción es rentable en España y vale la pena practicarla.

El peor inconveniente de un proceso judicial, aunque termine en absolución, es la "pena mediática". Porque durante años y años el imputado, sea inocente o culpable, ha de ver su nombre e imagen en los periódicos y esta pena se extiende a su familia e incluso a sus hijos señalados en el colegio por compañeros y profesores. Un castigo que no se lava con la absolución sino que hay que esperar a que se vaya borrando con el olvido del tiempo. Porque entre unas cosas y otras los culpables están protegidos ante la ley, mientras que los inocentes no están protegidos por ella. El delincuente es impune ciertamente, pero también lo es quien inventa y esparce rumores y, salvo escasas excepciones, el calumniador.

2. Importa mucho distinguir entre una acción corrupta como hecho social y el delito de corrupción como tipo legal. El código penal selecciona algunos hechos sociales y los califica de delitos; pero no todos los hechos sociales detectados por los ciudadanos son declarados delitos por un juez. Hace años, cuando el adulterio y la sodomía eran delitos, existían multitud de adúlteros, amancebados y homosexuales, de los que únicamente una ínfima parte, casi simbólica, eran castigados por un tribunal. Y lo mismo sucedía con los usureros o con los que lesionaban a sus cónyuges. Las consecuencias de esta necesaria distinción tienen mucho peso porque en la actualidad los imputados se escudan en la presunción constitucional de su inocencia y como inocentes se exhiben hasta que el juez no les condena, o sea, casi nunca. Pero una cosa es que no sean autores de un delito de corrupción, que sólo puede declararlo un juez, y otra que no sean autores de una práctica corrupta, que la sociedad puede –y debe– tener en cuenta. La figura del delito se ha extremado tanto que el procesado se encuentra socialmente protegido; lo que no sucedía antes con la adúltera a la que la sociedad reprochaba (o envidiaba) sin necesidad de que compareciese ante un tribunal como presunta delincuente. Si nos atuviéramos a las condenas judiciales, España sería el país más limpio del mundo:

media docena de adúlteras en un siglo y uno o dos corruptos –y de poca monta– al año. Pero ¿quién puede creerse tales despropósitos?

Decididamente, y por mal que les pese a ellos mismos, los jueces son en España el escudo de los corruptos. Porque cuando se divulga mediáticamente una denuncia de este tipo, inmediatamente aparecen los jefes del partido político afectado declarando que ellos no pueden hacer nada dado que el asunto está en manos del juez y que mientras no haya una sentencia condenatoria está protegido por la presunción constitucional de inocencia. Y con esta presunción el imputado puede vivir tranquilamente durante diez o quince años, que es lo que tarda en dictarse tal sentencia, justo cuando ya nadie se acuerda del asunto. Cualesquiera que sean sus causas, la pasividad de la Administración de justicia hace inútiles las prevenciones legales, que no procede endurecer porque ya existen más que suficientes y, tolerantes o implacables, no se aplican.

En definitiva las relaciones públicas se estructuran en dos niveles. Por un lado está el mundo oficial basado en la legalidad: lento, cuando no inviable, y sobre todo caro porque el tiempo vale dinero. Y, por otro, lado, el mundo corrupto: rápido y barato, porque los cohechos ahorran mucho tiempo y posibilitan la realización de actividades (incluidas las políticas) cuya rentabilidad supera con creces el importe de los sobornos.

El individuo puede escoger entre un comportamiento correcto u otro corrupto y su decisión depende de un simple cálculo económico sobre los costes de la legalidad estricta y de la ilegalidad con el sobreprecio de la corrupción. De aquí la importancia que tiene el hacer ásperos los caminos legales para inclinar al interesado al uso de la otra vía, o sea, la de la ilegalidad con el sobreprecio de la corrupción. El empresario que cohecha y paga es el corruptor activo, el político que es cohechado y cobra es el corrupto pasivo. De hecho, sin embargo, las cosas no funcionan así y los papeles son distintos. Porque el político tiene en su mano establecer unos mecanismos que literalmente empujan a los ciudadanos a la corrupción. Las leyes duras y las exigencias rigurosas colocan a los individuos en dificultades de las que únicamente pueden salir con la ayuda de un cohecho. Así se explican ciertas leyes dictadas no con la intención de que sean cumplidas sino con la de que sean violadas. Como se explica el rigor que exhiben ciertos políticos y funcionarios no con la intención de exigir el respeto a la legalidad sino de ser ablandados con sobornos. Y únicamente se entiende así la inutilidad de los eventuales –y harto escasos– castigos que de vez en cuando se imponen para autojustificación de los jueces. Porque es inútil castigar a algunos culpables cuando se mantiene el sistema que favorece estas prácticas.

La corrupción española, firmemente asentada en el sistema, está ya al borde de la cleptocracia. Esta supone una organización política montada exclusivamente para obtener rentas sin consideración alguna a la atención de los intereses de la comunidad: se ocupa el poder con la exclusiva intención de enriquecerse. Se trata, pues, de una versión exacerbada de la corrupción, de un tercer grado diferenciado ya cualitativamente de los anteriores. Porque la corrupción simple supone una desviación excepcional de los medios del poder en beneficio propio: una desviación, por tanto, de las reglas generales. La corrupción sistémica supone, en cambio, que las reglas de actuación del poder incluyen mecanismos de enriquecimiento, pero no son el objetivo directo de la actuación gubernamental. Mientras que en la cleptocracia se gobierna en primera línea para obtener rentas.

Huelga decir que las líneas de separación de estas figuras son sutiles y que la calificación de un grado u otro responde con frecuencia a percepciones subjetivas no verificables. El caso de un individuo como Roldán y de un partido como la Unión Mallorquina son claros ejemplos de cleptocracia inequívoca, y a nivel local los testimonios son aún más abundantes. No obstante, sería exagerado afirmar que vivimos en España en una cleptocracia. Bastante es decir que hemos llegado a una situación de corrupción sistémica o estructural potenciada por la profesionalización de la política.

3. En los últimos años la crisis política que ha seguido a la crisis económica ha transformado el planteamiento tradicional de la corrupción, la percepción que de ella tenían los españoles y sus consecuencias tanto privadas como oficiales.

Por lo pronto los ciudadanos de la noche a la mañana han abierto los ojos y se han percatado de la existencia de la corrupción, de tal manera que si antes se negaban a darle importancia considerándola un fenómeno excepcional, ahora –en el extremo opuesto– les cuesta admitir que haya un solo político no corrupto.

El motor de este cambio de mentalidad no ha sido, naturalmente, que se hayan descubierto nuevos escándalos, puesto que siempre se han conocido y no se les prestaba demasiada atención, sino la aparición de nuevos partidos que podían alardear y con razón de limpieza aunque sólo fuese porque, al no haber dispuesto nunca de las cajas públicas, no habían tenido ocasión de saquearlas. Pues bien, estos partidos se han encargado de desacreditar a sus adversarios con tal acusación y el mensaje, en este nuevo escenario y con esta nueva significación, ha calado en el pueblo, demostrándose una vez más que socialmente lo importante no es el mensaje sino la forma de comunicación. Un minuto de tertulia televisiva pesa más que un libro entero bien documentado.

Lo anterior podía esperarse y se entiende. Lo verdaderamente sorprendente ha sido otro fenómeno que se superpone a aquél y que todavía no se ha explicado bien, a saber: que de golpe las fuerzas policiales especializadas, que hasta ahora no habían hecho públicas sus actuaciones, han empezado a actuar contra individuos del Gobierno y del partido gobernante con más saña aún que la que utilizan contra los miembros de la oposición. El pacto de silencio ha saltado en pedazos. Y lo más curioso es que los jueces y fiscales siguen ejerciendo su deber, de acuerdo con la tradición, en los términos más tradicionales de desigualdad. Es decir, se detiene a un exmiembro del Gobierno, con publicidad (y previo avisto a los medios) a las cuatro horas de haber sido denunciado; y mientras tanto se arrastran perezosamente durante cuatro años las diligencias que se instruyen contra personajes de la oposición. ¿Qué está pasando? Supongo que algún día lo sabremos; pero yo, al menos, todavía no he logrado entenderlo.

El calamar de la corrupción se ha envuelto en una nube de tinta tan espesa que ya nadie sabe –y los que lo saben se cuidan mucho de decirlo– qué es lo que ha pasado (y, sobre todo, por qué), qué está pasando ahora y en qué parará todo esto. Lo único cierto es que los partidos políticos son protagonistas destacados de la corrupción en cuanto que son sus beneficiarios (aunque por maravilla sin saberlo), quienes urden las tramas, autorizan la percepción de tales rentas y se encargan de garantizar la impunidad de sus compinches. O se encargaban, porque ahora, cuando han salido a luz estas maniobras, se han apresurado a dejar caer a los autores materiales, a los que antes protegían con tanta eficacia.

Muchas cosas están saliendo a la luz, en efecto, si bien la nube de tinta sigue ocultando las más esenciales, por ejemplo: ¿por qué se han entregado estos hechos al conocimiento público precisamente ahora? ¿Por qué los funcionarios, y singularmente los jueces, siguen actuando con tan notoria desigualdad?

Al cabo de tan asombrosas y casi diarias revelaciones, la verdad es que sólo ha emergido la punta del iceberg y continúan operando las viejas maniobras de confusión: ¿cuál es la verdadera trascendencia de los "imputados", de los "presuntos"?

No es de extrañar que el gran público esté desconcertado cuando ahora se descubren corrupciones de las que nunca se hablaba, aunque se conocían de sobra: en los bancos, en las empresas multinacionales, en la Casa Real y hasta en el fútbol. Si alguien se decide un día a tirar de la manta que cubre los pecados de los medios de comunicación ¿quién quedará para arrojar la siguiente piedra?

VIII. EVOLUCIÓN DEL FUNCIONARIADO

La cuestión de los empleados públicos ya ha salido repetidas veces en estas páginas e incluso en este mismo capítulo, pero ahora ha llegado el momento de extenderme sobre ella con cierto cuidado, aunque necesariamente sin pormenor.

La posguerra se había iniciado con un nivel burocrático deplorable dado que la Administración había acusado las bajas de un largo período de decrecimiento vegetativo, las víctimas del frente y de la retaguardia, la sangría de la emigración y los resultados de las depuraciones posteriores. Con el agravante de que los huecos se iban ocupando no por individuos que acreditasen cierta competencia técnica sino méritos militares o políticos y la promesa de una fidelidad inquebrantable al Jefe del Estado. En estas condiciones ni qué decir tiene que se perdió la oportunidad de iniciar una nueva etapa histórica superando una tradición secular lamentable.

Pero ni se intentó ni se pensó siquiera en tal posibilidad, y milagro parece que las cosas funcionaran con aquellos empleados incompetentes a los que nada ayudaban unos políticos tan incapaces como ellos, que sólo pensaban en descansar sobre el botín después de las durezas de una guerra y de las estrecheces de una posguerra. Formalmente, sin embargo, la burocracia pública conservaba las líneas estructurales que se habían consolidado a lo largo del siglo, o sea, una federación de cuerpos de funcionarios rígidamente separados, cada uno con sus tareas propias, de tal manera que sus miembros estaban profundamente identificados con el cuerpo en cuyo seno desarrollaban toda su vida administrativa, al tiempo que el cuerpo se sentía responsable de la función que se le había encomendado y que se llevaba a cabo con parsimonia pero con aceptable eficacia.

Deteriorado gravemente este equilibrio como consecuencia de la guerra y de la posguerra, la situación se salvó entonces con una fórmula inesperada y probablemente espontánea. En concreto por el esfuerzo de algunos cuerpos de elite que habían conservado una buena calidad profesional y que asumieron el papel de controlar a los demás funcionarios, aunque bien es verdad que el precio que se cobraron por esta operación de salvamento no fue desdeñable: además de asegurarse la percepción de suculentas retribuciones presupuestarias y el autogobierno de sus intereses propios, ocuparon, como por derecho, los mejores puestos de la Administración. En cualquier caso resultó que la historia del funcionariado de la Administración franquista ha sido la historia de determinados cuerpos de elite (ingenieros, abogados del Estado, inspectores de Hacienda) y de sus relaciones con los demás cuerpos funcionariales de nivel inferior; cuerpos que, además, tuvieron energía para ofrecer resistencia a las presiones políticas, salvo que fueran extremas.

De todo aquello fui testigo directo en mi condición de jefe de negociado de 3ª del cuerpo técnico-administrativo del Ministerio de Agricultura (después de haber ganado con el número uno unas oposiciones sin otro esfuerzo que el de haber memorizado y recitado con soltura ciento y pico "temas") con destino en el Servicio Provincial de Ganadería de Valladolid, que llevaba anejo el cargo –gratuito, por supuesto– de asesor de la Junta Provincial de Fomento Pecuario. Un observatorio excepcional que me permitió conocer cómo funcionaba realmente la Administración del Estado en contacto directo con las burocracias (veterinarias) locales, con las organizaciones autogestionadas de agricultores (Hermandades Sindicales y Juntas Locales de Labradores y Ganaderos) y, en fin, de las diputaciones provinciales, de las que de algún modo dependía la Junta Provincial. A lo que hay que añadir naturalmente mis conexiones con la Dirección General de Madrid y mis contactos con las demás jefaturas territoriales del Ministerio. Por eso he dicho que se trataba de un observatorio excepcional.

Esta organización, aparentemente tan intrincada, era en el fondo muy sencilla pues todo estaba en manos de un puñado de ingenieros que ocupaban los puestos claves: bien retribuidos y con enorme sentido de responsabilidad solidaria, que se coordinaban con simples llamadas telefónicas y que tomaban las decisiones importantes en apacibles cenas en la capital, a las que asistía el ministro como un "compañero" más.

Y además era una organización barata. Los labradores y ganaderos colaboraban gratuitamente sin otra compensación que alguna ventaja personal que se autoconcedían desde la Junta o Hermandad y que no eran excesivas porque les controlaban los de su oficio y nosotros mismos, en este punto imparciales. En cuanto a los funcionarios, percibían sueldos notoriamente bajos, que el Estado completaba permitiéndoles participar en unas tasas que los ganaderos pagaban gustosos porque de hecho se exigían por la no realización de ciertos servicios molestos (inspecciones, controles) y todos salíamos ganando. La repartición de tales tasas no podía ser más significativa: el 75 por 100 para los ingenieros (a veces, sólo lo era el jefe), el 12,5 por 100 para los miembros del cuerpo técnico-administrativo (en mi caso yo era el único de la oficina) y el otro 12,5 para el resto de los funcionarios (que ya eran muchos). Un sistema de escandalosa desigualdad que suprimieron las medidas racionalizadoras de la reforma administrativa de López Rodó, que hizo ingresar el importe de las tasas en el Tesoro (cuya recaudación descendió automáticamente, pues no era cosa de trabajar sin beneficio personal), a cambio de unas moderadas subidas del sueldo. Con esta experiencia aprendí que racionalidad y justicia no equivalen necesariamente a eficacia.

Así me enteré de cómo funcionaba la Administración por dentro, aunque no es cosa ahora de entrar en mayores detalles; y así aprendí también cuál era el papel del Derecho en esta mecánica, puesto que a mí, por mi condición de secretario-letrado, me correspondía redactar los acuerdos y resoluciones que se tomaban indefectiblemente sin consultar la ley. Primero se adoptaba la decisión y luego se me encargaba que la motivase: con ley si es que la había, y si no existía (o era contraria) para que buscase algún argumento jurídico justificativo "pues para eso me pagaban". Aunque también es verdad que en ocasiones me preguntaban antes cuál era la solución, pero únicamente cuando no tenían un criterio propio o un interés previo sobre el particular o no había mediado una llamada telefónica desde Madrid, habida cuenta de que el teléfono era la explicación verdadera de buena parte de lo que se hacía. En definitiva, que con mi experiencia personal directa aprendí lo que no me habían enseñado en la Facultad en cinco años de licenciatura ni había podido leer en libro alguno.

A mediados de los cincuenta cambió sensiblemente el panorama con ocasión de un relevo generacional. Los funcionarios formados en la Guerra civil y en los ardores del falangismo fueron sustituidos por otros que carecían por completo de ilusiones políticas pero que ya contaban con una cierta formación técnica. La tensión inevitablemente surgida entre los viejos y los nuevos burócratas tenía que resolverse lógicamente a favor de estos, máxime cuando por aquellos años la clase política experimentaba también una fuerte renovación. Desde el momento en que los Gobiernos fueron drásticamente rejuvenecidos al pasar a formar parte de ellos individuos que tampoco habían participado directamente en la Guerra civil, los viejos burócratas perdieron su punto de apoyo y los nuevos ministros compusieron sus equipos con funcionarios de distinto cuño.

La cuestión de fondo era, sin embargo, mucho más profunda de lo que parecía. Porque no se trataba solamente de un relevo generacional de funcionarios sino de la progresiva desaparición de los políticos de la vida pública. El desinterés político generalizado –en 1960 ya nadie podía conservar la fe en la "revolución pendiente nacionalsindicalista"– provocó una cierta retirada de los políticos de los cargos importantes de la Administración, que fueron inmediatamente ocupados por técnicos y burócratas, dando lugar a un régimen tecnocrático. O dicho de otra manera un tanto cínica: las ambiciones políticas tenían que presentarse, para evitar sospechas y recelos, bajo la capa de la técnica y de la modestia funcionarial.

El nuevo espíritu encarnó en la política de personal de López Rodó, cuya legislación funcionarial de 1956 supuso un profundo cambio del régimen tradicional que se había asentado en España cien años antes con Bravo Murillo. Los dos pilares de este modelo se apoyaban en los principios capitales del cuerpo y de la carrera. Conforme al primero los funcionarios se articulaban en cuerpos con deberes y derechos (no pocos privilegiados) propios, de tal manera que cada cuerpo patrimonializaba un conjunto de destinos y en gran parte se autorregulaba. Por otro lado la vida oficial de cada funcionario discurría –dentro naturalmente de cada cuerpo– a lo largo de una carrera, de tal manera que se iba ascendiendo en la jerarquía de peldaño en peldaño, o sea, que no se podía pasar al superior sin haber acreditado servicios en el inferior inmediato.

Pues bien, las leyes reformadoras aunque no disolvieron los cuerpos, les privaron de todas sus funciones: perdieron sus competencias de autorregulación y se despatrimonializaron los destinos que venían ocupando. La carrera fue eliminada por completo. A partir de 1956 se centró el sistema no ya en los cuerpos, sino en los puestos de trabajo, no escalonados y accesibles por tanto a todos los que, con independencia de su cuerpo, acreditaran méritos para su desempeño y en todo caso una debida formación teórica. Con este cambio, de corte más moderno y a la sazón de moda, el Gobierno pudo ejercer directamente su imperio sobre todos los servidores públicos obviando el contrapeso o contrapoder que de hecho habían significado hasta entonces los cuerpos. Y, además, se abrían las puertas a la discrecionalidad más absoluta con el pretexto de atender al mérito y capacidad personal libremente valorados. El precio de estas ventajas –como inmediatamente denunciaron los críticos de la reforma– fue la desvertebración de la función pública, liberada ya de la disciplina corporativa, y el imperio de la discrecionalidad cuando no de la arbitrariedad. Circunstancias que contribuyeron en gran medida a la pérdida de estímulo servicial de los funcionarios y a la desmoralización del colectivo.

No menos profunda fue la reforma del régimen retributivo (al que dediqué un extenso libro, *La retribución de los funcionarios en España: historia y actualidad*, cuya agresividad crítica me causó algunos disgustos) que no se quiso, o no se pudo, abordar de frente, es decir, aumentando su cuantía con objeto de eliminar uno de sus peores defectos, porque la escasa remuneración forzaba al pluriempleo y a compatibilizar un trabajo privado por las tardes con el trabajo público matutino, con lo cual huelga decir que el que salía perdiendo en cantidad y calidad era el público. La reforma, sin embargo, no iba por ahí sino que se centró en la implantación de modalidades retributivas que pretendían premiar el mejor trabajo y los mayores resultados, pero lo que de veras se consiguió fue aumentar las desigualdades y abrir todavía más el portillo de la arbitrariedad. En definitiva, una nueva pérdida de estímulo al trabajo eficaz.

La clave del nuevo régimen retributivo reforzaba el espíritu de toda la reforma funcionarial, que consistía en la ruptura de la rigidez normativa tradicional, a la que se acusaba de provocar la rutinización de los servicios, y su sustitución por decisiones singulares de los superiores y de ciertos órganos especializados (Juntas de Retribuciones) con la declarada intención de fomentar la iniciativa individual, pues a ella habían de ajustarse los montantes de los nuevos complementos retributivos. Una idea que, honestamente gestionada, hubiera sido excelente; pero que en un contexto corporativo y políticamente torticero tenía que resultar injusta y funcionalmente contraproducente cuando los interesados se percataban de la descarada desigualdad con que se aplicaba; máxime si se tiene en cuenta que los abusos y nepotismos se ocultaban en la opacidad impenetrable de las cuentas. Porque desde entonces –al menos hasta la (relativa) generalización de las leyes y prácticas de transparencia– nunca ha vuelto a saberse públicamente lo que cada uno cobra realmente de la Administración y mucho menos lo que percibe por otras actividades complementarias públicas y privadas.

En los años siguientes la progresiva despolitización de la burocracia y la elevación de la calidad técnica de los funcionarios se tradujeron en un descenso de la importancia de los cuerpos de elite. Sin llegar a hablarse todavía de una tendencia igualitaria dentro de la Administración, lo que sí puede afirmarse sin vacilaciones es que su nivel superior dejaba de ser un coto cerrado y nuevos funcionarios, cuerpos y grupos lograron acceder a él.

Lo que más profundamente caracteriza a la burocracia de los últimos años del Tardofranquismo en relación con las épocas anteriores es el diferente papel que jugaba dentro de las estructuras del Régimen. Piénsese que en la época totalitaria había sido un instrumento domesticado de la clase política, cuyas decisiones ejecutaba sin reticencias. Luego, años más tarde, asumió un papel más digno puesto que preparaba las decisiones que posteriormente el Gobierno hacía suyas o no. Y, finalmente, los funcionarios (en la calidad de técnicos o expertos) se impusieron a la clase política por causa de la debilidad y pérdida de empuje de esta.

Esta situación terminó siendo alterada por la aparición de una cierta inquietud política fomentada por algunas razones internas: la inflación había encontrado sus primeras víctimas en los funcionarios, que exacerbaron sus reivindicaciones corporativas inequívocamente contaminadas ya por ideas democráticas. En los últimos momentos, cuando el barco empezaba a hundirse, la burocracia del franquismo dejó de ser franquista para participar con entusiasmo en una de las fases más interesante de su existencia. Los ánimos estaban efervescentes. Los mítines, que se sucedían poco menos que a diario, eran resueltamente políticos en cuanto que reclamaban un cambio de esta naturaleza, pero casi nunca abandonaban su solemne prestancia y ofrecían alternativas serias y viables para cuando ese cambio tuviera lugar. Además y como los funcionarios tienen la pluma fácil y saben decir las cosas con calculada prudencia, proliferaban libros y revistas dedicados a esta cuestión. Yo mismo publiqué entonces (1976, 2ªed. 2002) un grueso volumen sobre *El pensamiento burocrático:* una introducción teórica de mera información concienzuda aunque pedante, saqueada luego –sin citar la cantera naturalmente– por cuantos querían lucirse con citas eruditas y copiosas.

Los funcionarios eran en aquel momento perfectamente conscientes de su importancia histórica, pues sabían de sobra que con ellos había que contar para el cambio dado que su formación técnica y su experiencia eran muy superiores a las de los políticos de la oposición emergente, que carecían de ambas cualidades y, en consecuencia, tendrían que acudir a ellos si querían que el nuevo sistema funcionase. Además, daban por supuesto que la democracia inminente desearía formar una burocracia políticamente comprometida pero al tiempo eficaz, que lograse superar las dificultades inherentes a todos los cambios. Aquí, no obstante, experimentarían pronto un doble desengaño: los líderes funcionariales aprovecharon sus méritos en la oposición para ocupar puestos de privilegio en la Administración democrática, que disfrutaron olvidando a sus compañeros; mientras que el viejo y vago ideal de la burocracia democrática fue suplantado por un sucedáneo que resultó letal: la política.

Sea como fuere, cuando llegó el ansiado régimen constitucional se dejaron pasar los meses y los años sin abordar una reforma de la función pública adaptada a las nuevas circunstancias. Cada año se agravaba aún más la situación y con ella el desánimo de los afectados. Al fin se aprobó en 1984 una ley, pero no general de funcionarios sino de simples "medidas" que inicialmente se calificaron de urgentes. Medidas, por lo demás, que no suponían una política coherente sino simples parches para ir tirando y que además resultaban irreales en cuanto que no tomaban en cuenta el fracaso de los ensayos anteriores que ahora se repetían. Lo asombroso del caso es que la Administración, aunque fuera a trancas y barrancas, funcionaba todavía. Antes hemos visto cómo en la posguerra unos cuerpos de elite se encargaron de asumir la disciplina de los demás. Agotada esta solución que las reformas hacían ya legalmente inviable, apareció un grupo de funcionarios experimentados –los llamados "caimanes"– que ocupando ordinariamente el nivel de subdirector general, es decir, el cargo más alto de naturaleza administrativa, asumieron también espontáneamente la responsabilidad de "tirar del carro". Nadie se lo agradeció entonces y la memoria de su entusiasmo ya se ha perdido; pero sería una injusticia no dejar testimonio de aquel fenómeno. Mirado todo aquello con la distancia del tiempo es inevitable una comparación melancólica porque ¿qué funcionarios se preocupan hoy de los problemas administrativos? Actualmente existen centenares de comisiones que estudian formalmente las cuestiones administrativas generales e incluso existen gabinetes de estudios especializados en ellas y no faltan pretendidos expertos privados nacionales y extranjeros que redactan mecánicamente docenas de informes y dictámenes; mientras que antes se atendían por los propios funcionarios fuera de las horas de oficina en una cena que cada uno pagaba de su bolsillo y en la que todos aportaban experiencia y entusiasmo.

Este interminable desconcierto y agonía, agravado por la abundancia de legislaciones autonómicas no coordinadas, se cerró, al fin, con el Estatuto Básico del Empleo público que consagraba el repliegue del Estado en tres campos fundamentales que abandonaba otros intereses. En primer lugar se cedió ante los partidos políticos en cuyas manos se entregó de hecho la facultad de nombrar y ascender a los empleados públicos. Igualmente se cedió ante las Comunidades Autónomas procediéndose a un troceo parcelario, de tal manera que cada comunidad (su partido dominante, claro es) disponía a su gusto del cupo corriente sin otro límite que los suaves y lejanos de las bases legales estatales. Y en tercer lugar se produjo un nuevo abandono, ahora a favor de los sindicatos, a los que se encomendó la fijación de las condiciones de trabajo y su gestión. Después de esta triple renuncia muy poco se ha reservado la Administración, aunque al fin sabemos, al menos, en qué consiste la política funcionarial del Estado: en no tenerla propia y desentenderse de la cuestión.

Esta inhibición del Estado no parece, a primera vista, tener demasiada importancia puesto que, al fin y al cabo, hartos sectores administrativos siguen sin atenderse. Bien miradas las cosas, sin embargo, la cuestión es muy grave no tanto por lo que vale por sí misma sino por lo que revela.

Ya es trascendental, desde luego, que el Estado tolere impasible que sus servidores permanezcan en un absoluto desorden y la Administración, su brazo activo, se quede semiparalizada, como cualquiera puede observar. Pero es que hay algo más profundo. Porque este comportamiento revela que el Estado ha perdido su voluntad de subsistir. Pura y sencillamente aquí se ha entregado a otras fuerzas –los partidos políticos, las Comunidades Autónomas y los sindicatos– abdicando de sus potestades. El Estado español se autodisuelve. No es que ejerza una política criticable, es que carece de política (como ahora se ha puesto de manifiesto con ocasión de la crisis económica); es que ha abierto la puerta a unos intrusos que no tienen intención de sustituirlo en el gobierno y administración –y que quizás lo hicieran mejor que él– sino que lo han ocupado con la única intención de saquearlo.

En los últimos años hemos visto aparecer un fenómeno no ilegal pero tampoco previsto en las leyes, que es como ahora se gestiona y administra de hecho. Resulta que como son políticos quienes ocupan los puestos de dirección y decisión, y no tienen la menor competencia ni experiencia, necesitan la colaboración técnica de los funcionarios; pero como no se fían de ellos y tampoco saben trabajar con quienes no pertenecen a su familia ideológica, han encontrado la solución en la formación de un segundo aparato burocrático, constituido por amigos políticos con ciertos conocimiento de administración, y de ellos se valen dejando a un lado al aparato regular ordinario de los funcionarios.

Esta es la fórmula más cara e inútil que pueda imaginarse; pero desafortunadamente es la que está de moda. Desde el Presidente del Gobierno hasta el más modesto director general y concejal de ayuntamiento de medio pelo todos están hoy acompañados de un ejército de asesores, más o menos numeroso según la altura del cargo, que no son funcionarios y están llamados para aconsejar al político y ejecutar sus decisiones. En realidad quienes deciden y mandan son ellos sin otra legitimación que la de gozar de la confianza política de su jefe.

La consecuencia inevitable de tal proceso es que los funcionarios, decepcionados por esta desconfianza y marginación, y descontentos con estos jefes que sin legitimación alguna les han puesto encima, se alejan cada vez más de sus obligaciones con el resultado final de que si los que entienden no atienden y los que atienden no entienden, el caos está asegurado y a muy alto precio, puesto que hay que alimentar simultáneamente a los dos aparatos. Luego, en cada cambio de Gobierno se produce una renovación periódica de asesores: varios miles, que no han podido escalafonarse a tiempo, van a la calle mientras que se incorporan otros tantos igualmente ayunos de ciencia y experiencia aunque, eso sí, de fidelidad política probada. En estas condiciones y mientras subsista la "Administración política paralela", es difícil que los funcionarios profesionales que quedan conserven su moral de trabajo y su espíritu de servicio.

La impresión final de cuanto acaba de decirse es que la política funcionarial es un ejemplo perfecto de lo que puede llamarse "política de papel" en un doble sentido: por un lado, en cuanto que las reformas normativas son tan frecuentes que abruman a los boletines oficiales hasta tal punto que, aplastados por gigantescas montañas de papel, ni las jefaturas de personal ni los jueces ni los propios funcionarios saben ya a qué atenerse. Y, como la inflación produce inevitablemente una devaluación real, hoy poco pesan las normas reguladoras de la función pública. Y, por otro lado, no menos grave es el irrealismo del régimen legal que poco o nada tiene que ver con lo que de veras está sucediendo. Las normas no van más allá de la tinta y el papel en que van impresas.

Por lo que a mí personalmente se refiere, al cabo de tantos años de vivir inmerso en el mundo burocrático público, ahora me siento ajeno a él, pues han desaparecido por completo los parámetros de cuerpo y carrera, de la protección y vigilancia corporativas, de la jerarquía y hasta de la profesionalidad y la identificación con el cargo o con el servicio. Ya no puede hablarse en consecuencia de un mundo burocrático público sino más bien de un mundo laboral al servicio de entidades públicas que paradójicamente no se va reduciendo, en contra de toda lógica, como consecuencia de la creciente externalización de la gestión de los servicios a través de las llamadas privatizaciones.

IX. LA ADMINISTRACIÓN PÚBLICA ESPAÑOLA Y LA CRISIS

Con mayor o menor precisión los economistas han identificado ya las causas de la última crisis económica y los políticos, con mayor o menor éxito, elaboran cada día remedios para salir de ella; pero ni unos ni otros cuentan suficientemente con el peso que en este proceso ha tenido y tendrá la Administración pública debido a que la consideran como instrumento de aplicación de las medidas que se van tomando sin percatarse de que ella misma fue una de sus causas, contribuyó directamente al desastre y ahora operará también indefectiblemente como una rémora para la efectividad de lo que quiera hacerse. No se puede reconstruir una casa arruinada utilizando las vigas podridas que se quebraron cuando se hundió. Con una Administración politizada, desmotivada, incompetente, derrochadora y corrupta se hace singularmente difícil la ansiada recuperación.

Para salir de la crisis habría que empezar saneando la Administración; pero las posibilidades de lograrlo –y más cuando ni siquiera se intenta e incluso no se tiene conciencia de ello– son mínimas. Cierto es que en los momentos graves pueden hacerse reformas con mayor soltura. Pero yo ya he visto desaprovecharse demasiadas oportunidades. Se dejaron pasar las coyunturas de la transformación política de la Segunda República, del Estado Nuevo del franquismo y de la democracia. Lo mismo sucederá ahora. Con los recortes se pondrán en la calle miles de empleados públicos y se suprimirán docenas de organismos; pero otros tantos entrarán por la puerta de atrás y se abrirán nuevas oficinas con otro nombre. Y todos trabajarán con el estilo de siempre, distribuyendo torpemente los recursos que lleguen y, desviando en provecho propio los que puedan, empezarán por asignarse retribuciones privilegiadas, dejarán las cosas a medio hacer y, sobre todo, no se tocarán los problemas de fondo. Los responsables más perspicaces se percatarán de que la reforma es imprescindible pero la dejarán para más adelante, para cuando haya tranquilidad para realizarla: igual que sucedió en la Transición y después nada se hizo. Con este grillete en el pie tendrá que afrontarse en España la superación de la crisis.

Más todavía: es llamativo a este propósito que desde la perspectiva de la crisis sólo se tenga en cuenta a la Administración pública como la responsable de un gasto y que, en consecuencia, se la trata como un simple objeto de medidas de ahorro presupuestario y no como un sujeto imprescindible para la recuperación que precisa inexcusablemente de un aparato instrumental para llevarla a cabo. Porque la Administración realiza gastos superfluos, y no pocos, que deben ser eliminados, pero otros son necesarios para movilizar la sociedad y aquí se ha recortado sin criterio alguno segando juntos el trigo y las malas yerbas.

En otras palabras: al no relacionar la crisis con la deficiente gestión administrativa, se está dejando pasar la oportunidad de realizar en ella una profunda reforma para evitar que vuelva a contribuir en el futuro en la producción de nuevas desgracias, que con esta hemorragia será fácil que vuelvan a aparecer. Y por otro lado igualmente se pasa por alto que con un aparato administrativo saneado y eficaz –es decir, previa y debidamente rectificado– sería más factible la salida de la crisis, entorpecida ahora por unas deficiencias gestoras que paralizan de hecho las medidas, algunas acertadas, que se van tomando.

Todo esto es bien sabido; pero no vale la pena insistir sobre ello porque nadie lo quiere oír. Los políticos, volando a ras de tierra, se contentan con aparecer en las fotos de familia que se hacen con ocasión de las grandes conferencias nacionales e internacionales en las que participan sin enterarse apenas de lo que se está debatiendo, puesto que no han estudiado previamente las cuestiones que les han preparado los técnicos burocráticos y se limitan a leer tartamudeando las cuartillas que sus asesores particulares les redactado con precipitación y habitualmente con ignorancia.

REFERENCIAS

La retribución de los funcionarios en España: Historia y actualidad, Madrid, Ediciones de la Revista de Occidente, 1967.

El pensamiento burocrático, Granada, Comares, 2º ed. 2002.

España en astillas, Madrid, Tecnos, 1993.

La organización del desgobierno, Barcelona, Ariel, 1984. 4ª.ed. 1990.

La nueva organización del desgobierno, Barcelona, Ariel. 1996. 6ª reimpresión, 2009.

Corrupción en la España democrática, Barcelona, Ariel, 1997.

El mito de la Administración prusiana, Sevilla, Universidad de Sevilla, Instituto García Oviedo, 1962.

Historia administrativa de la Regencia de María Cristina, Barcelona, Ariel, 2006.

Tariego de Ríopisuerga (1751-1799), (con Mª. C. Nieto), Ávila, Junta de Castilla y León, 2005.

CAPITULO QUINTO

LA ADMINISTRACIÓN DE JUSTICIA

ÍNDICE

I. Una sociedad pleitista............................ 187

II. El modelo judicial 189

III. Poder judicial 197

IV. Independencia, neutralidad e imparcialidad 201

V. El pacto fáustico de la Alta Magistratura 204

VI. El servicio público de la Administración de justicia..... 205

VII. Los jueces..................................... 206

VIII. El método judicial: arbitrio y motivación 208

IX. El vuelo de Ícaro 215

I. UNA SOCIEDAD PLEITISTA

Antes de entrar en la materia propia de este capítulo conviene que nos detengamos brevemente en lo que más claramente separa la vida jurídica de 1950 de la de 2017.

En la superficie encontramos efectivamente un dato significativo: la litigiosidad, tanto entre particulares como contra la Administración, se ha disparado. En España están pendientes varios millones (sic) de pleitos, a los que hay que añadir las reclamaciones extrajudiciales, y varios millones más de expedientes administrativos y diligencias policiales. Vivimos en una sociedad pleitista dentro de una economía cuyo sector más importante es el papel, la tinta y sus sucedáneos electrónicos. De las leyes vive más gente que del turismo o del automóvil. No se trata, por tanto, de una mera anécdota sino de un hecho que colorea al mismo Estado, a toda la sociedad y del que nadie escapa. Con buena salud se puede vivir sin médico, pero todos tenemos a nuestra espalda un juez, varios abogados y una nube de funcionarios pendientes de las leyes y de sus conflictos. ¿A qué se debe ese prodigioso aumento de la litigiosidad?

Por lo pronto, algunos pleitos, en lugar de ser una maldición como antes generalmente se entendía, son un buen negocio para ciertos litigantes, puesto que, incluso sabiendo que se van a perder, aseguran demorar los desahucios en particular y en general los pagos. Los retrasos perjudican de ordinario la marcha de los negocios, pero en ocasiones les favorecen. Además, hoy las empresas tienen provisiones para cubrir los gastos judiciales previstos o imprevistos, de tal manera que en ningún caso provocan desequilibrios presupuestarios o extraordinarios.

El desarrollo económico, por otra parte, permite a muchos, sean particulares o empresarios, el lujo de pleitear sin poner en riesgo su situación económica así como el contar con asesores legales que facilitan estas operaciones; de la misma manera que la crisis también fomenta la pleitomanía aunque por otras razones: el agobio económico y las carencias de tesorería obligan en ocasiones a pleitear voluntariamente o a arrostrar una demanda y hasta a cometer un delito.

Desde el punto de vista social, la plétora de abogados provoca inevitablemente un aumento de pleitos, a los que ellos incitan, ya que de alguna manera tienen que ganarse la vida y los "despachos populares" con tarifas bajas de honorarios, y la cláusula de "*cuota litis*" (se cobra un tanto por ciento de "lo que se saque") es un aliciente más. La publicidad creciente –hasta hace poco prohibida– estimula aún más el apetito de los pleitistas. Y, en fin, desde el punto de vista legal, la imprevisibilidad de los resultados, el caos normativo y las contradicciones jurisprudenciales siempre dejan abierta la posibilidad de obtener una sentencia favorable aun en los asuntos más descabellados.

Todo esto no existía antes. Cuando yo estudiaba en Valladolid hace setenta años, la enseñanza estaba enderezada a la preparación de unas oposiciones, mientras que hoy profesores y alumnos están pensando fundamentalmente en el ejercicio de la abogacía.

Las observaciones anteriores son propias de la sociología convencional: datos puramente económicos y sociales pero que tienen consecuencias que afectan directamente al Derecho. La plétora litigiosa ha bloqueado el funcionamiento normal de la Administración de justicia y no es lo mismo ganar un pleito hoy que dentro de cinco años. Y, además, según se verá más adelante, los trámites procesales y el contenido de las sentencias han quedado seriamente deteriorados. He aquí, pues, que el desmesurado aumento de la litigiosidad no es un dato jurídicamente irrelevante, sino que ha cambiado el alcance de las leyes y de su aplicación hasta tal punto que la mentalidad de los profesores y de los profesionales del foro ha tenido también que cambiar tanto en el nivel teórico como en el práctico.

II. EL MODELO JUDICIAL

1. La historia de los modelos judiciales españoles a partir del siglo XIX es sencilla: un modelo constitucional liberal iniciado en las Constituciones de Bayona (1808) y Cádiz (1812) que se conservó ininterrumpidamente hasta 1978, y la posterior incidencia del modelo llamado democrático introducido en los años inmediatamente siguientes, pero que no ha desplazado de manera oficial al anterior sino que convive con él produciendo la confusión que hoy estamos padeciendo.

El liberalismo constitucional fue elaborando a lo largo del siglo XIX un sistema judicial que cristalizó a partir de la Revolución de 1868 en un modelo formal riguroso, afinado y confirmado luego en la Restauración. Su implantación efectiva fue laboriosa puesto que tuvo que ir eliminando lentamente lacras políticas y corruptelas corporativas arraigadas y exacerbadas a finales del siglo por el caciquismo y la oligarquía. El régimen político opera siempre como un poderoso condicionante del sistema judicial, y hasta tal punto es esto cierto que son los jueces, mejor que los políticos profesionales, quienes más fielmente reflejan la ideología de un régimen.

Este modelo se basaba en un cuerpo único de jueces organizado en una carrera jerarquizada por la que se iba ascendiendo con el transcurso del tiempo sin perdonar un peldaño y que culminaba en el Tribunal Supremo, al que ya se accedía por discrecionalidad gubernativa, es decir, sin sujetarse a las reglas de la carrera. Estos jueces debían ser imparciales; pero las peculiaridades de su función y de su estatus no obstaban a su condición de funcionarios públicos, aunque fueran de régimen especial, integrados en el ministerio de Gracia y Justicia. La rigurosa esterilización política a la que los jueces estaban sometidos terminó fortaleciendo su espíritu corporativo, de tal suerte que la carrera creó unas reglas no escritas inspiradas en una ética propia (y hasta un estilo de vida) respetada por todos y ejemplarmente practicada. El servicio público de la Administración de justicia gozaba de prestigio y funcionaba a un nivel de eficacia superior al de la mayoría de los demás estatales. Mientras que la independencia de los jueces estaba formalmente asegurada por la triple garantía de la inamovilidad (que les protegía de las represalias del Gobierno), la abstención política (que les impedía aprovecharse de los favores de un ministerio agradecido por sus servicios) y el cuerpo (que les imponía unas normas éticas de comportamiento), de tal manera que tanto la institución como los jueces individuales eran real (o al menos tendencialmente) independientes, es decir, que no se les podía doblar ni con el palo del castigo ni con la zanahoria del ascenso.

Primo de Rivera intentó una primera rectificación sustancial de este modelo, pero como no tuvo éxito y durante el franquismo tampoco experimentó innovaciones sustanciales, se ha conservado hasta hace muy poco.

La Transición política de los años setenta alteró esta situación imponiendo –en la legislación y sobre todo en la práctica– unos rasgos que suponían una clara ruptura con el pasado a fin de establecer un nuevo modelo llamado democrático, cuyos rasgos estructurales decisivos fueron la creación de un Consejo General del Poder Judicial y la prohibición a los jueces y magistrados –pero solamente mientras estuviesen en activo– de pertenecer a partidos políticos o sindicatos, autorizándoles como compensación su agrupación en asociaciones profesionales.

Esta renovación rupturista había estado impulsada por un puñado de jueces ilusionados que, haciéndose eco de las presiones del momento, reprodujeron en el ámbito de la Administración judicial el conocido maniqueísmo que entonces dominaba: de un lado estaba "el sistema judicial franquista", reprobable e inaceptable de arriba abajo; y de otro, "el sistema judicial democrático", expresión radiante de la edad feliz que se anunciaba y que no había que ir a buscar demasiado lejos puesto que Italia brindaba un ejemplo poco menos que perfecto. En efecto, con el viento del progresismo italiano a su favor abrieron de par en par las ventanas para ventilar la rancia atmósfera de nuestra Administración de justicia, aunque con tanta aireación lo que consiguieron fue que los inquilinos cogieran una pulmonía.

Desde luego los más veteranos no murieron de muerte natural, pues un Gobierno también progresista se encargó de rebajar la edad de jubilación y de este modo se quitó de en medio de un golpe a quienes, si bien supuestamente reaccionarios, tenían mayor experiencia y capacidad. Los mejores destinos, así desalojados, fueron provistos por jueces de probado espíritu democrático y fe inquebrantable en las nuevas ideas (a los que, por descontado, se devolvió de inmediato la anterior edad de jubilación) que se cuidaron mucho de consolidar, permitiendo al tiempo la generalización de ciertas perversiones y corruptelas que lograron en un tiempo brevísimo triturar la carrera, paralizar la Administración de justicia, desprestigiar por completo a este servicio público, eliminar la fuerza del poder judicial (del que sólo quedó el nombre) y convertir el elemento equilibrador de la sociedad y el Estado en un factor de anarquía y de frivolidad mediática.

De hecho la politización se ha convertido en el eje del nuevo modelo. Frente a la inhibición absoluta (prudencia política judicial) anterior, en la actualidad la deseada y limpia "democratización" se ha transformado en la "politización" más perversa y ha dado origen a la mayor parte de las disfunciones sobrevenidas. Los jueces pueden vestir debajo de la toga la camisa del partido y por su color se puede identificar a buena parte de ellos. Esto es grave y lo peor es que quienes no se prestan a este juego –que son la mayoría– quedan implacablemente marginados.

Esta es la imagen a vista de pájaro. Seguidamente relataré lo que yo he presenciado directamente más de cerca.

2. En mis años de estudiante la cara visible de la justicia era la de Némesis: diosa que castigaba implacablemente a los malos y amenazaba a todos con la sombra de su espada

y sus prácticas inquisitoriales. El juez de instrucción con sus levantamientos de cadáveres, sellados de edificios y demás trámites procesales, sin contar los apéndices carcelarios, formaba parte del folklore popular. La vertiente político-terrorista todavía le era ajena, por fortuna, ya que, en el mejor de los casos, estaba en manos de la jurisdicción militar (y luego de un Tribunal especial) y lo más cómodo –y desde luego lo más prudente– era no darse por enterado de su existencia. La carrera judicial (y la fiscal) ofrecía una atractiva salida a los estudiantes. Las oposiciones de acceso eran difíciles ciertamente (no tanto para los jueces municipales y comarcales); pero, una vez superadas, aseguraban una vida económicamente tranquila y socialmente respetable, en una larga escalera de destinos con muchos peldaños rurales singularmente plácidos, una meseta ciudadana elevada a la que se llegaba cuando los hijos estaban en edad de estudiar (y que invocando el nombre del padre ya tenían medio pie en la judicatura) y una cúspide remota en las Audiencias Territoriales y en el Tribunal Supremo difícilmente accesible.

En todas las estaciones el trabajo era suave, los abogados y procuradores reverentes y los funcionarios subalternos serviles por necesidad. De estos últimos se sabía que cobraban propinas, pero gracias a ellas las cosas funcionaban y como nadie protestaba (al fin y al cabo quien pagaba era el cliente), lo mejor era mirar para otro lado. Su trato con abogados y litigantes pecaba de ordinario de soberbia y despotismo, pero por natural se tenía y así eran más de agradecer –si bien nunca retribuidos en metálico– los favores, nepotismos y manipulaciones ocasionales de la balanza y la espada. ¡Dichosos y lejanos aquellos tiempos en los que el presidente de la Audiencia, como el juez de entrada en su pueblo, no fallaba un día a la partida de dominó en el casino y en los de fiesta solemne presidía las procesiones de la mano del arzobispo, el capitán general, el gobernador civil y el alcalde!

Luego las cosas fueron cambiando hasta hacerse irreconocibles. La carrera dejó de ser lo que era y hoy cuesta admitir que siga existiendo. Ya no es imprescindible hacer oposiciones para ser juez, ni hace falta rodar de pueblo en pueblo para llegar a magistrado, ni esperar a las corridas de escalafón para disfrutar de un ascenso. Lo que cuenta no es el tiempo, sino los méritos y estos son las buenas relaciones personales y sobre todo políticas. No se trata de estudiar los asuntos y de pasar las noches en vela, sino de hacerse ver, adivinar de dónde viene el viento y engrasar la veleta para que gire con soltura. Esta es la única cera que arde.

Conforme pasaban los años, el oficio se fue progresivamente complicando en cantidad y calidad, pues una masificación incontenible cambió por completo el panorama. Los asuntos se multiplicaban en una pleitomanía vertiginosa y crecían en proporción geométrica. Los papeles desbordaban mesas y armarios hasta derramarse físicamente por el suelo. Cada día había que construir nuevos edificios y aumentar las plantillas; pero todo resultaba poco, la duración de los pleitos se alargaba irremediablemente: primero meses, luego años y al final se extraviaban, perdían y nadie se acordaba de ellos. Para mayor desgracia a un ministro se le ocurrió suprimir las tasas y favorecer la asistencia de abogados de oficio y la catarata se amplió más todavía. Luego se le ocurrió a otro ministro recuperar parcialmente las tasas y se organizaron motines callejeros de protesta sin reparar en que más caro era lo que había que seguir pagando por otros mil conceptos. Los jueces y los profesores vivían en un arrebato paroxístico que parecía gustarles porque proclamaban, sin escándalo de nadie y regocijo de abogados y procuradores, que "a más pleitos, más democracia" y en consecuencia se fueron suprimiendo paulatinamente los obstáculos procesales de siempre; la exigencia de legitimación, la capacidad, la representación. "In dubio pro actione" proclamaron un día en plena vorágine y así iban creciendo los montones de papeles atascando los registros y salas (en realidad pasillos) de espera.

Hasta que se perdió la medida, reventaron las estadísticas y vino un colapso que nadie quiso reconocer porque el barullo era cómodo y excusaba algunos pecadillos personales. Entonces se acudió a un remedio extremo que suponía la negación de todo lo que se venía haciendo, concretamente se cerraron bruscamente las puertas de algunos recursos hasta calcular que de esta manera se podrían despachar los acumulados en un plazo prudencial del cuatro o cinco años.

Para poder manejar aquellas masas de pleitos se pensó en clasificarlos por materias y entregarlos a juzgados especiales: aquí los civiles, allá los mercantiles, o los de familia o los de género, o los de crimen organizado. Un abecedario completo de variedades a las que habían de asignarse jueces no menos especializados. Y dentro de un mismo tribunal se distribuían salas y secciones. Todos igualmente jueces pero cada uno en su parcela distinta y aislada. El consejo bíblico se cumplía piadosamente: que una mano ignore lo que hace la otra, que un tribunal desconozca lo que tramita el vecino, que un juez no se preocupe de lo que ha sentenciado su colega. Más todavía: en los órganos colegiados, para no perder tiempo, cada ponente atiende exclusivamente lo suyo y suscribe en barbecho lo que redactan los demás, hasta tal punto que su firma no le hace responsable, tal como ha declarado con desparpajo la jurisprudencia.

Por otro lado, la plétora de asuntos exigía una correlativa masificación de jueces. Las plantillas se fueron hinchando hasta que un ministro dijo basta y a partir de entonces empezaron a colarse polizones por las rendijas: jueces encarrilados en "turnos" adicionales, interinos, suplentes, de apoyo, en prácticas: cualquiera vale. Pero como todos cobraban, vino un ministro de Hacienda que también dijo basta y se taponaron bruscamente los aliviaderos y bloquearon los almacenes de espera.

Cuando faltan los medios hay que acudir a la imaginación. Si no hay jueces suficientes, que trabajen más los que quedan. Para eso inventaron los soviéticos hace años el estajanovismo y las empresas capitalistas las primas de producción. En una oficina burocrática se asignaron a todos los jueces los cupos mínimos que les correspondían: si no llegaban, se les reducía el sueldo y si aumentaban la tarea, se les premiaba con un plus. Nadie preguntaba por la calidad de las sentencias que de aquellas máquinas salían y mejor era no preguntarlo porque se sabía de sobra cómo eran tales productos. Se celebraban campeonatos de disparates: un juez había conseguido obtener una media de veinte minutos por proceso y sentencia (con una ochocientos folios de lectura hipotética) y un compañero rebajó a poco la marca con diecinueve minutos estadísticamente comprobados. Pero ni aun así se conseguía poner las cosas al día y de nada valieron las medidas disciplinarias y el vigilar a los jueces con más rigor que a los propios delincuentes. De esta manera estalló la protesta judicial cuando los protagonistas se hartaron de ser presionados por sus autoridades burocráticas, de estar agobiados de trabajo, de cumplir, y muy bien en líneas generales y, para colmo, de ser maltratados por la opinión pública.

El ambiente ya estaba enrarecido cuando un incidente menor que tuvo lugar en un juzgado de Sevilla supuso la chispa que hizo estallar el polvorín. El episodio –que se ha desarrollado en tres fases– ya lo he descrito minuciosamente en un libro titulado *El malestar de los jueces y el modelo judicial* (2010), que vino a ser continuación de otro inmediatamente anterior (*El desgobierno judicial*, 2004, 2ª ed. 2005), que fueron recogidos de forma ambigua por los afectados.

El desgobierno sentó mal a la mayoría porque me consideraban como un intruso dado que ellos, y sólo ellos, estaban al parecer capacitados y legitimados para hablar de sus problemas. Gracias al segundo tomo se reconciliaron en parte conmigo puesto que vieron que yo era el único autor (entonces el primero) de fuera que se había ocupado de sus problemas, si bien luego han venido otros con obras tan notables como las de Diego Íñiguez, Francisco Sosa y José Eugenio Serrano. Pero la cordialidad no se ha restablecido del todo porque en conferencias posteriores he seguido expresando claramente mi opinión y hay muchas cosas que no les gusta oír. En 2014 la Asociación Francisco de Vitoria me concedió el premio a la Independencia Judicial. Una distinción halagadora no sólo por el peso intelectual y social de la Asociación sino porque me indicaba que no estaba tan equivocado en mis análisis y sugerencias. Pero en cualquier caso debo reconocer que mis ideas sobre el arbitrio judicial han tenido mejor acogida en Argentina –donde he impartido varios cursillos sobre Derecho Judicial en la Universidad Nacional de Buenos Aires– que en España.

Durante un tiempo la justicia y los jueces se pusieron de moda. Los medios se lamentaban de su desgraciado funcionamiento, de su parálisis, de su descarada parcialidad. Diariamente se denunciaban sus errores y los jueces salieron de su acostumbrado anonimato. Nacieron los jueces estrella. Cada diario escogió y encumbró a sus jueces favoritos, como si se tratara de campeones deportivos, al tiempo que se vilipendiaba a los del bando mediático opuesto. La gente, excitada por este ruidoso campaneo, se acostumbró a salir a la calle pidiendo justicia, absolviendo o condenando por su cuenta sin otra información que la que suministraban los periódicos y televisiones. De donde resulta que ahora tenemos, además de la justicia estatal, una justicia mediática y otra callejera paralelas. Aunque sería más exacto decir que carecemos por completo de justicia.

Con las sumarias observaciones anteriores he denunciado la nota que ha hecho descarrilar en su sentido más literal nuestra Administración de justicia: la masificación a la que el Estado no ha querido dar una respuesta adecuada. Pero la cuestión tiene diversas vertientes que es imprescindible examinar por separado.

III. EL PODER JUDICIAL

En los países de la cultura occidental democrática la justicia se articula en dos vertientes complementarias, interactuantes e inseparables: el servicio público de la Administración de justicia que se presta a los ciudadanos, y el poder judicial, que es la superestructura constitucional que garantiza el equilibrio en las tensiones que inevitablemente surgen en el interior del Estado y cuyo signo más emblemático es el de la independencia tanto de los jueces como del propio poder.

En mi libro *El desgobierno judicial* he descrito con detalle el desmantelamiento implacable que ha ido padeciendo entre nosotros el llamado poder judicial: cómo se ha esfumado casi por completo su pretendida independencia constitucional y cómo los jueces, abandonados sin protección, son peligrosamente vulnerables a las presiones y tentaciones de los gobiernos y partidos políticos (y no sólo de estos) puesto que la fortaleza de su conciencia individual no es siempre garantía bastante.

Los partidos políticos tienen atrapados a los jueces a través del Consejo General del Poder Judicial, que es una de las farsas institucionales más cínicas que conocemos. Porque este organismo, que fue creado para asegurar la intangibilidad de los jueces, se ha convertido en un instrumento de su envilecimiento. Partiendo de un pretendido autogobierno se ha terminado en la manipulación más descarada: aquí no se engaña a nadie, todo se hace a la vista del público. No oculta su sumisión a los partidos políticos como estos no ocultan sus intenciones de dominación. Los nombramientos para cargos importantes –que es su tarea más delicada– se hacen en una feria al aire libre en cuotas escrupulosamente predeterminadas sin necesidad de esconderse en un callejón. Y luego, a la hora de proceder a la provisión de vacantes, vuelve a abrirse el mercadillo y los feriantes se cambian una presidencia por dos vocalías de Sala, un juzgado de instrucción de la Audiencia Nacional por un par de miembros de Tribunales Superiores y al final todos tan amigos, aunque el regateo haya sido duro y se hayan dejado vacantes durante meses y años.

Nótese, pues, que la sumisión es a los partidos políticos y no sólo al Gobierno. Por descontado que en esta cena de rabadanes los del Gobierno se llevan siempre la tajada más sabrosa; pero hay para todos en una cierta proporción. Lo importante aquí es que se juega a cara descubierta pues todos saben a qué equipo pertenece cada uno. Y, además, hay que afiliarse muy pronto y estar a resultas de la batalla política. El que tiene la desgracia de militar en un partido de segunda categoría tendrá que resignarse a no pasar de magistrado por más que sea tan sabio como Alonso Martínez y tan probo como Salmerón. Son las reglas de la política: únicas que valen en esta partida.

La clave de este mecanismo es la independencia. Un poder judicial sin independencia no es poder, puesto que no puede controlar al Gobierno, que es la última garantía del sistema constitucional: el controlador no puede, por tanto, depender del controlado. Y para que una institución sea independiente es imprescindible que lo sean sus miembros. De aquí la radical perversión del funcionamiento actual: los jueces superiores son nombrados por un Consejo General, cuyos miembros son nombrados a su vez por los partidos políticos. Luego los jueces superiores que han de controlar al Gobierno y a los partidos dependen de estos. De esta manera el control queda paralizado. Nadie va a condenar a aquel a quien debe su destino y su sueldo. Y todavía más: nadie se atreverá a condenar a quien algún día pueda darle un buen cargo. La trampa, por lo demás, es sobradamente conocida, pues no hay un día en que los medios no denuncien su existencia y deletéreas consecuencias; pero, como es lógico, los partidos no se dan por enterados, pues si jugaran limpiamente, saldrían ellos perdiendo al quedar sometidos al control de unos jueces independientes.

Desde 1812 hasta hoy las Constituciones han dado siempre a este principio de la independencia una relevancia singular, que los apologetas oficiales ensalzan cada día. Pero los historiadores no se han dejado engañar nunca y así ha podido demostrarse sin necesidad de mucho esfuerzo que en España terminó el siglo XIX sin un solo año, sin una sola excepción, de independencia judicial real. Al menos así he podido yo constatarlo –y por supuesto decirlo– en mis obras históricas, sin que nadie se haya atrevido a contradecirme. ¿De qué estamos hablando entonces? ¿Qué tinglado es este, entonces, de los tres poderes que se equilibran y controlan recíprocamente?

Ya puede decir lo que quiera la Constitución vigente porque el hecho es que su engolado modelo pura y sencillamente no funciona en la realidad. La independencia judicial predicada en ella y en las leyes es un castillo de naipes, una leyenda, un mito, un tosco engaño. Y es capital insistir en este extremo y desmitificar los planteamientos al uso, para que no se crea que la independencia judicial sufre actualmente un eclipse pasajero: es una constante histórica.

A tal extremo hemos llegado que hoy es innecesaria la intervención individualizada y expresa del poder público, dado que los jueces que le son fieles adivinan sus pensamientos y lo favorecen sin que sea preciso recomendación alguna. Ya no hace falta puesto que los jueces saben de sobra qué es lo que importa a sus protectores y se adelantan en el servicio sin necesidad de que nadie les diga nada. Lo relevante es la influencia y esta no ofrece dudas. En vísperas de una sentencia delicada, de una actuación comprometida, los periodistas anuncian qué es lo que va a votar cada uno ateniéndose a su color político (o más sinceramente: al agradecimiento por el nombramiento) y nunca se equivocan, salvo rarísimas excepciones. El juez está sujeto a dos fidelidades: una, a la ley, y la otra, a su protector. Y es el caso que los lazos del compromiso político son más fuertes que los de la legalidad. La legalidad no ayuda a ascender y la alianza política, en cambio, trae los ascensos y nombramientos dentro y fuera de la carrera. Este es el poder judicial: eje sobre el que la Constitución ha estructurado nuestro Estado.

IV. INDEPENDENCIA, NEUTRALIDAD E IM-PARCIALIDAD

Hay ideas que tienen la fortuna de irse repitiendo de generación en generación hasta convertirse en lugares comunes que resultan intocables. No es que se defienda a ultranza su contenido a la manera de los dogmas sino, mucho más sencillamente, que de puro sabidas nadie se detiene a reflexionar sobre ellas. En ocasiones he descubierto la impropiedad de alguna y he intentado colocarla en su sitio; pero siempre sin éxito y sin que nadie se haya molestado siquiera en rechazar la crítica o en aceptar la rectificación, dejando sin más que la situación se prolongue.

Tal es el caso con el concepto y destino de la llamada independencia judicial: un tópico político que recogen indefectiblemente constituciones y leyes que manosean *ad nauseam* los políticos y también los profesores, de ordinario con adornos de erudición barata, sin percatarse ninguno del anacronismo de su uso. Porque en la actualidad y en el área cultural occidental, la independencia judicial ya no se cuestiona ni en la teoría ni en la práctica y, por consecuencia, no necesita ser defendida ni garantizada. Lo que ahora importa es la neutralidad del juez y su imparcialidad, que son condiciones distintas –aunque ciertamente relacionadas– de la independencia.

Independencia es una situación institucional objetiva que permite al sujeto adoptar, de hecho y de derecho, decisiones de acuerdo con su libre voluntad. El menor, el soldado, el empleado tanto público como privado, no son independientes porque no pueden actuar según su voluntad sino ateniéndose a las órdenes e instrucciones de sus superiores. El juez, en cambio, únicamente está subordinado –y en términos genéricos– a la ley y su independencia está institucionalmente garantizada hasta tal punto que nadie puede obligarle legalmente a comportarse de otra manera. Aunque también es verdad que el juez puede renunciar a su independencia cediendo a alguna de las muchas tentaciones que le acechan y poniendo su libertad en manos de quien le ha cohechado, de un partido político o del capricho de su cónyuge. Pero no por ello pierde su independencia porque sigue siendo institucionalmente libre aunque de hecho se haya sometido a una voluntad ajena.

Neutralidad (antónimo: beligerancia) es una condición o calidad genérica subjetiva propia del sujeto que actúa sin condicionantes psicológicos previos que le imponga una cierta predisposición respecto de algunas cuestiones. La neutralidad absoluta es, desde luego, imposible de alcanzar porque las deformaciones son inevitables en el ser humano y se insertan en la personalidad de cada uno, sin quererlo ni buscarlo, a través del nacimiento, educación, profesión y se refieren a preferencias, filias y fobias de índole racial, territorial, clasista, religiosa y por supuesto política. Una persona neutral, limpia por completo de preferencias, es inimaginable. Lo será más o menos, y con una debida educación puede tomar conciencia de sus inclinaciones y dominarlas razonablemente. Un juez, constitucionalmente independiente, será neutral si consigue controlar sus predisposiciones, aunque será beligerante si se deja llevar por ellas.

Imparcialidad es una actitud no prejuiciosa ante un caso concreto. Por así decirlo, es la neutralidad concreta que permite dominar las predisposiciones o preferencias y decidir sin prejuicios en un caso singular. Con esto hemos llegado al nudo de la cuestión, porque al ciudadano lo que le importa es que su caso sea despachado con imparcialidad aunque el juez no sea, en general, políticamente neutral ni independiente Y esta es la causa de la relevancia de estas distinciones, que sorprendentemente no son tenidas en cuenta. El arrendatario tiene derecho a esperar una sentencia imparcial de un juez aunque sea un gran propietario, lo mismo que una abortista respecto de un juez de reconocido conservadurismo religioso.

El juez neutral "tiende" a actuar imparcialmente en los casos singulares, de la misma manera que el beligerante tiende a la parcialidad. Pero puede que no sea así si, por ejemplo, el juez neutral se deja corromper o el beligerante deja su prejuicio, según suele decirse, en el perchero. Lo mejor sería, por tanto, que los jueces fueran neutrales y que, de no serlo, actuasen independientemente en los casos singulares. Insistiendo en la imagen, la toga del juez ha de estar limpia aunque fuera del tribunal sea cultural o ideológicamente beligerante.

V. EL PACTO FÁUSTICO DE LA ALTA MAGISTRATURA

Admitiendo que la independencia del juez se mueve en la franja que se extiende entre la garantía constitucional y la fuerza de las tendencias que se le ofrecen para que renuncie a ella; y admitiendo igualmente que la neutralidad es un ideal de contenido concreto flexible, se trata ahora de explicar cómo es posible que un juez se avenga a convertirse en beligerante y a comprometerse a actuar parcialmente en su función.

Esta operación se realiza a través de un pacto expreso aunque implícito, que denomino "fáustico" porque a semejanza del doctor de la tragedia, el juez vende (o arrienda) su conciencia al Mefistófeles del poder a cambio de ventajas concretas que se perciben de inmediato: un cargo, la entrada en un estamento de estatuto privilegiado y la posibilidad de promociones aún mayores. El juez fáustico cobra al contado e irá pagando a plazos a lo largo del tiempo con un comportamiento parcial.

Las consecuencias de un pacto de este tipo son devastadoras para la justicia no sólo porque facilitan la presencia de jueces beligerantes en los conflictos políticamente sensibles sino, además, porque degradan su calidad técnica desde el momento en que son seleccionados no por su sabiduría y prestigio sino por su fidelidad.

Aunque también puede suceder que, contra todo pronóstico, el juez rompa un día el pacto y resuelva en contra de los intereses de sus patronos y de tales comportamientos se conocen algunos casos aunque desafortunadamente raros entre nosotros.

VI. EL SERVICIO PÚBLICO DE LA ADMINIS-TRACIÓN DE JUSTICIA

Veamos ahora qué es lo que realmente sucede con la otra vertiente de esta institución, es decir, con el servicio público de la Administración de justicia: una tarea constitucionalmente menos llamativa aunque no menos importante pues el primer deber y la primera potestad de la soberanía es la de administrar justicia entre los ciudadanos y así se ha entendido siempre. *Iustitia est fundamentum regnorum.* Un Estado en el que no se administra debidamente la justicia es un Estado fallido.

Desafortunadamente hablar en España del servicio público de la Administración de justicia es comentar un desastre sin paliativos y sin esperanza de mejora. Porque cuando se dejan a un lado las alabanzas retóricas y gratuitas y se quiere examinar la realidad, lo que queda es un panorama desolador. Tan es así que en mi citado libro *El desgobierno judicial,* a fuer de sincero, tuve que atribuir a este servicio las notas de tardío, atascado, caro, desigual, imprevisible, mal trabado, desgarrado e ineficaz, y creo que me quedé corto. Por cierto que el entonces ministro de Justicia que me hizo el honor de presentar editorialmente el libro, reconoció públicamente sin ambages que cuanto allí se decía era exacto, pero añadió que el Gobierno era consciente de ello, por lo que podía asegurar, para tranquilidad de todos, que durante su ministerio se arreglarían sin falta buena parte de los defectos denunciados. Se marchó aquel ministro, cayó aquel Gobierno, vinieron otros, todos con las mismas piadosas intenciones y similares promesas, se celebraron pactos de Estado, se reformaron todas las leyes y el servicio sigue deteriorándose aunque muchos creyeran que esto ya no era posible habida cuenta de la profundidad en que se había despeñado.

De este servicio público pueden hacerse muchas observaciones críticas y así lo he hecho yo ya en otros lugares; pero no vale la pena insistir aquí sobre ello porque todas se encierran en dos. En primer lugar el retraso, y notorio es que el pan que se sirve a la mesa al cabo de cinco años es ya un rebojo incomestible: el consumo de la justicia tiene un plazo de caducidad que en España no se respeta. Y, en segundo lugar, su elevado precio, y no precisamente por culpa de los jueces: cuando los gastos de un litigio superan el veinte por ciento del valor de lo discutido, ya no es económicamente rentable pleitear.

VII. LOS JUECES

Todo el mundo conoce a los jueces aunque sólo sea porque aparecen con frecuencia en televisión: actúan en palacios repletos de columnas, escudos y figuras alegóricas de escayola, cortinas escarlatas, grandes mesas y sillones –nunca sillas– majestuosos; caminan rodeados de secretarios, policías y ujieres; tienen tratamiento de señoría y para hablar delante de ellos hay que esperar, como si fueran reyes o papas, a ser preguntados o a tener concedida la palabra. En este pomposo, aunque algo polvoriento, escenario se mueven con dignidad vestidos de negros ropones con mangas y puñetas rojas y blancas y con alguna resplandeciente medalla en el pecho. En su mano tienen la vida y hacienda de los individuos, a los que ensalzan o arruinan con una palabra y sobre los que pueden ejercer la atemorizante potestad de privar de libertad (hasta hace poco de vida) y, por supuesto, de honra.

Ante ellos tiemblan los humildes y se humillan los poderosos, puesto que de rey abajo nadie puede resistirles.

Sucede, sin embargo, que no todos se dejan deslumbrar hoy por la magnificencia de tales templos o palacios ni por la solemnidad de los oficios que en ellos se celebran, pues saben que los decorados son falsos y los terciopelos están raídos. Se ha despojado a los jueces de su toga y debajo de ella han aparecido hombres y mujeres de carne y hueso que no son siempre modelos sociales y que resultan vulnerables a todo tipo de presiones políticas, económicas y corporativas. Ya no se ve al juez como un sacerdote de la ley sino como un individuo con reacciones sorprendentes, dotado de desmesurados poderes públicos, que hace y deshace destinos humanos y ataca o defiende al poder. En definitiva, un funcionario que, agobiado por el trabajo y las presiones de todo orden, intenta hacer lo que puede y a veces incurre en lo que no debe, con frecuencia sin conocer bien los datos del litigio y de ordinario sin disponer de tiempo ni de los instrumentos imprescindibles para sentenciar responsablemente. Sus actuaciones no pueden ser más erráticas: hoy se niega a perseguir o investigar un sospechoso de turbia conducta, dejando dormir durante meses o años las denuncias privadas, los atestados policiales y las acusaciones fiscales, y mañana procesa sin contemplaciones a los que por razones incomprensibles –cuando no inconfesables– persigue implacablemente.

La condición funcional de los jueces no es tan deslumbrante como pudiera parecer. La verdad es que, si quieren cumplir con sus deberes, su trabajo es duro. Aparte de que no siempre disponen de los medios materiales necesarios, el juez vive con el peligro físico de quedar enterrado en montañas de papel y su obsesión es "poner sentencias", quitarse un asunto para pasar al siguiente. Los jueces actúan de hecho como "jueces de urgencia" en el sentido popularizado en el sistema sanitario, o sea, que han de decidir con prisa porque hay muchos esperando en la cola.

En estos largos años que recogen los presentes recuerdos casi todas las cosas han cambiado, pero quizá ninguna tan profundamente como esta de los jueces. De su estereotipo personal ya no queda absolutamente nada, su imagen es otra y también ha desaparecido por completo la visión de su propio oficio y de su autopercepción. Para poder comprenderlos tal y como hoy son he de borrar concienzudamente mi memoria, pues de otra suerte me sería imposible identificarles. Siempre he tratado con ellos y me honro con la amistad de algunos; pero advierto que el que quiera conocer a los importantes –y singularmente a los "estrellas"– no debe buscarlos en los juzgados y tribunales sino en los aeropuertos y platós de televisión, en los actos oficiales y en las fiestas sociales. Se creen importantes y poderosos y en verdad que lo son hasta que caen y su resplandor se extingue pues no suelen brillar con luz propia sino reflejando la de los focos de los medios y de la política. De ordinario, los que han probado el gusto de la política, del dinero y del poder terminan convirtiéndose pronto en adictos y son ya irrecuperables.

VIII. MÉTODO JUDICIAL: ARBITRIO Y MOTIVACIÓN

1. Mi interés por los jueces se despertó relativamente tarde. Empezó con una cuestión marginal, erudita, referida a los orígenes de la jurisdicción contencioso-administrativa, que

abordé ocasionalmente apoyándome en textos legislativos de mediados del siglo XIX. Convencido ingenuamente de que había realizado un descubrimiento historiográfico me empeciné en defenderlo en una polémica sostenida con Parada y otros colegas a la que ya he aludido, aunque ninguno abordamos la cuestión con seriedad. Ahora veo claro que nuestros planteamientos eran frívolos y nuestras fuentes deleznables. En realidad todos pretendíamos hacer historia de las instituciones sin saber historia y manejando media docena de textos absolutamente descontextualizados. Sólo muchos años más tarde, estudiando en profundidad la época de Mendizábal, me encontré sin buscarlo con los verdaderos orígenes de aquella jurisdicción. Pero –cosas de la cultura académica española– como los publiqué en un libro de historia y aquí nos movemos en compartimentos estancos ni los administrativistas ni los historiadores del Derecho leyeron aquellas páginas, y a los historiadores estrictos les suelen dejar indiferentes las instituciones. Esto no quiere decir naturalmente que mi última tesis sea la correcta; pero el caso es enormemente significativo como ilustración de la compartimentación y de la ignorancia recíproca en que nos movemos los profesores españoles.

Independientemente de lo anterior, otro contacto con los jueces tuve en un nivel muy diferente cuando cayó en mis manos el archivo judicial completo de Tariego de Ríopisuerga, que estudié exhaustivamente con mi hermana María del Carmen, centándonos en el período 1751-1800. Un tiempo breve y un sector reducido –únicamente la jurisdicción inferior castellana– pero aun así pude comprobar que sólo transitando estos ásperos caminos archivísticos, y no desde la comodidad de una ojeada a las colecciones legislativas, es como se pueden conocer las instituciones.

Huelga decir, por lo demás, que ninguna de estas dos cuestiones llegaban al corazón de la materia que a mí me preocupaba de veras, en la que ahora quiero detenerme un momento y a la que dediqué *El arbitrio judicial* (2000, 2ª edición 2007), donde he puesto lo mejor de mí mismo y donde creo haber llegado más lejos. Si algo he publicado en mi vida que merezca ser estudiado es, desde luego, ese libro, que he explicado varias veces en distintas universidades y escuelas judiciales sudamericanas, pero que en la Escuela Judicial española –el dato no puede ser silenciado por increíble que parezca– rechazaron un curso sobre él con el peregrino argumento de que "no convenía que los alumnos se enteraran demasiado pronto de cómo eran las cosas y que era mejor que lo viesen directamente más tarde en el ejercicio de la profesión".

En el citado libro afloran y se encajan las cuestiones que yo considero esenciales en la vida del Derecho y que se esconden en el paradigma dominante: la naturaleza "creadora" y no meramente "descubridora" de la actividad del juez, la naturaleza de la ley como simple oferta y directriz, el valor de los hechos en el proceso, la existencia de referencias extralegales y, sobre todo, el arbitrio como núcleo de la actividad judicial y la explicación de la singularidad de su método.

Cada uno de estos puntos era una provocación para la mentalidad académica y forense oficial; pero el más conflictivo y el que había de producir un rechazo más visceral sería inevitablemente el de la motivación, sobre el que quiero extenderme un poco más como muestra de lo que aquel libro significaba y todavía sigue significando.

El arbitrio es un criterio para la toma de decisiones. El juez adopta sus resoluciones siguiendo o bien un criterio de legalidad, o bien su propio arbitrio, o bien –como es lo más frecuente– combinando ambos, de tal manera que la decisión es fijada con su arbitrio dentro de las posibilidades que le ofrece la legalidad. Si la ley diera una solución precisa y unívoca al conflicto, no habría lugar para el arbitrio; pero como esto sucede muy pocas veces es imprescindible la intervención de un ser humano que conecte los dos polos de la relación –la ley y el caso– utilizando al efecto primero la técnica de la interpretación de la norma y luego su adaptación al caso concreto previa la identificación precisa de los hechos. El arbitrio opera, por tanto, como un puente que enlaza lo abstracto y lo concreto, lo general y lo particular. El arbitrio es el factor humano que el juez añade a los datos objetivos previos que obran en el ordenamiento jurídico. El arbitrio hace que la sentencia sea una obra humana y no el mero resultado de una operación lógica o de un proceso mecanicista.

El arbitrio es la última –y quizás la única– garantía eficaz de la independencia judicial. Cuando hay una autoridad superior –sea el Parlamento o el Tribunal Supremo (o el Constitucional)– capaz de ordenar a los jueces cómo deben manejar e interpretar el ordenamiento jurídico, la independencia judicial desaparece y podría encomendarse el dictado de sentencias a unos burócratas disciplinados y hasta a una máquina dotada de un programa no demasiado complejo. Sin arbitrio sobran los jueces y sobran las leyes. Esto lo vi muy claro leyendo las célebres "Instrucciones a los jueces nacionalsocialistas" redactadas en 1936 por encargo ministerial en las que se decía, por ejemplo, que "el fundamento de la interpretación de todas las fuentes legales es el pensamiento nacionalsocialista tal como aparece en los programas del partido y en las palabras del Führer"; añadiéndose que "los preceptos legales aparecidos con anterioridad a la revolución nacionalsocialista no deben ser aplicados si con ellos se contradice la sana conciencia actual del pueblo alemán". Para mí fue evidente que si este mecanismo se hacía realidad sobraban los jueces o dejaban de ser lo que eran.

En líneas generales los autores suelen conectar el arbitrio a la pluralidad de soluciones posibles. El arbitrio judicial –como la discrecionalidad administrativa– aparece en los supuestos en que caben varias soluciones lícitas, puesto que es cabalmente lo que permite al juzgador inclinarse por una o por otra. El arbitrio no es una alternativa a la legalidad sino que uno y otra aparecen enlazados en cada decisión judicial.

Yo nunca he propugnado (y por supuesto, tampoco combatido) el uso del arbitrio por parte de los jueces. Lo que incansablemente he hecho ha sido constatar que estos lo practican a diario aunque no sean conscientes de ello. Basta coger cualquier sentencia –y buena parte de las resoluciones interlocutorias de un proceso– para descubrir inmediatamente que el juez ha resuelto usando su criterio personal voluntarista y no limitándose a realizar una operación lógica de subsunción o una aplicación automática de la ley. Frente a tal afirmación suele objetarse, sin embargo, que esto nunca se dice así en la sentencia puesto que, al contrario, siempre se emplean razonamientos legales. Lo cual es cierto: la motivación de las sentencias que las leyes exigen se basa sin apenas excepciones en normas positivas; pero eso no significa necesariamente que sea sincera. Lo que me obliga a detenerme en el análisis de la motivación.

2. La motivación –suele decirse– es la columna vertebral del Derecho porque sin ella no podría tenerse en pie. No basta con que las decisiones sean jurídicamente correctas: es preciso explicar que en efecto así lo son. Gracias a la motiva-

ción puede ganarse la confianza de los afectados y convencer a los vencidos. Gracias a la motivación puede controlarse la arbitrariedad puesto que el juez que no motiva suficientemente queda desnudo.

En el Derecho español actual todas las decisiones de los poderes públicos deben ser motivadas. Exigencia con la que se pretende ganar la confianza de los ciudadanos puesto que así se aleja la sospecha de la arbitrariedad y, además, se abre la posibilidad de impugnación cuando se descubre que los motivos aportados son insuficientes. De hecho, la práctica nos enseña que buena parte de los recursos, tanto administrativos como jurisdiccionales, se apoyan en lo insatisfactorio de la motivación de las resoluciones impugnadas y, efectivamente, buena parte de estos recursos son estimados sin entrar en el examen de si la decisión es correcta o no. Sencillamente se anula no por ser incorrecta sino por estar mal motivada. Lo que no deja de ser una incongruencia pues así se están anulando resoluciones administrativas y sentencias que el superior entiende que son legales en el fondo.

Esta es, como he dicho, la situación actual, aunque no siempre ha sido así, antes al contrario. En el Derecho castellano –y luego español– las resoluciones administrativas no se motivaban y tampoco las sentencias, cuya motivación expresa estaba oficialmente prohibida. Régimen, por lo demás, predominante en Europa, aunque con algunos islotes de excepción, en los que la motivación se ofrecía opcional al juez, o era práctica generalizada. Ahora bien, la uniformización borbónica suprimió en todos los reinos de la Corona española estas excepciones y la motivación de las sentencias no se introdujo entre nosotros hasta mediados del siglo XIX.

Por mi parte, la ausencia de motivación venía pareciéndome una invitación, cuando no cobertura, a la arbitrariedad y su exigencia la mejor manera de evitarla. Así lo leía en los libros y me lo creía. Pero la experiencia me obligó pronto a cambiar de criterio y desde entonces vivo en la heterodoxia.

Alertado por mis experiencias personales encontré pronto el hilo doctrinal al que he aludido más arriba y terminé colocando el requisito de la motivación, con escándalo de buena parte de mis colegas, en el abultado paquete de las falacias jurídicas y en el granero de los pleitos contencioso-administrativos. ¿Cuándo una motivación es suficiente y cuándo no lo es? Para ilustrar lo que estoy diciendo viene a cuento una sentencia reciente que ha dado lugar a varios comentarios académicos en revistas especializas, que robustecería, si preciso fuera, mi apostasía.

Trátase de una propuesta para magistrado del Tribunal Supremo realizada por el Consejo General del Poder Judicial a favor de una persona cuyo mérito más conocido era el de ser cónyuge del Fiscal General del Estado. Impugnada esta propuesta por otros candidatos que presumían tener mejores calidades, el Tribunal Supremo la anuló, en efecto, por motivación insuficiente; pero la segunda propuesta recayó en la misma persona y de nuevo, y por las mismas razones, volvió a ser anulada y repetida. La agraciada, pese a tantos tropiezos, lleva ya varios años sentada en el Tribunal Supremo. Tomada previamente la decisión ¿de qué vale leer las pretendidas motivaciones con tanta frecuencia insinceras que cualquier letrado ayudante puede redactar con soltura?

¿Cómo puede motivar el juez la circunstancia de haber dado más crédito a un testigo que a otro? ¿Cómo argumentar la intencionalidad de una conducta con resultado de lesión?

Líbreme Dios de recomendar que se supriman las motivaciones aunque ello evitaría un trámite hipócrita que no vale absolutamente para nada; pero privaría de muchos pleitos a los abogados y, además, a mí me tacharían de retrógrado absolutista y borbónico castellano. No es cosa, por tanto, de quebrar ilusiones ingenuas y mucho menos de privar de muchos pleitos a mis colegas los abogados, a los que no me gustaría perjudicar por un escrúpulo de sinceridad. Tantas falacias circulan que no vale la pena discutir por una de más o de menos.

IX. EL VUELO DE ÍCARO

La Administración de justicia ha evolucionado en un proceso circular que he podido seguir paso a paso con mis propios ojos. Empezó el ciclo después de la Guerra civil casi en cero, pero pronto fue afirmándose y remontó el vuelo con una ambición admirable. Todo parecía poco hasta que llegó a una altura en la que el calor del sol derritió la cera de sus alas e inició una caída y terminó estrellándose: un periplo como el glorioso –y luego desastroso– vuelo de Ícaro.

En el Estado franquista no existía el poder judicial en sentido estricto porque, no obstante las solemnes declaraciones oficiales de independencia de los jueces, faltaba una constitución inspirada en el equilibrio de poderes. Con el tiempo, sin embargo, fue desperezándose la jurisdicción contencioso-administrativa y en la Ley de 1956 se configuró ya con un estilo moderno y progresista; con el resultado de que, si bien conservadora e inhibida más de lo aconsejable, funcionó con aceptable puntualidad y una técnica depurada como no se había conocido hasta entonces. Absolutamente segura de sí misma y bien apoyada por la doctrina, se afirmó en una doble dirección: por la ampliación del control sobre la Administración y por el fortalecimiento de las posibilidades de defensa de los ciudadanos.

La jurisdicción laboral, si bien deliberadamente sesgada *pro operario*, supuso un atrevido ensayo antiformalista de resolver conflictos próxima a los actos de conciliación originarios y que en ocasiones recordaba a la justicia del cadí. La jurisdicción penal, aun descargada del pesado lastre del orden público, no pudo librarse de las contaminaciones propias de un régimen dictatorial ni escapar del estigma de aplicar un "Derecho de pobres", pero se ganó pronto un merecido prestigio por su acelerado afinamiento técnico. La jurisdicción civil conservó su nivel, que ya era bastante; y la jurisdicción militar, en fin, siguió su línea de siempre: lo que en este caso no debe entenderse como una alabanza.

Entre unas cosas y otras y pese a la enorme tara que suponía el contexto político en que se había desarrollado, el prestigio del poder judicial y de la Administración de justicia era tal en el momento de extinguirse la dictadura que el nuevo régimen democrático respetó casi íntegramente sus instituciones e, incluso más todavía, añadiendo el apéndice exterior del Tribunal Constitucional entregó a los jueces –y no a las Cortes Generales ni al Rey– las llaves del control de todo el sistema: la regularidad constitucional, la defensa de los derechos y libertades y la vigilancia del correcto funcionamiento de todas las instituciones públicas.

Una opción ciertamente arriesgada que los jueces desempeñaron con tanta dignidad que a ellos se debe buena parte del éxito de la operación, porque el caso es que la Constitución se afirmó de la mano del Tribunal Constitucional y los derechos y libertades públicas se afianzaron gracias a la tenacidad de los jueces ordinarios. Este fue el momento de su gloria: un cenit tan admirable como efímero.

Sucedió, sin embargo, que como era de prever aquella evolución expansiva llegó a sus límites, tocó techo y no sólo ralentizó su marcha sino que empezó a caer. Ícaro perdió sus alas por haber subido demasiado alto y se despeñó. El expansionismo resultó irrealizable por exceso de ambición y el sistema terminó desquiciándose con las costuras reventadas.

Por lo pronto la plétora de pleitos y recursos desbordó las posibilidades del servicio público hasta llegar a su paralización y fueron vanos cuantos intentos se hicieron para remediarlo con fórmulas procesales o apoyos tecnológicos y sobre todo con un estajanovismo que produjo un sensible descenso en la calidad de los trámites y resoluciones.

El comportamiento individual y corporativo varió también y no precisamente para mejorar su eficacia y su imagen. La fórmula de las asociaciones profesionales fracasó pronto ahogada por la politización y por la ambición personal de los jueces dispuestos a colaborar con cualquier fuerza que favoreciese su medro personal.

El tiempo se encargó de demostrar que los jueces no estaban en condiciones de soportar el peso que la Transición democrática había echado sobre sus hombros, para luego desentenderse irresponsablemente de ello, al no prestarles el reforzamiento institucional que se merecían y necesitaban.

El poder judicial, sobrecargado hasta lo imposible, terminó derrumbándose y en sus escombros se instalaron quienes lo habían degradado hasta paralizarlo. Mientras que la Administración de justicia terminó paralizada en un atasco funcional insuperable. Así las cosas "¿a dónde irá el buey que no are?: al matadero". ¿A dónde podrá ir sin jueces el Estado democrático y constitucional de Derecho?

REFERENCIAS

El arbitrio judicial, Barcelona, Ariel, 2000.
El desgobierno judicial, Madrid, Trotta, 2ª ed. 2005.
El malestar de los jueces y el modelo judicial, Madrid, Trotta, 2010.

CAPÍTULO SEXTO

EL DERECHO

ÍNDICE

I.   DE LA ERUDICIÓN A LA EXPERIENCIA: DE LOS LIBROS
           A LA VIDA 222

II.   LAS DOS CARAS DEL *DERECHO* 226

III.   DERIVA ESTATAL 228

IV.   DERECHO Y CULTURA 231

V.   *LEGES ET IUS* 236

VI.   EL PÉNDULO ENTRE LO GENERAL Y LO PARTICULAR 239

VII.   DEL DERECHO NORMADO AL DERECHO PRACTICADO 243

VIII.   EL DERECHO EN UN ESCENARIO SOCIAL CONCRETO 251

IX.   EL *DERECHO* VOLÁTIL 257

X.   DERECHO SIN LEY 261

XI.   EL EXTENSO ÁMBITO DE LO NO JURÍDICO 265

XII.   EL INÚTIL Y FARRAGOSO DEBATE SOBRE EL CONCEPTO
           DE *DERECHO* 268

Tal como he advertido en las primeras páginas, mi vida está acabando como empezó: en la ignorancia de lo que es ese Derecho al que me he dedicado desde los dieciocho años. He leído quintales de libros sobre la materia y tantas y tan variadas son las opiniones emitidas sobre el particular que no he sacado al final nada en limpio. Lo que me hace sospechar que el Derecho no existe como realidad externa y que se trata, más bien, de una idea que el ser humano se ha inventado y que cada uno describe a su gusto o acepta la que otros le ofrecen, como sucede con el Dios que ha inventado cada religión.

Yo no he trabajado, en consecuencia, con un ente real sino con las manifestaciones reales de una idea artificial previamente imaginada. Estudio leyes y sentencias, recorro procedimientos jurídicos y hasta manejo subproductos aún más evanescentes, como es la justicia. Pero he renunciado definitivamente a saber lo que es el Derecho e incluso me considero en este punto más ateo que agnóstico. Me basta con poder manejarlo de manera útil para mí y para los demás, aceptando con resignación que ignoro lo que estoy manejando.

Dejemos, pues, los fantasmas a un lado y vayamos a lo que se ve y se toca: a la teología del Derecho (el sistema), a sus sacramentos (la dogmática) y a su liturgia (los procedimientos). Estas manifestaciones que ocupan la vida de los juristas y que, de paso, les dan de vivir. Cosas que en el fondo tienen poca importancia pero que todos los ciudadanos deben conocer, ya que condicionan su vida y relaciones sociales: por lo que es probable que de algo les sirva mi experiencia.

A la vista de cómo han evolucionado el Estado y la Administración, matrices del Derecho Público así como la sociedad es la matriz del Derecho privado, no es difícil adivinar los cambios que ha experimentado aquél. Cambios que yo he podido seguir paso a paso a lo largo de mi vida y el camino ha sido tan dilatado y se ha llegado tan lejos que al final se ha imposibilitado de hecho el diálogo intergeneracional puesto que los jóvenes no pueden imaginarse siquiera lo que era el Derecho *olim*. Las lecciones que escuché en la Facultad parecen propias de otro planeta y política e intelectualmente así lo son. Los libros allí manejados se van cubriendo rápidamente de polvo y sólo valen como recuerdo sentimental. La profesión se convierte en un exigente campo de prácticas fugaces y hay que estar muy alerta para adaptarse a tiempo a las circunstancias. Los profesores rutinarios se convierten pronto en sacristanes de religiones perdidas, médicos que ignoran el descubrimiento de antibióticos, empresarios que no saben manejar la informática.

Las leyes tienen cada vez una vida más corta. Por descontando que ya no está vigente ninguna de las que me hicieron memorizar en la Facultad de Valladolid y hoy algunas se derogan antes de que se haya secado la tinta con que se imprimieron en el Boletín Oficial.

En Derecho, por otra parte y paradójicamente, es indiscutible la supervivencia de elementos que se tenían por definitivamente obsoletos en cuanto propios de un sistema ya superado; como evidente resulta también la coexistencia de otros aparentemente incompatibles: el uso simultáneo –por así decirlo– del avión y la diligencia. Es una vivienda en la que no se tiran los muebles viejos. Un mundo de anacronismos cotidianos, en el que lo útil y lo inútil se dan la mano y casi nada funciona racionalmente.

I. DE LA ERUDICIÓN A LA EXPERIENCIA: DE LOS LIBROS A LA VIDA

Mi despertar intelectual empezó en los libros, pues mis profesores de la Facultad no demostraron tener la menor inquietud sobre cuanto excediera de la aclaración de determinadas técnicas jurídicas y mis compañeros y amigos vivían tan a oscuras como yo mismo. En aquel páramo desolado no es que ignorásemos las riquezas de la vida del Derecho, lo peor es que ni siquiera sabíamos que existían, ya que estábamos convencidos de que todo se reducía a retener unas páginas simpli-ficadas y rancias que nos permitirían ganar unas oposiciones o ejercer una profesión con la que ganarnos la vida.

El caso es que me convertí en ratón de biblioteca y, aun-que las de Valladolid no eran particularmente ricas, pronto me perdí en un océano bibliográfico en el que convivían opi-niones para todos los gustos, algunas ininteligibles y todas contrarias entre sí. Opiniones que, además, en buena parte no podía entender porque no dominaba el contexto histórico y cultural en que habían nacido. De esta forma, sin maestros ni guías me sobrevino un primer desencanto que tuvo, sin embargo, un gran valor como experiencia vital, según pude comprobar más tarde; pero las energías de la juventud me permitieron continuar mi noviciado aunque inspirado en otras reglas, que eran las de atenerme a lo que directamente veía y vivía. Tal ha sido mi camino hasta hoy: un empirismo exacerbado en el que de vez en cuando me encontraba con algunos autores lejanos –mis verdaderos maestros– que ilu-minaban mi peregrinación, confirmando o rectificando mis observaciones personales y de ordinario abriéndome nuevas y fascinantes rutas, que yo no hubiera sido capaz de descu-brir por mí mismo. Esto significa que, al llegar a la edad intelectual adulta, he rehuido cuidadosamente la erudición, he procurado no repetir lo ya mil veces dicho y he seguido con devoción a los pocos pensadores que me han enseñado lo importante aunque antes o luego yo lo verificara con mis propios medios.

La observación directa del mundo jurídico me permitió constatar de inmediato que el *Derecho* es ante todo varia-ble, aunque sea manteniendo algunos elementos rutinarios que le han dado esa fama que tiene de conservador. El Derecho cambia continuamente hasta tal punto que el que a diario manejamos ya es obsoleto y no nos permite afrontar las exigencias del momento; y tan es así que, como habrá comprobado el lector, este libro de mi vida no es sino el relato de un cambio incesante, de un río que fluye sin pausa, si bien parezca en ocasiones inmovilizarse en algún remanso. Por lo que a mí se refiere, la conciencia de los cambios me ha convertido en un escéptico: todo lo acepto me guste o no me guste y no asumo ningún dogma pues estoy seguro de que pronto se esfumará y vendrá otro no menos soberbio y probablemente más fugaz. La consecuencia es que he hecho mío el lema de Santi Romano: *glissez mortels, n'appuyez pas.*

La segunda constatación, relacionada con la anterior, fue la de que el Derecho es coyuntural en el sentido de dependiente de ciertos factores externos como la religión, la justicia y las relaciones sociales o, según el marxismo con tanto énfasis enseñaba, de las relaciones de producción y de la ideología burguesa antes, y ahora de la del capitalismo monopolista. Partiendo de aquí era inevitable que yo me hiciera – y siga siendo– relativista.

Desde el escepticismo y el relativismo es claro que no puedo seguir el "fetichismo jurídico", hoy dominante, conforme al cual el Derecho se ha convertido en algo que tiene realidad por sí mismo, el centro de un culto social como sucesor de los viejos dioses y cuyos ritos ordenan directamente la sociedad; en otras palabras, el Derecho como ordenador del Estado y de la sociedad y no mera consecuencia de esta, según se explicará más adelante.

La premisa metodológica de la observación personal de la realidad me llevó con el transcurso de los años a un "descubrimiento" que es el eje de todo mi pensamiento jurídico: lo que llamo Derecho practicado. Lo habitual, lo que a mí me enseñaron, es que el Derecho está constituido por normas (Derecho normado) que forman la legalidad o el ordenamiento jurídico. Ahora bien, la experiencia me ha enseñado, por su parte, que el Derecho normado no se realiza en la sociedad tal como está prevista en los textos sino sustancialmente alterado como consecuencia de la intervención de sus destinatarios (que no son simples sujetos pasivos) y de quienes los manejan (funcionarios, jueces). Así es como recogí la idea –harto conocida ya en sectores doctrinales en España escasamente extendidos– del Derecho practicado, que he intentado afinar por mi cuenta precisando el escenario social concreto en que se desarrolla, según se explicará adelante en este mismo capítulo.

Las lecturas, por muy abundantes que sean, no suelen proporcionar más que un aumento de la información, que de ordinario es repetitiva y en todo caso estéril y aburrida cuando se cae en el vicio de la erudición. La observación directa de la realidad, por el contrario, es fructífera y ahora puedo comprender la fiebre que produjo este método en los investigadores del Renacimiento y en los empiristas del Barroco. En lo que a mí se refiere me ha permitido comprender el alcance de figuras como las del Derecho sin ley y el ámbito de lo no jurídico, a las que aludiré más tarde. Adelantando aquí ya un dato a primera vista sorprendente: la comunidad científica acepta y respeta un libro que se limita a recoger y rumiar lo que ya se ha dicho antes en otros cien, mientras que acoge con recelo –y de ordinario rechaza sin leer– el fruto de la experiencia, por muy rico que sea, cuando no viene avalada por una huera y voluminosa bibliografía anterior.

II. LAS DOS CARAS DEL DERECHO

Desde que tuve uso de razón, antes incluso de haber pisado la universidad, he sido siempre consciente de un dilema cultural que me desconcertaba en su formulación más rudimentaria y contundente, a saber: si las leyes, y el Derecho en general, eran fenómenos protervos y malignos o si, por el contrario, representaban el bien y garantizaban la paz y el orden. Con el tiempo, no obstante, no tardé en descubrir que se trataba de un falso dilema, porque de hecho me enfrentaba ante un mismo fenómeno social con dos caras y dos manos.

El Derecho es ambiguo, siempre ha tenido dos formas distintas de aparecer y comportarse. Primero fueron la de Temis, la noble Justicia, y la de Némesis, la implacable vengadora. Pero aquello era una metáfora mitológica. La realidad es aún más complicada. Desde la Edad Media se vio muy claro que siempre han corrido paralelas dos versiones contrarias del Derecho.

Para unos el Derecho es bueno como expresión de la justicia y de la sabiduría y garantía de la paz social. La ley es perfecta porque es obra o de la razón o del propio pueblo, que sabe lo que le conviene. A este propósito cuanto más antiguos son los textos, más desmesurados suenan. Para Richard Hooker en el siglo XVI, "el asiento del Derecho es Dios mismo y su voz es la armonía del universo; todo, en el cielo y en la tierra, le rinde homenaje: ángeles, hombres, criaturas, cualquiera que sea su condición, participan de uniforme consenso en admirarlo como fuente de su paz y de su gozo".

Para otros, el Derecho, por el contrario, es malo como expresión de la tiranía y palanca de la desigualdad y de la opresión. La ley es odiosa porque es el arma de los poderosos contra los débiles. Ya lo dijo Marx cuando la desenmascaró definitivamente como instrumento de dominación de clase. Pero más antiguo es el catecismo católico romano y sus bienaventuranzas donde aparece una frase que de niño no lograba entender: "Bienaventurados los que padecen persecución de la justicia". O como la sabiduría popular ha estigmatizado de una vez por todas en la conocida maldición gitana de "pleitos tengas aunque los ganes".

Desde otro punto de vista muy distinto también puede observarse una figura bifronte: por un lado el Derecho ama la retórica, gusta de las ceremonias teatrales y tiende al patetismo. De ordinario aparece de la mano de otros valores respetables en un paisaje celeste. Vive en compañía de la justicia, de la moral, de la verdad y a la sombra de la teología cuando no de la religión misma. Los jueces son sacerdotes de la ley, los abogados augures del Derecho y Ihering predicó en su tiempo una "lucha por el Derecho", que en realidad era una cruzada.

Pero por otro lado es evidente que en el mundo de hoy a las flores de la pasión y de la retórica han sucedido los cardos del pragmatismo y de la eficacia, de tal manera que lo que importa es la técnica en el manejo de las leyes y de los procesos, el resultado económico, sin preocuparse de los medios empleados. En el siglo XXI el Derecho se ha hecho laico y para él ya no queda nada sacro: ni siquiera la justicia o la moral, de las que se ha separado de forma solemne y expresa.

Por esta razón cabe ensalzar al Derecho y al tiempo vituperarlo. Unos buscan protección en las leyes y otros quieren destruirlas. Blanco o negro, ángel o demonio. ¿Estamos hablando de lo mismo? Mirando las dos caras de este planeta único, a mí me ha tocado ensalzarlo y al tiempo vituperarlo, sin sentirme por ello incoherente o contradictorio.

III. DERIVA ESTATAL

Pasando ya a un nivel más concreto, el primer dato del que puedo ofrecer testimonio personal directo es el de la deriva estatal del Derecho observada durante la primer fase de mi vida de jurista y que tanto contrasta con la fuga en sentido contrario detectada en una fase posterior, cuando cambió –como está sucediendo ahora– la dirección del péndulo.

En 1950 nadie ponía en duda el origen y naturaleza estatales del Derecho. Se admitía sin vacilar que la ley era la voluntad del Estado –y en su caso directamente la de Franco– dirigida a materializar sus políticas. Cuando posteriormente –primero en la doctrina y luego en la práctica forense y en la legislación– empezaron a imponerse los principios de la legalidad y de la jerarquía normativa, seguía dándose por supuesto que se trataba de un ordenamiento jurídico estatal en el que se integraban jerarquizadamente todas las normas.

En el siglo XIX el constitucionalismo liberal entregó al Estado el monopolio de la creación y ejecución del Derecho. Esto es lo que Wieacker denominó el secuestro del Derecho por el Estado. Y lo es ciertamente habida cuenta de la exclusividad que se le atribuye en su manejo y la subordinación que le impone respecto de sus fines. El Derecho se convirtió así en un instrumento manifiesto del Estado y sólo de él.

Esto fue lo que me enseñaron cuando era estudiante y lo que enseñé yo a mis alumnos en los primeros cursos de docente de acuerdo con el riguroso positivismo legalista que a la sazón predominaba: el *Derecho* eran las leyes y éstas un producto de ciertos órganos del Estado. Fuera de ellas no había más que un vacío jurídico, tinieblas ideológicas y fracasos profesionales. Espero que aquellos estudiantes me hayan perdonado estos disparates aunque sólo sea porque con ellos han podido hacer todos una buena carrera.

La consecuencia más notable del monopolio del Derecho por el Estado fue que terminó formándose una unión hipostática de ambos: el Derecho, si quiere serlo, ha de ser estatal y el Estado, por su parte, ha de ser jurídico en el sentido de que ha de actuar siempre con arreglo a Derecho. En otras palabras, ambos se legitiman mutuamente: el Estado legitima al Derecho, como este legitima a aquel, cerrándose así un círculo hermético que ha dado en llamarse Estado de Derecho. La brillantez intelectual de este planteamiento me tranquilizaba e incluso me hacía sentirme orgulloso porque comprobaba que con tales sutilezas se llegaba por vías jurídicas a ese Estado de Derecho que durante el primer franquismo no era obvio ni mucho menos.

Posteriormente la situación cambió y por muchas causas: el ordenamiento jurídico estatal se ha ido fraccionando cada vez más y no está clara su articulación ni su jerarquía (Estado, Comunidades Autónomas, entes locales y aun corporativos); ha tenido lugar la integración del Derecho comunitario europeo; se han privatizado (por delegación o remisión) fuentes normativas heterogéneas; es perceptible una presión directa de fuerzas no jurídicas extranjeras o internacionales así como la de intereses empresariales, económicos, territoriales y corporativos

En suma y sin necesidad de alargar innecesariamente la lista de concausas y efectos del cambio de la situación anterior: se ha alterado y diversificado el sistema tradicional de fuentes; se ha reconocido la presión fáctica de elementos no estatales que celebran pactos ocultos con el Gobierno; y se ha ampliado crecientemente el ámbito de lo no jurídico (estatal), dejando a los particulares y fuerzas sociales que se autorregulen y resuelvan por sí mismos sus propios conflictos. En definitiva, hasta los más devotos tienen que reconocer que el dogma de la estatalidad del Derecho se está resquebrajando guste o no guste.

Como quiera que sea, el Derecho vive en una cruz permanente: de un lado, deriva hacia el Estado y, de otro, las fuerzas sociales tiran de él para liberarlo. El resultado es un compromiso concreto que depende de la fuerza de los contendientes en cada momento histórico. Pero es fácil comprobar que los rivales, exteriores e interiores, del Estado son hoy más poderosos que nunca y que cada día compiten con él con más éxito.

El protagonismo del Estado en la creación y aplicación del Derecho está en relación directa con la fuerza de aquel –cambiante en el tiempo y en el espacio– y no forma parte de la naturaleza de ambos, como se creía a mediados del siglo pasado: cabalmente cuando yo me estaba formando académicamente. En aquellos años, el Estado, tanto en su variante autocrática como democrática, estaba en su apogeo y aspiraba a absorber o anular todas las fuerzas sociales con la eficaz colaboración de los partidos políticos y mejor todavía con la del partido único. Realidad apoyada, como siempre, por una doctrina jurídica devota, mansa y útil que se expresaba en la teoría del Estado de Derecho, a que acabo de hacer referencia, se coronaba en la glorificación del Estado realizada por Georg Jellinek y se practicaba cotidianamente a través del positivismo legalista: las tres facetas jurídicas del poliedro estatal.

Yo conseguí, sin embargo, liberarme relativamente pronto de este prejuicio gracias a mi temprana experiencia de funcionario y a la preparación de mi tesis doctoral que me introdujeron en un campo insospechado: la existencia de pequeñas comunidades campesinas que venían autorregulando desde siempre los aprovechamientos pastueños.

Años después mi opinión se afianzó aún más cuando tuve la oportunidad de estudiar los archivos judiciales completos de Tariego de Cerrato (que publiqué con mi hermana María del Carmen). Pues bien, de todos los pleitos que tuvieron lugar entre 1751 y 1799 sólo en uno citaron los abogados una ley estatal (de Las Partidas). En todos los demás el juez (que era el alcalde de la villa) había sentenciado a su leal saber y entender sin apoyatura legal alguna, como si no existiesen leyes ni Estado, a la manera en que debieron hacerlo sus predecesores medievales.

La decadencia del monopolio estatal del Derecho tiene dos vertientes. La primera, a la que acaba de aludirse, supone la recuperación del protagonismo social en la vida jurídica. Proceso que se está desarrollando de forma simultánea y paralela con la irrupción de unidades políticas supraestatales y de relaciones económicas y culturales supranacionales que están ocupando espacios ayer reservados a la soberanía estatal. El Estado nacional en el que yo nací y he vivido se está empequeñeciendo ahora a ojos vistas aunque, por reacción, insiste en ejercer un dominio exasperado sobre lo que le queda. Y el Derecho es, conocidamente, uno de los instrumentos más llamativos de tal dominio.

IV. DERECHO Y CULTURA

Cuando se dice que el Derecho es un instrumento social al servicio –o sea, para la defensa– de ciertos valores, parece sugerirse que Derecho y cultura (conjunto organizado de los distintos valores aceptados) son cuerpos distintos unidos por una relación formal externa. Y, sin embargo, no es así porque la cultura es en parte resultado del Derecho y éste, a su vez, recibe e interioriza valores culturales sociales. La cultura tiene, por tanto, una dimensión jurídica como el Derecho expresa ciertos valores culturales. Lo sucedido entre 1939 y 2017 en España no puede ser más aleccionador en este punto.

En 1939 el Derecho español era un Derecho católico propio de un Estado confesadamente religioso. En el ámbito institucional la Iglesia Católica recibía un trato privilegiado, mientras que desde el punto de vista normativo las leyes –tanto las penales como las fiscales y civiles– habían asumido los principios de la religión católica y de su Derecho canónico. La blasfemia estaba penalizada y prohibido trabajar en las festividades religiosas: el cura de mi pueblo, acompañado de la Guardia civil, recorría el campo algunos domingos muy de mañana y regresaba al frente de una caravana de yuntas y carros que había sorprendido en faenas de labranza; los hombres eran castigados a oír misa de pie junto al altar para que les viesen los feligreses, aunque recuerdo que todo aquello era luego motivo de burlas alborozadas más que de vergüenza; se reconocía valor civil al matrimonio canónico, las rentas eclesiásticas no tributaban, los sacerdotes eran retribuidos directamente por el Estado, estaban exentos de cumplir el servicio militar y disfrutaban de una tarifa especial en los viajes de RENFE; las aulas escolares, los despachos oficiales y las salas de justicia estaban presididas por una cruz.

Con la democracia fueron suprimiéndose uno a uno tales privilegios y símbolos y conforme el Estado iba afirmando y consolidando su laicidad fue depurándose el ordenamiento jurídico hasta convertirse también en una legislación laica. Las creencias religiosas se han reducido a un dato exterior al Estado, por muy respetables que sean, como advierte el art. 16 de la Constitución.

Esto por lo que atañe a la religión, pero con los valores morales ha sucedido lo mismo, como ilustran los cambios en la normativa de protección del matrimonio (delitos de adulterio y atenuantes de asesinato al cónyuge infiel) y el tratamiento del aborto y de la homosexualidad. Por lo que se refiere a esto último, superada la viejísima legislación penal sobre el delito de sodomía –aunque subsumible posteriormente en los vagos tipos de orden público y escándalo– los tribunales habían asumido con convicción este valor moral y el Tribunal Supremo seguía considerando esta práctica como "repugnante vicio" (1956), "porquería" (1967) y todavía en 1970 "un vicio nefando". Una moral rancia que hoy resulta incomprensible inspiraba el orden público: en los cines, por mucho calor que hiciera, no estaba permitido quitarse la chaqueta y nada digamos de los atuendos, incluido el albornoz, que se exigía en las playas. Lo que curiosamente no obstaba a la permisibilidad en materia de prostitución.

Por otra parte si, tal como acabamos de ver, las leyes reciben (o rechazan) valores culturales de todo tipo, existe igualmente un fenómeno inverso y simétrico que provoca el que aparezcan (o desaparezcan) valores sociales como consecuencia de estímulos del legislador. Los valores democráticos, por ejemplo, se van afirmando en la sociedad a golpe de ley y de sentencias, al tiempo que se erradican o debilitan otros valores tradicionales como el reproche de la ilegitimidad paterna (bastardía), el menosprecio de ciertas religiones (islamistas y judíos) y la segregación racial, al tiempo que desaparecen otros (la superioridad nobiliaria y de títulos académicos).

En definitiva, los valores sociales forman un suelo cultural del que nacen las costumbres y penetran en el Estado y en las leyes formando un cuerpo inseparable de interrelaciones constantes, de tal manera que la evolución de sus expresiones es simultánea. El Derecho español actual es en buena parte incompatible con los valores dominantes en 1939, de la misma manera que los juristas de hoy que carezcan de perspectiva histórica no podrán entender el ordenamiento jurídico del siglo pasado y, por supuesto, del franquismo. Muchas leyes, fuera de su lecho cultural histórico, resultan grotescas.

En la actualidad corre una ola de nostalgia que lamenta la pérdida de los "valores de antes", a la que se atribuye la disolución de la sociedad, la descomposición del Estado, el desprestigio de la patria y el incumplimiento de las leyes. El hecho es cierto, pero no hay lugar para lamentarlo porque es inevitable. Por la fuerza no debe el Estado imponer valores (y sus correspondientes deberes) a los ciudadanos. Con esta política lo único que consigue es el fomento de la hipocresía. A mí me basta la experiencia de la posguerra y por lo mismo dudo mucho de la eficacia de la actual publicidad, realmente agobiante, de los valores democráticos. Porque con el exceso de presión, a la hipocresía termina acompañando la indiferencia y hasta el rechazo interior. Desde que el mundo es mundo a unos valores han sucedido otros y allá cada cual si quiere aceptarlos o prefiere nadar contra corriente.

Yo he comprendido la naturaleza coyuntural de los valores en el espejo de ciertos cambios espectaculares de algunos de ellos que he podido observar personalmente. Unos han terminado siendo causa de hilaridad (la virginidad de las solteras), otros de vergüenza (el patriotismo nacional) y la mayoría de indiferencia (la honradez). Pero al tiempo he visto nacer y expandirse otros antes desconocidos: el respeto a los animales, el cuidado del medio ambiente, la solidaridad universal, el patriotismo nacionalista, el ocio y hasta el culto a la juventud.

Las relaciones entre Derecho y cultura son constatables en todos los niveles, incluso en los más superficiales y así se puede entender que la triste situación de nuestro Derecho era reflejo de la deplorable calidad de nuestra cultura jurídica y moral. Porque era imposible contar con profesores dignos cuando los "maestros" consideraban degradante el dar clase: algo propio de ayudantes y desocupados, como cuando en una Junta de Gobierno de la Universidad Autónoma de Barcelona se me dijo literalmente que quienes asistíamos puntualmente a las aulas era "porque no valíamos para otra cosa". Leer y estudiar era perder el tiempo y no se consideraba deshonroso ni el plagio ni la firma de trabajos escritos por ayudantes retribuidos con el cargo académico que a tal efecto se les entregaba. En los tribunales que me han juzgado como opositor a funcionario y a catedrático tomaban asiento individuos literalmente ágrafos, es decir, que no habían publicado ni una sola línea; y aunque nadie les pidiera explicaciones, todos hacían el mismo comentario, a saber, que más valía no escribir nada que exhibir las tonterías que escribían la mayor parte de los colegas.

En el foro sucedía lo mismo. Mi profesor de Derecho Civil, un gran abogado que terminó de magistrado del Tribunal Supremo, al entrar en las vistas solía preguntar a su pasante –yo lo he presenciado– si era demandante o demandado. Costumbre generalizada, por demás. En la documentada biografía que Rangel ha dedicado a Alonso Martínez se dice que este faro de la abogacía decimonónica no necesitaba estudiar los asuntos cuando tenía que hablar en segundo lugar, pues improvisaba una argumentación arrolladora sobre la base de lo que había dicho quien le había precedido en el uso de la palabra. ¿Qué se puede esperar de las criaturas de esta cultura jurídica?

V. *LEGES ET IUS*

Cuando se admite que el Derecho es obra en la que colaboran varios protagonistas –el legislador, la Administración pública, los jueces, los jurisconsultos y los particulares, según veremos más adelante– se comprende fácilmente la diferenciación romana entre *leges* y *ius* que todavía sobrevive, siquiera sea soterradamente, tal como yo he podido comprobar con la reflexión y los años. Circunstancia esta última en la que quiero insistir porque una cosa es aprender algo porque se ha leído en un libro y otra muy distinta por haberlo vivido. La experiencia no sólo ayuda a saber; lo importante es que con ella se interioriza el conocimiento y, sobre todo, se calibra mejor la verdadera importancia de los fenómenos.

Si en la Guerra civil, Derecho no era en el fondo otra cosa que lo que ordenaban las autoridades militares, en la posguerra pasaron a primer plano las disposiciones del Jefe del Estado y de las autoridades gubernamentales. Los funcionarios, los jueces y los ciudadanos se atenían estrictamente a ellas sin separarse un punto de su letra. En el Estado administrativo del Tardofranquismo cambió, no obstante, la situación y los distintos operadores jurídicos alteraron sus posiciones. Las leyes y decretos habían perdido su autoridad originaria y sobre todo ya no encontraban respaldo moral ni respeto incluso entre los propios funcionarios. La universidad, hasta entonces inerte y desprestigiada, recobró su protagonismo y emergió un Derecho Administrativo nuevo de corte europeo que se impuso arrasadoramente. De pronto, Derecho ya no eran sólo las leyes sino lo que decían Garrido, García de Enterría o Villar Palasí, y hasta tal punto era esto cierto que sus voces se recogían fielmente en las leyes y reglamentos y en ellos se inspiraban los jueces al redactar sus sentencias. En España durante los años sesenta y setenta tuvimos un "Derecho de juristas" como habían visto y teorizado Savigny y Wieacker y tal como había florecido en los tiempos del Derecho Romano clásico.

La situación volvió a cambiar de nuevo en la Transición y sobre todo en el Estado constitucional posterior, una vez que la autoridad de los profesores, centrados ahora en el Derecho forense, se había debilitado y pasaron de nuevo a primera fila las leyes en que se expresaba un Estado hasta entonces inédito. El protagonismo del Derecho legislado no duró mucho, sin embargo, porque el ordenamiento positivo se hundió por el desmesurado peso de sus producciones y por la declinante calidad de sus textos. Las leyes cada día más fugaces, torpes y contradictorias no proporcionaban pautas fiables de comportamiento ni de resolución de conflictos. Así fue como se produjo un vacío normativo que terminaron llenando los jueces, de tal manera que al *Derecho de las autoridades*, al *Derecho de los juristas* y al *Derecho del legislador* sucedió un *Derecho de los jueces*, que es el que actualmente estamos viviendo. Los tribunales, desorientados por una legislación caótica y abandonados por una doctrina carente de imaginación y de empuje, han asumido, quizás por necesidad pero desde luego con éxito, la ingente tarea de crear un Derecho útil, practicable, aunque no demasiado escrupuloso ni con las leyes ni con las doctrinas jurídicas, que retuercen sin empacho cuando no las ignoran.

En definitiva, recuperando en cierto sentido los esquemas romanistas, hoy conviven entre nosotros unas *leges* (textos normativos oficiales escritos y precisos) con un *ius* elaborado en parte por juristas y más todavía por jueces. Convivencia desafortunadamente mal organizada pues ni unos ni otros están a la altura de su misión; lo que provoca una enorme inseguridad jurídica. El Derecho es hoy más incierto que nunca, las leyes no son fiables y menos aún los jueces, impávidos creadores de una jurisprudencia contradictoria; mientras que la doctrina ya no tiene energías para ordenar este caos y ni siquiera ánimos para intentarlo.

Así hemos desembocado en una situación jurídicamente confusa con unas leyes deleznables, una jurisprudencia desacreditada y una doctrina timorata. Nadie se atreve a dibujar un sistema ni tiene ánimos para introducir un cierto orden. En estas condiciones no cabe a los juristas otra salida que el casuismo extremo y el pragmatismo radical en espera quizás de que aparezca un maestro genial que en siete días logre organizar el mundo.

Dado que en las leyes positivas no podemos tener esperanza alguna, me atrevo a sugerir que de momento lo único que cabe es trabajar con el *ius* porque en él y de él puede un buen jurista encontrar semillas fértiles, ideas útiles con las que organizar un patrón jurídico que las leyes no le ofrecen ni por asomo. No hay más camino que el de desentenderse

–en lo posible, naturalmente– de las *leges* y montar el taller, si es que queremos reflexionar, en el *ius* y en todo caso tomar de aquí los instrumentos que pueden ayudarnos eficazmente en la teoría y en la práctica.

VI. EL PÉNDULO ENTRE LO GENERAL Y LO PARTICULAR

El repaso de las transformaciones experimentadas por el Derecho a lo largo de mi vida no tiene fin, hasta tal punto que cuando comparo los extremos de esta evolución –desde 1930 a 2017– tengo la sensación de que se trata de dos cosas distintas, algo así como la distancia que media entre el viejo telégrafo morse y el actual Internet. ¿Estamos hablando de lo mismo? ¿Qué es lo que de esencial aún se conserva?

Al afirmarse el franquismo sobre los escombros dejados por la Guerra civil el objetivo más urgente del Derecho Público era ordenar el caos, sistematizar lo inconexo, centralizar lo disperso en los diversos campos de la vida pública.

En el terreno normativo esta tarea se llevó a cabo con perceptible éxito mediante la elaboración de leyes generales unificadoras que simplificaron el conocimiento y la práctica de varias actividades capitales del Estado y de su Administración. En el terreno ideológico esta profunda reforma venía potenciada por la idea de centralización, que operaba sinérgicamente con la de la unificación normativa. Unidad y centralización fueron, por tanto, las claves de una evolución que hizo posible el Estado administrativo del Tardofranquismo y que se enderezaba hacia una "modernización" que por cierto no llegaría nunca a lograrse. En el terreno teórico se impuso una sistematización analítica conceptual (frente al anterior método descriptivo y de glosa) para trabar todo el Derecho Público en una red (sistema) de conceptos generales que vertebraban toda la legislación sectorial.

En esta fase me formé yo como jurista, pero he vivido lo suficiente para presenciar cómo el proceso evolutivo cambiaba de signo y entraba en una nueva etapa, exactamente en el otro extremo, donde regían los principios contrarios (y que cuando maduren por completo previsiblemente iniciarán un movimiento pendular de retorno). El panorama originario, en efecto, una vez que en su exacerbación llegó a tocar fondo, fue evolucionando hasta tal punto que en la actualidad, al cabo de un giro completo, se ha producido una vuelta a lo particular, al fraccionamiento, al abandono de la unidad y del sistema.

Al romperse a partir de la Constitución de 1978 la unidad estructural del Estado se ha roto consecuentemente la vieja unidad normativa (la mayor conquista del Estado liberal) fraccionándose el ordenamiento jurídico único en uno estatal y otro comunitario, a los que debe añadirse, además, el europeo. Mas no se trata solamente de esto porque, como es lógico, el pluralismo ordinamental vino acompañado de un fraccionamiento organizativo territorial agravado por otro funcional, dado que han proliferado organismos institucionales que operan dentro de cada unidad territorial. El cuadro resultante no puede ser más complejo y desordenado: el Estado se ha descompuesto y la sociedad se organiza a través de regímenes y derechos particulares y singulares sin una fuerza que les articule, sin jerarquía vertebradora, descansa la marcha política en maniobras personales de resultados siempre indecisos y con frecuencia contradictorios, y se confirma así la denunciada "vuelta a la Edad Media", pues se han perdido las energías ordenadoras de la comunidad política y de la centralización administrativa y hasta el último concepto vertebrador que le proporcionaba la existencia de España, hoy cuestionada de nuevo.

La fragmentación jurídica –corolario inevitable de la política– se manifiesta en todas las direcciones imaginables: en el aspecto ordinamental se han deslindado con toda claridad las capas verticales del global, europeo, nacional y local, cada una con sus propias reglas y principios y con constantes conflictos entre sí. Pero aún tiene mayor importancia económica y social una fragmentación horizontal que a todo trance pretende ocultarse y aun negarse. Porque es el caso que existe un Derecho propio de los ciudadanos y otro distinto que corresponde a las grandes empresas (el Derecho europeo de los comerciantes) y otro aún más selecto con el que se manejan las grandes corporaciones y mercado de capitales que están por encima del Estado y del Derecho de éste. Sin olvidar, por otra parte, el segmento social de los que se colocan fuera del Estado (en el llamado ámbito de lo no jurídico) bien por estar sobre él o en su contra. Todos ellos se rigen por sus propias reglas y entre todos ocupan unos espacios económicos y sociales enormes, aunque poco visibles, que contradicen la tendencia aparentemente expansiva del Estado y del Derecho.

El aludido y metafórico paralelo con la época medieval se refuerza con el dato de la universalidad actual. Porque si en aquellos siglos, cuando todo estaba fraccionado, había un principio de unidad representado por el Imperio (o, si se quiere, por la bicefalia del Imperio y del Papado) vehiculizado por el latín, hoy tenemos la globalización también supranacional (o, si se quiere, la bicefalia de la globalización y la Unión Europea) vehiculizada por el inglés.

Vistas las cosas desde la altura de 2017 la circularidad del proceso a que acaba de aludirse no puede ser más manifiesta puesto que desde 1939 a 1976 el sentido de la marcha fue en todos los ámbitos de lo particular a lo general mientras que a la muerte de Franco se produjo un brusco giro, de lo general a lo particular, iniciando ese retorno metafórico a la Edad Media. La cuestión estriba ahora en saber si hemos vuelto a tocar fondo y en consecuencia si ha llegado el momento de volver a dar un giro pendular de signo contrario.

Sea como fuere, el caso es que después de haberme percatado de la existencia de ese *ius* al que acabo de referirme y de haber constatado la evolución constante del Derecho en ese movimiento pendular de lo general a lo particular, mi visión final del Derecho ya no podía ser la que tenía cuando estudiaba la carrera en Valladolid. El jurista normal contempla el Derecho a la manera de una foto fija, como un fenómeno estable, permanente. Una larga vida ofrece, en cambio, la posibilidad de observar la fugacidad de esa foto fija, que se va alterando cada día puesto que forma parte de un proceso ininterrumpido. El Derecho se mueve sin descanso. El que conocemos ya no es el de ayer y mañana será otro. Un río que fluye incesante y sabido es que no nos bañamos dos veces en la misma agua aunque sea del mismo río. Saber esto es lo que diferencia la visión del *Derecho* de un anciano que ha visto (por así decirlo) una larga película, de la de un jurista en activo que se atiene a lo que está delante de sus ojos y que da por inmutable.

VII. DEL DERECHO NORMADO AL DERECHO PRACTICADO

Son varios, por no decir innumerables, los conceptos que se han tenido y se tienen del Derecho. Cada autor lo mira desde una perspectiva distinta y luego se atiene a lo que él ve —o quiere ver— dejando a un lado manifestaciones que otros consideran esenciales. A este respecto el positivismo legalista es la postura más cómoda y la más pragmática: Derecho es lo que aparece en las leyes, independientemente de su contenido; las leyes podrán ser buenas o malas, justas o injustas, pero constituyen el Derecho y eso es lo que importa. El positivismo legalista es heredero del absolutismo jurídico, conforme al cual era Derecho la voluntad del soberano. Una línea teórica, tan cómoda como la anterior y que va de Hobbes (por no remontarnos más) a Franco (por no alargarnos más en el tiempo). Todos ellos aceptan las leyes tal como son, pues entienden que el Derecho es una forma que da validez a cualquier contenido.

Pero también existen otras tendencias que sostienen que la forma no basta, pues la calidad del Derecho se refiere al contenido, de tal manera que las leyes, para ser Derecho, deben tener un cierto contenido material. Lo que significa que la potestad de dictar leyes está sujeta a determinadas limitaciones y con esta salvedad empiezan los problemas. Porque unos sostienen que la ley, para ser Derecho, tiene que acomodarse a la justicia; mientras que otros ven la limitación en su finalidad, en cuanto que ha de estar enderezada al interés general o bien común. Posturas excelentes todas ellas pero que tropiezan, a diferencia del positivismo, con el obstáculo de la subjetividad propia de los juicios axiológicos, de razón o de interés. No menos venerable y autorizada es otra tendencia que enfatiza la participación popular, de tal manera que son Derecho las normas en cuya creación haya intervenido de alguna forma el pueblo o que hayan sido admitidas ("reconocidas") por él a la hora de su aceptación o cumplimiento.

En este torbellino conceptual he tenido que vivir yo como cualquier jurista y confieso que empecé siendo un devoto seguidor del positivismo legalista, puesto que siempre he desconfiado de los criterios axiológicos por la incertidumbre que llevan consigo a la hora de determinar objetivamente lo que es justicia, bien común, razón y similares; aunque poco a poco me fui apartando de él al constatar el abuso y arbitrariedades que propiciaba un régimen como el franquista. Me parecía, en consecuencia, que las leyes debían tener un límite. El problema estaba entonces en precisar cuál de los muchos técnicamente posibles y es el caso que ninguno me gustaba por su subjetivismo, dado que si era escasa la confianza que me inspiraban Franco y sus ministros, tampoco me fiaba de lo que definiese como justicia un profesor erudito, un obispo apasionado, un caudillo de barrio o un comunicador televisivo. E igualmente desconfiaba de la participación popular en la creación de las normas, habida cuenta de la absoluta carencia democrática del franquismo y del déficit democrático del constitucionalismo posterior, del que me ocuparé en otro capítulo más adelante.

En esta confusión anduve durante varios años hasta que empecé a ver una luz en la teoría del reconocimiento social, aunque no en su versión originaria de Bierling o Hart, sino como punto de partida para una reflexión personal.

Lo que el realismo me enseñó a través de la teoría del reconocimiento fue la inutilidad de hablar de lo que el Derecho "debe ser" y menos aún de lo que "debiera ser" porque lo que cuenta en las relaciones sociales fuera ya de las especulaciones académicas es "lo que realmente es". Y a partir de esta convicción, la tarea que me impuse fue determinarlo con cierta precisión.

A tal efecto me encontré en una primera fase con las leyes, unas normas objetivas fácilmente identificables que constituían, por así decirlo, la materia bruta que inicialmente se introducía en el mercado del Derecho; pero que no circulaban como tal sino después de haber sido manipuladas por los operadores jurídicos que actuaban como filtros y moldeadores, acuñando con la materia bruta la moneda corriente, que es la que corre y no la masa de la plata originaria.

Pues bien, esto es lo que sucede en la vida jurídica. Los jueces, a la hora de aplicar las leyes, toman de ellas lo que les conviene (sólo lo que les conviene y en la medida que les conviene) y fabrican la sentencia, que es el Derecho que entregan a cada ciudadano y que también es lo único que este puede utilizar. Lo mismo hacen las Administraciones públicas a la hora de ejecutar las leyes. Y en último extremo es lo que también realizan los ciudadanos a la hora de cumplirlas.

Este producto final es lo que los realistas consideramos que "es el Derecho" y a lo que nos atenemos sin desconocer, naturalmente, la importancia del material bruto originario, es decir, de las normas legales. Así es como he llegado a la distinción entre Derecho normado y Derecho practicado.

La desmesurada proporción de disposiciones legales que no se ejecutan, cumplen ni aplican, así como las distorsiones que experimentan cuando son efectivamente operativas ha sido para mí un tema de reflexión constante y obsesivo hasta que logré racionalizarlo en los términos que voy a explicar seguidamente con la sincera advertencia de que esta cuestión es el eje de mi pensamiento y de toda mi vida jurídica. Porque una vez adoptado un criterio, cualquiera que sea, se entra en un grupo que está inequívocamente separado de los otros a la manera de una religión que no admite medias tintas ni compromisos con las demás. Aquí o se es o no se es. Una afirmación singularmente importante cuando sucede, como en mi caso, que ya de adulto y después de largas reflexiones tomé la decisión de abjurar del Derecho normado en el que me habían bautizado y de convertirme con todas sus consecuencias a la secta del Derecho practicado, según voy a relatar.

El Derecho practicado –que es el que aceptan y al que ajustan sus conductas los agentes sociales– no coincide exactamente con el Derecho normado (el consignado en las leyes y demás fuentes jurídicas), puesto que hay muchos textos de este que de hecho se distorsionan o que no se practican en absoluto por no haberlos reconocido o aceptado el cuerpo social o por referirse a supuestos irreales, meramente simbólicos.

Esto puede constatarlo cualquier observador incluso aunque no sea jurista. Existen dos bloques de fenómenos jurídicos, ciertamente próximos pero inequívocamente distintos. En uno se agrupan las normas jurídicas generales y abstractas que, como previsiones de futuro, establecen reglas de comportamiento con sus sanciones correspondientes así como pautas para la resolución de conflictos. Su formulación es meramente hipotética y no se sabe, aunque cabe suponerlo, los efectos que pueden realmente producir. Es lo que se llama "Derecho de libros" o "Derecho de papel" y que yo denomino Derecho normado o expresado en normas.

En el otro bloque están los fenómenos sociales de contenido jurídico: los conflictos concretos resueltos por los jueces, las decisiones singulares adoptadas por la Administración, las relaciones específicas trabadas por los particulares. No son normas jurídicas sino fenómenos reales producidos bajo la influencia directa de aquellas pero no necesariamente coincidentes. Es lo que se llama "Derecho vivo" y yo denomino "Derecho practicado" porque es el que se practica efectivamente a la hora de aplicar (por los jueces), ejecutar (por la Administración) y cumplir (por los particulares) las normas generales y abstractas. Una dualidad que se traduce en un dilema insoslayable sobre el que todo jurista ha de pronunciarse incluso aunque no tenga conciencia de él.

El ser protegible formalmente –es decir, por declaración legal– no significa estar protegido en la realidad y es un hecho que apenas son judicialmente reparadas el uno por diez mil de las violaciones públicas de los derechos individuales. Para la mayoría de los juristas este dato no es relevante dado que al Derecho lo que importa –según ellos– es el régimen legal y este es ya satisfactorio. Pero para otros esta masiva impunidad revela un fallo sistémico que caracteriza la fase histórica en que nos encontramos, puesto que lo relevante es lo que de veras sucede y no lo que diga un trozo de papel. Es más: resulta incluso difícil de comprender la indiferencia de ciertos juristas ante esta realidad y la facilidad con que la desdeñan alegando que eso es sociología y no Derecho y que, por tanto, no les concierne. Lo que sucede en último extremo es que ese trozo de papel y esa parte efectiva de las estructuras públicas de hecho no funciona para todos los ciudadanos sino para una reducidísima porción de ellos y esto les basta porque los juristas en ella y de ella viven. En consecuencia, de la misma manera que el Derecho del Antiguo Régimen se refería a la capa social de los jurídicamente privilegiados, ahora se refiere también a la capa social igualmente delgada de los realmente protegidos.

Cuando yo adquirí conciencia de tal situación me surgió cabalmente la gran pregunta cuya respuesta había de ser decisiva en mi trayectoria intelectual y vital. Porque es el caso que me había formado en un ambiente dominado por el "el método jurídico" y por el "positivismo legalista", donde el objeto del Derecho eran las normas y en el que no tenían entrada sus consecuencias reales, objeto –según decían– de la sociología, la economía y hasta la política: cuestiones muy respetables pero rigurosamente impropias en su opinión del oficio de jurista. No obstante, aunque mi razón entendiera esta postura, mi temperamento la rechazaba dado que no me gustaba el papel sino la vida, no lo que debiera ser sino lo que era. Y la heterodoxia que esto suponía me asustaba, ya que implicaba abandonar la religión de mis colegas y arrostrar las penas de su inquisición, como luego así sucedería.

En estas dudas estuve hasta que trabé conocimiento con los autores llamados realistas de la primera mitad del siglo XX: alemanes (sociólogos y seguidores de la teoría de los intereses, de la Escuela de Derecho libre) y americanos (que se habían autocalificado significativamente de "realistas") e incluso el español Puig Brutau, a quienes lo que importaba, como a mí, era lo que sucedía, lo que se practicaba y no lo que decían los libros y las normas. En consecuencia ya no me sentí solo y, amparado en la autoridad de estos maestros, un día trasladé mis tiendas al bando de enfrente y alcé la bandera del Derecho practicado, a la que he seguido fiel hasta hoy, sin preocuparme si alguien me seguía o no –allá cada cual– y menos aún si mis compañeros me consideraban un prófugo extraviado (los más afectuosos) o un apestado (los más duros). Pero no me arrepiento de lo que en su día hice porque para realizarse humanamente hay que seguir la vocación (que significa llamada). Y tampoco lamento demasiado que, después de treinta años de predicaciones, pocos me hayan escuchado sin prejuicios, muchos me hayan malentendido y casi nadie haya venido a hacerme compañía.

Vistas así las cosas tenemos que el Derecho objetivo está constituido por una multitud de elementos heterogéneos agrupados de la siguiente manera: por una parte los textos normativos generales y abstractos producidos por los órganos legislativos del Estado. En segundo lugar las resoluciones singulares y concretas emanadas o bien de los órganos del poder judicial o bien de las Administraciones públicas. Y en tercer lugar las prácticas usadas por la comunidad social. Entre todos estos elementos media una relación circular puesto que las decisiones singulares y concretas suelen tomar como referencia una norma general y abstracta que las legitima; y, a la inversa, la legislación, a la hora de producir normas, suele inspirarse en los principios que se inducen de las decisiones singulares.

El Derecho normado y el Derecho practicado pueden figurarse como dos círculos secantes con un espacio común y otros que no coinciden. Los textos del Derecho normado que no se recogen en la práctica social van formando una "chatarra legal" no derogada formalmente, que se conserva en montones crecientes e inútiles. Y los que se recogen y practican se manifiestan por lo común con graves alteraciones impuestas –incluso en contra de la voluntad de la ley– por el criterio personal del juez que aplica, de la Administración que ejecuta y del particular que cumple. El caso concreto opera como un cristal que distorsiona el rayo de la luz legal que le atraviesa. La ley ilumina indefectiblemente el conflicto concreto pero siempre está distorsionada por el operador que como intermediario la maneja.

A lo anterior hay que añadir como última precisión que los dos elementos que hasta ahora se han estado manejando –la norma general y abstracta por un lado y la decisión singular y concreta por otro– son fenómenos de la misma naturaleza, isomorfos, y por ende fácilmente relacionables. No se trata en consecuencia de oponer fenómenos jurídicos a fenómenos sociales porque la realidad está más allá de la ley y de la sentencia. La realidad se alcanza cuando el deudor paga físicamente al acreedor. La realidad última es el hecho del pago prefigurado por la ley y concretado en la sentencia. El acreedor no siente satisfecha realmente su pretensión hasta que no ha tomado posesión material de la cosa debida.

Pero volvamos a lo principal. Esta diferencia entre Derecho normado y Derecho practicado no es más que una reformulación, llevada hasta las últimas consecuencias, del eterno dilema, exacerbado en el primer tercio del siglo XX, y que yo aprendí en los libros de Ehrlich y de Ysay, que tan decisivos fueron en el progreso de mi pensamiento jurídico: el Derecho ¿está constituido por las normas jurídicas, como se venía entendiendo predominantemente o más bien por las resoluciones singulares adoptadas por los diversos operadores jurídicos? La doctrina del Derecho practicado es un intento de superar tal dilema dado que, aun poniendo el énfasis en las resoluciones singulares en cuanto que son las únicas que atribuyen derechos concretos, reconoce también la eficacia de ciertas normas generales y abstractas en la medida en que han influido –o se han encarnado, si se quiere– en las resoluciones singulares.

VIII. EL DERECHO EN UN ESCENARIO SOCIAL CONCRETO

La cuestión aparece debido a que las leyes (y más las normas jurídicas) no son un monólogo unilateralmente dictado, sino que en su realización participan varios agentes, dado que no operan en un vacío social, sino en un contexto complejo (el "escenario") que va a influir inevitablemente en lo que luego suceda de hecho. Interviene primero el creador de las normas, que ordinariamente es un órgano del Estado, luego los destinatarios directos e indirectos y, en fin, los afectados, cuya participación e influencias son íntimas e inevitables. Sin todos estos actores la norma es un pedazo de papel, una voz en el desierto. Una orden sin destinatario carece de sentido, como tampoco lo tiene una orden sin intermediarios que la comuniquen y realicen.

En unos casos el destinatario directo es el juez al que la ley indica cómo tiene que proceder y actuar ante determinados comportamientos, pero ni que decir tiene, aun en tales supuestos, que los individuos son destinatarios indirectos, puesto que del texto del código penal, aunque en él no se diga que está prohibido el homicidio, deducen que efectivamente no deben matar a nadie aunque sólo sea porque si lo hacen serán castigados por el juez. En otros casos el destinatario directo es la Administración pública a la que la ley ordena o prohíbe ciertas cosas o simplemente le habilita a realizarlas. Pero detrás están los destinatarios indirectos, a los que se reconocen ciertos derechos subjetivos y también el juez, que siempre puede intervenir en último extremo. Y, en otros casos, en fin, la ley se dirige directamente a los ciudadanos e indirectamente a la Administración pública para que ponga orden en sus comportamientos y también naturalmente al juez en sus funciones de control.

Pues bien, en este escenario tan poblado de personajes variados aparece la norma, obra inicial (por lo común) de un órgano estatal; pero que, al llegar a sus destinatarios directos, estos la cumplen o no o la cumplen de una manera o de otra. Y como son varios los destinatarios que cooperan en su realización, es decir, se interfieren recíprocamente, al final la norma termina indefectiblemente desfigurada. La norma jurídica general y abstracta ha sido desplazada por una solución de compromiso adoptada entre los agentes; de donde resulta que la decisión final es la que precisa el verdadero alcance del Derecho de cada uno. Por eso digo que el Derecho está formado por estas resoluciones concretas en las que suele haber un actor predominante –a veces el juez, a veces la Administración, a veces un ciudadano– pero que por lo común es obra de todos en conjunto.

Suele entenderse que la ley nace formalmente en un momento único y que aparentemente queda de inmediato congelada en su letra: es un *factum* inmóvil hasta que en otro momento posterior sea alterada o derogada por la misma autoridad que la dictó; mientras que los actos singulares de aplicación e incluso de interpretación no le afectan puesto que son *inter alios facta* y la ley es patrimonio exclusivo de su autor. Pues bien, la observación de una realidad constante me permite afirmar que esto no es así y que las cosas funcionan de otro modo.

La ley no nace como una hoja de papel inalterable. No es una cosa física como el papel y la tinta en que se consigna su texto, sino un espíritu, una obra humana que se incorpora al proceso social en el que va a operar de modo distinto en cada caso concreto. Una serie innumerable de procesos sociales, previstos o imprevistos, en los que, al conjuntarse con otros elementos, producirá resultados distintos según los casos. Y lo que para mí más importa no es el elemento inmóvil de la ley sino los resultados del proceso. La ley es ciertamente obra de un autor concreto y conocido, el legislador; pero a la hora de producir efectos se pone en marcha un proceso (de aplicación, etc.) en el que participan otros sujetos y el resultado es obra conjunta de cuantos partícipes han intervenido.

En este proceso juega la ley un papel importante, desde luego, pero que no siempre es el de protagonista, sino que se limita a operar como una mera referencia. Primero habla la ley, desde luego, y todos la escuchan; pero a continuación hablan los destinatarios, por lo común los particulares, y estos, después de calcular las ventajas y desventajas de cada uno de sus comportamientos posibles, deciden cumplirla o no cumplirla o cumplirla con reservas.

Ya hemos visto dos actores y ya se ha producido la primera alteración del texto. Pero por lo común entra en escena un tercero, la Administración pública, oficialmente un *servus* de la ley, que, de hecho, sin embargo, no suele limitarse a ejecutarla al pie de la letra, sino que impone modalidades propias. Y la puerta sigue abierta porque también puede intervenir un cuarto actor, el juez, que teniendo en cuenta lo que han dicho los demás (y no sólo la ley) pronuncia su última palabra. ¿Qué habrá quedado al fin de la letra del texto normativo? Más o menos según la energía de los demás participantes del proceso, aunque es seguro que el texto termina siendo modificado y la mejor prueba es que los resultados no son necesariamente iguales incluso en supuestos similares o idénticos.

Los cuatro actores citados son los protagonistas oficiales, por así decirlo, pero como la escena sigue abierta pueden aparecen otros incluso disimuladamente. Cada vez con más frecuencia intervienen los medios de comunicación de masas dando tales voces que desconciertan a los demás, desvían su voluntad y en ocasiones les fuerzan a cambiar de criterio. Algo que estamos viendo todos los días. ¿Quién tiene coraje para sostener firme su brazo cuando los medios han intervenido?

Más todavía: no es raro que en el escenario se muevan unos personajes anónimos, ya que no invisibles, que cuchichean en los oídos del juez o de las autoridades administrativas para defender o atacar la opinión de los destinatarios directos de la ley. Y aunque no den la cara, tienen fuerza para doblegar la vara del juez o, sin llegar a tanto, para urdir componendas, compromisos y arreglos a espaldas de la ley. ¿Para qué seguir?

Al cabo de estos procesos ¿qué queda de la letra de la ley? El pronunciamiento final será un tanto desviado y desde luego imprevisible, ya que a lo largo del proceso hemos visto a la ley imperial empujada, y a veces derribada, por toda clase de agentes sociales, políticos y económicos. En Derecho, en suma, intervienen varios elementos interactuantes y es difícil aceptar el rango que políticos y profesores reconocen verbalmente a la ley.

La ley se hace, desde luego, en el parlamento y de una vez para siempre, pero el Derecho se hace y vive en la sociedad o en este escenario social concreto que acabo de describir.

Veamos con un ejemplo reciente y concreto cómo funciona de hecho cuanto acaba de decirse. En el "caso de los desahucios hipotecarios" teníamos una legislación civil, mercantil y procesal que regulaba con precisión el impago de ciertas deudas que provocaban el desahucio judicial y a cuyo amparo, en un momento de crisis económica, empezaron a generalizarse los desahucios judiciales hasta tal punto que provocaron una reacción en varios frentes. Primero se rebelaron grupos radicales con protestas callejeras que lograron paralizar la ejecución en casos singulares. Luego la prensa hizo suya esta resistencia popularizando el conflicto. Más tarde fueron nada menos que los propios jueces aplicadores de la Ley los que se adhirieron a las protestas. Y, en fin, grupos de abogados y políticos acompañados de cortejos populares multitudinarios y organizados con "escraches" incluidos, que algunas autoridades han tolerado cuando no fomentado. Pues bien, en este escenario social concreto, con tantos actores sobre el tablado, la ley ya no pudo ser ejecutada o tuvo que hacerlo en términos imprevistos: los acreedores cedieron y abandonaron algunas de sus pretensiones, el Gobierno impuso su autoridad para llegar a acuerdos de morosidad tolerada, se habilitaron medidas indemnizatorias para algunos deudores y se plantearon reformas legales para paliar esta situación. Aquí se ve muy bien que la ley ni es soberana ni actúa sola sino que llega hasta donde le dejan otros actores. La realidad se impone a la ley y de nada sirve que los positivistas legales miren para otra parte y desprecien unos hechos que con exquisita escrupulosidad consideran pertenecen a la Sociología y no al Derecho.

¿Cómo se mueven los actores en este escenario social? Los espectadores les ven actuar de ordinario de manera exquisita, ateniéndose escrupulosamente a las reglas de la ley y aun de la cortesía. Pero detrás de estas buenas maneras y de su altruismo externo se desarrolla un juego muy distinto que en el mejor de los casos es un chalaneo de feria en el que no se descarta la coacción y la zancadilla. El Derecho es una ficha en el juego político en todos los niveles: en el parlamento, en los tribunales, en la negociación, en los medios y por supuesto en la calle.

El chalaneo es la forma más suave de este juego. Aquí todo se regatea e intercambia: un voto a favor de esta ley por un aumento de una consignación presupuestaria (si la partida es limpia) o de adjudicación de un contrato a un socio (si ya no lo es tanto). Una sentencia absolutoria a cambio del cierre de un sumario que ya está en marcha. Una concesión de obras a cambio de un dinero contante y no sonante, sino rigurosamente silencioso. Los principios que aquí rigen no hay que buscarlos en la Constitución y son, más o menos, "hoy por ti, mañana por mí", "toma y daca", "una mano lava la otra", "coge el dinero y corre". Este es el catecismo de la picaresca pública, el lenguaje del patio de Monipodio donde se resuelven los asuntos públicos o, volviendo al lenguaje que aquí se emplea, el escenario donde se desarrolla la tragicomedia jurídica.

También son usuales la coacción y la amenaza. Todos los poderosos tienen sus secretos y hay muchos que están en condiciones de airearlos y, por lo mismo, pueden pedir y hasta exigir. El silencio es una mercancía que tiene buen precio.

¿Para qué seguir? No conozco una trampa que no se haya manejado; no conozco vicio ni debilidad que no se haya explotado; no conozco un asunto turbio que no se haya tapado con un habilidoso informe jurídico. En definitiva, el analista ha de atenerse en primer término a la ley; pero luego ha de observar lo que con ella se hace en el escenario social concreto y, en fin, –si puede– ha de enterarse de los manejos que se desarrollan detrás de los decorados. En todos estos niveles está el Derecho.

Hasta aquí he llegado: esta es mi posición. Otros colegas –los más– han seguido caminos diferentes y se encuentran a gran distancia mía. Las distintas opciones responden a una diversidad intelectual, casi diría vital, y todas son válidas si resultan coherentes con su planteamiento. Yo respeto a los juristas puros que se alimentan de estos frutos resecos, pero personalmente prefiero, como Goethe, vendimiar los jugosos racimos que se encuentran en los verdes pámpanos de la realidad.

IX. EL DERECHO VOLÁTIL

En las páginas anteriores he explicado cómo ha ido cambiando mi visión del Derecho desde la ya lejana mansa mentalidad de estudiante hasta mi posición crítica actual fruto de experiencias variadísimas y de reflexiones constantes. Pero aquí no se trata solamente de una maduración personal, del cambio subjetivo del observador de un mismo objeto, sino también de la reacción ante el cambio de objeto observado, que, por su parte, ha forzado –o, al menos, facilitado– la evolución del observador. Porque el Derecho de hoy está muy lejos del de ayer, según he repetido y ahora quiero insistir de nuevo sobre este punto desde otra perspectiva.

Es previsible, en efecto, que cada vez se preste más atención y se dé más valor al Derecho practicado, pero no puede pasarse por alto que el Derecho normado, por su cuenta, se está haciendo progresivamente más volátil.

Las ventajas de la rigidez de los códigos y leyes generales –cifra ideal de toda una época– son bien conocidas, puesto que fueron, desde el deseo, incansablemente expuestas en la Ilustración y, después de su realización, cantadas sin reservas por sus panegiristas y exégetas: frente al despotismo, la ley objetiva; frente a la inseguridad, la certidumbre; frente a la arbitrariedad judicial, la aplicación mecánica de la ley; frente a la tradición, la razón; frente al desorden, el sistema.

La experiencia demostró pronto, sin embargo, que no todo lo dicho eran ventajas y, sobre todo, que en el otro platillo de la balanza pesaban unos inconvenientes que no podían dejarse a un lado. Los códigos son de piedra, cuando no de hielo, que no pueden adaptarse a las curvas de la vida. Siguiendo con la imagen física se pasó entonces del Derecho rígido al dúctil (Charbonnier), o al flexible (Zagrebelsky), es decir, moldeable. De esta manera, y dando un paso más, saltó el Derecho del estado sólido –todo lo moldeable que se quiera– al líquido, puesto que no sólo roza la vida sino que penetra en ella y la "empapa" hasta tal punto que el Derecho y la vida se hacen inseparables: esta sin aquel se seca y aquel sin esta se derrama sin utilidad alguna.

Vale, pues, la imagen, pero es el caso que en estos tiempos de transformaciones aceleradas se ha dado un nuevo salto y ya no es exagerado hablar de una auténtica evaporación del Derecho, que ha pasado, partiendo del sólido y luego del líquido, al estado gaseoso. Hoy el Derecho –como las nubes– no tiene forma ni volumen estables, se expande en todas direcciones y a veces desaparece sin dejar rastro; no se sabe de dónde viene ni a dónde va y, lo que es más grave, cambia constantemente de densidad y de forma, igual que sucede con el vapor. Es una insensatez pensar que en un universo en movimiento acelerado el Derecho pueda mantenerse inmutable. Aunque también hay que aceptar con perspectiva histórica que algún día cambiará el signo y se iniciará un ciclo regresivo, una vuelta a la era glaciar de las cosas sólidas, estables y ciertas. El Derecho cristalizado en una ley formal se va desfigurando en el curso de su realización por obra de los intermediarios que lo ejecutan y cumplen. Y, por otro lado, el texto de la ley se enturbia cuando se integra en un ordenamiento jurídico compuesto de elementos heterogéneos: hacia abajo, los reglamentos, las instrucciones, el complejo universo del *soft law*; y hacia arriba, la constitución, el Derecho comunitario y el globalizado.

En otro orden de consideraciones, el Derecho se va desentendiendo cada día más de las personas humanas singulares para centrarse en las personas jurídicas, en comportamientos y también en valores sociales colectivos o abstractos como el medio ambiente, la ordenación del territorio, la biosfera o el tráfico de armas. El Tribunal Europeo de Derechos Humanos es reliquia de un pretérito irrecuperable. Los tribunales internacionales se dirigen a Estados, a crímenes de masa y sobre todo a grandes empresas. Lo mismo sucede con la legislación. Las relaciones económicas se establecen entre empresas que tienden a la opacidad y en las que los seres humanos han terminado siendo inaprensibles cuando no invisibles. Quienes contratan, infringen la ley o delinquen son personas jurídicas que desaparecen a la menor señal de alarma y los jueces –sobre todo los penales y mercantiles– se las ven y se las desean para identificar detrás de ellas a un ser humano responsable. En casos de conflicto los sujetos de Derecho se escabullen con facilidad. Las grandes propiedades, tanto materiales cono inmateriales, pertenecen a empresas enracimadas en grupos inextricables donde las personas humanas no son de carne y hueso, sino fichas almacenadas en un archivador.

Como tantas veces se ha repetido, la codificación fue consecuencia de la toma del parlamento por la burguesía que hizo un Derecho a su medida pero cuyo plazo de caducidad expiró ya en el siglo XX con las dictaduras de entreguerras, los regímenes socialistas y el capitalismo nacional. Así se forjó el Derecho de ayer que sustituyó al de anteayer. Mas es el caso que hoy ha llegado el momento del capitalismo transnacional que ha reventado las costuras del Derecho vigente y de nuevo ha creado otro a su propia medida.

Y todavía hay algo más. Porque sucede que ya estamos pisando un nuevo (¿o quizás viejísimo?) mundo en el que el Derecho ha dejado de ser patrimonio exclusivo de los seres humanos. Un fenómeno todavía anómalo, excepcional, pero que en el futuro puede consolidarse acabando de desordenar definitivamente un sistema que creían inamovible los que ignoran la naturaleza histórica del Derecho que tiene ya asimilada su propia volatilización.

Apurando las cosas, lo que sucede es que el objeto del Derecho se va trasladando de los hombres al capital. Hasta la Edad Moderna los hombres o eran propietarios o eran propiedades. Marx denunció que eran una mercancía para los empresarios, y carne de cañón para los Estados. Ahora son o clientes o un elemento de la empresa y para el Estado, contribuyentes o mendicantes. El Derecho de familia y el penal son el último refugio de los seres humanos. Pero el primero se deshace al mismo ritmo que está sucediendo con la propia familia y el penal está reconociendo su impotencia para luchar con el delito de masas y con el de los grandes empresarios. Hoy hemos alcanzado el umbral del *Derecho deshumanizado*.

Durante muchos siglos se ha considerado como sujetos de Derecho a los animales y hasta a los minerales: se condenaba a muerte a un buey homicida, a un zorro ladrón y se colocaba solemnemente en la picota pública a una piedra que al rodar había herido a un caminante. Pero posteriormente el Derecho se centró exclusivamente en el ser humano, sea individualmente o en grupo.

Pues bien, hoy estamos presenciando la ruptura de esta identificación entre hombre y Derecho puesto que ya se habla con absoluta naturalidad de derechos de los animales y se ejercitan derechos –en un asombroso alarde de prosopopeya– en nombre de la biosfera. El ser humano ha perdido la corona bíblica de rey de la naturaleza y tiende a colocarse en pie de igualdad, cuando no de subordinación, con otros elementos de los reinos animal y vegetal e incluso del universo cósmico.

X. DERECHO SIN LEY

La posibilidad de que exista un Derecho sin ley únicamente puede parecer un despropósito o una provocación a quienes ignoran por completo la historia. Porque es el caso que durante muchos siglos los pueblos se han comportado sin pautas legales y sus conflictos se resolvían por jueces que se atenían exclusivamente a la tradición: la costumbre era el "viejo y buen Derecho" que debía conservarse inalterado. Aunque también existían otras opciones, como el sentido común y el sentido de la justicia, que venían a coincidir. De esta manera el Derecho era la tradición o la justicia y no la ley, que resultaba superflua. Y también en algunas culturas, que en parte todavía se mantienen, el Derecho hacía suyas las reglas de la religión.

Luego ha venido la ley a desplazar a los demás valores y pautas, afirmando su monopolio: Derecho –según esto– es la ley y sólo la ley debidamente interpretada por sus sacerdotes supremos cuando no por sus sacristanes y monaguillos. Otra cosa supondría retroceder en la historia o caer en la barbarie.

Esta es la opinión dominante, por no decir exclusiva, de la que yo me separé cuando mi propio juicio me permitió librarme de las rutinas que me habían inculcado en la docencia y en todas las demás actividades de la vida legal. Pues bien, ha llegado un momento en que los jueces y los profesores, sin abandonar su posición dogmática tradicional, han aceptado –y están practicando– con absoluta naturalidad un Derecho sin ley, que últimamente nos ha venido del mundo anglosajón. Y lo más curioso del caso es que no están dispuestos a reconocer esta sorprendente y contradictoria novedad.

Con ello me estoy refiriendo a las sentencias dictadas no al amparo de una ley sino por la simple consideración de que la resolución impugnada no es racional, o razonable o proporcional; y tal es el único argumento que se maneja sin necesidad de acudir a la cita de ley alguna, pues se entiende que una resolución con esta mácula merece ser anulada sin necesidad de contrastarla con un texto legal.

La primera vez que me encontré con una sentencia en que se hacía una alusión a la razonabilidad de la resolución enjuiciada no le di demasiada importancia, puesto que se trataba de un argumento "a mayor abundamiento", un *obiter dicta* complementario de otros fundamentos inequívocamente legales. Pero las sentencias de este tipo empezaron a multiplicarse en poco tiempo y con otro carácter hasta tal punto que en la actualidad cada día se dictan resoluciones en las que únicamente se examina si el acto impugnado es o no razonable y, si así se entiende, se anula sin más.

Hemos vuelto, pues, al antiguo Derecho, cuando para dictar una sentencia no hacía falta conocer las leyes (suponiendo que existiesen) sino que bastaba el sentido común. Y así es ahora en los supuestos a que estoy aludiendo, porque para determinar si el acto es razonable o irrazonable no hace falta haber estudiado Derecho y, aparte del sentido común, lo único que puede ayudar es la lógica o la psicología.

La introducción y generalización de esta moda es debida, en parte, a la influencia anglosajona y ahora también a la europea comunitaria, donde estas técnicas también se practican, favorecidas entre nosotros por la comodidad de su uso, dado que los jueces que las aplican no tienen necesidad de escarbar en los códigos legales o colecciones jurisprudenciales ni tampoco de realizar esfuerzo hermenéutico alguno, pues les basta emplear su sentido común y, además, suelen expresarse en estilo dogmático, con proposiciones breves y contundentes: "siendo el acto notoriamente irracional, debemos anularlo". Si el tribunal superior opina de distinta manera se pronuncia de manera similar: "no siendo correcta la afirmación de que el acto es irracional, se revoca la sentencia impugnada".

A mí personalmente este método me parece excelente, pero quienes lo utilizan tan alegremente deberían ser conscientes de que están prescindiendo de varios siglos de historia y desterrando buena parte de la Ciencia del Derecho; y no creo que lo perciban así, por lo que no se molestan en justificar esta forma de decidir y mucho menos de procurar levantar una teoría al respecto. De hecho, cuando se cuentan estas cosas a los estudiantes, hay que enseñarles un fajo de sentencias que las confirman porque indefectiblemente se niegan a creer que sea posible y se preguntan de qué valen sus estudios si luego pueden resolverse los conflictos de una manera tan expeditiva, como también se preguntan si estas afirmaciones apodícticas cumplen con el requisito de la motivación.

Por lo demás, no creo que este método de sentenciar sin ley –de establecer un Derecho sin ley– vaya a sustituir al Derecho legal tradicional; pero su simple existencia, cualquiera que sea su peso estadístico, es enormemente importante y confirma que el Derecho de hoy no es el Derecho de antes. Lo que en estos momentos me intriga es si a no tardar mucho entraremos en una fase en la que el Derecho, abandonando la ley, no se limite a dotarse de un contenido lógico o psicológico (la razonabilidad y la racionalidad), sino que se remita a una calidad ética y un día empiecen los jueces a revisar actos que infrinjan la ética, ya que no las leyes, o, más probablemente todavía, que infrinjan los intereses públicos (obviamente calificados así por el propio juez). Esto no he llegado a verlo aún, pero es posible, y aun probable, que algún día se confirme esta posibilidad y se practique por jueces que no vacilen en sacrificar sus conocimientos jurídicos por sus convicciones éticas o sociales, sean de cosecha propia o fomentadas y premiadas por el poder. En el estado actual del Derecho, y tal como estamos viendo, todo es ya posible.

La estación final de este proceso evolutivo sería un Derecho emancipado del Estado, de tal manera que éste no tendría el monopolio en la creación ni en la aplicación de las normas jurídicas. En la actualidad existen, en efecto, muchos autores que defienden la privatización del Derecho en todos sus aspectos porque consideran que la sociedad está en condiciones de realizar ambas tareas –la creación y la aplicación de las normas jurídicas– con mayor eficacia que el Estado puesto que sus reglas regularían mejor las necesidades del tráfico social y económico y, desde luego, operarían con mayor rapidez.

XI. EL EXTENSO ÁMBITO DE LO NO JURÍDICO

La "privatización del Derecho" no es sino una fase de la espiral de su evolución. El Derecho fue en sus orígenes un fenómeno meramente social del que terminó apoderándose el Estado en un proceso de expansión imperialista que parecía no querer detenerse hasta su consumación, como si nada pudiera quedar ya fuera de las voraces normas estatales. Y, sin embargo, no ha sido así porque de nuevo ha vuelto a girar el péndulo y actualmente se percibe que ha renunciado a la regulación absoluta de la vida social y que incluso ha abandonado sectores tradicionalmente regulados de forma pública. Personalmente me produce vértigo la contemplación de una evolución que se refiere no a períodos más o menos remotos de la historia sino que he podido contemplarlos con mis propios ojos a la largo de mi vida.

La ley, en efecto, que tradicionalmente aspiraba a ocupar todos los espacios de la vida social, ahora ha tenido que moderar su afán de extenderse y, con mayor sentido de la realidad, ha paralizado sus conquistas para respetar el ámbito de lo no jurídico, que hoy está resultando enormemente amplio.

Entre 1939 y 2017 muchas cuestiones se han aclarado, otras en cambio se han embarullado más y algunas, en fin, que nadie consideraba problemáticas, se replantean ahora de nuevo sin vislumbrarse todavía una solución medianamente satisfactoria. De estas últimas la más significativa es la del ámbito de lo no jurídico: unos "agujeros negros" cuya identificación no resulta fácil y menos aún su contenido; lo que justifica el que por "negros" se les tenga.

Hasta hace poco se venía considerando la vida social como un mar sin orillas en el que emergían ciertas islas, no muy extensas de ordinario, pobladas por las normas legales. Ahora bien, en el inmenso océano de lo no jurídico podían adentrarse las leyes, colonizando las parcelas que tuviese por conveniente. Las fronteras entre los respectivos campos de lo jurídico y lo no jurídico eran, por tanto, variables aunque por lo común donde ha puesto una vez pie el legislador ya no se retira jamás.

A lo largo del siglo XX se han cruzado a este respecto dos tendencias contradictorias. Por un lado, el Derecho ha ido ocupando materias antes vírgenes en un proceso que parecía irreversible. Pero, por otro, se han vedado ciertos campos en los que la ley deliberadamente no quiere entrar (las competiciones deportivas, los concursos de belleza) y otros en los que la ley no entra porque no sabe qué puede hacer allí (prostitución). Pero al menos se ha tomado conciencia de la importancia de la situación y se han aclarado muchas cosas.

Por lo pronto, se sabe ya que es incorrecta la vieja expresión de "ámbito de lo no jurídico" pues de lo que de veras se trata es un ámbito de lo no legal, de lo no cubierto por las leyes, dado que en rigor nada hay que escape a lo jurídico, aunque las leyes estatales no se hayan ocupado de ello. Lo que sucede entonces es que los conflictos que allí surgen no son resueltos por jueces estatales de acuerdo con leyes estatales sino por otras personas y con arreglo a otros criterios. Y si así sucede, eso es un fenómeno jurídico para los que entienden que el Estado, sus funcionarios y sus leyes no tienen el monopolio de lo jurídico. Los viajeros tienen un conflicto sobre si se abre o se cierra la ventanilla del departamento o sobre el asiento que pueden ocupar en una sala de espectáculos no numerada o sobre el orden que han de seguir en las colas de los cajeros de un mercado. Las discrepancias pueden resolverse a gritos y hasta a empujones, pero lo común es que se busquen otras soluciones: o se ponen de acuerdo los mismos discrepantes o decide un tercero (el colectivo que está presenciando la discusión) o aparece alguien al que se reconoce autoridad aunque oficialmente no la tenga (un empleado de la empresa, un individuo con uniforme).

Lo que en estos casos sucede es que el Estado o la misma sociedad reconocen una potestad de autorregulación a los interesados (piénsese en las detalladísimas reglamentaciones de las competiciones deportivas) o son estos quienes dan valor a decisiones que sin intervención del Estado se adoptan en los casos concretos. La conclusión es entonces la que acaba de apuntarse: nada hay exento a la acción jurídica, pero esta no se ventila siempre por normas legales sino por reglas o decisiones singulares de naturaleza social, y no estatal, que los interesados aceptan. Los niños que juegan a la oca (con reglas privadas transmitidas familiarmente o difundidas en instrucciones del fabricante) o a la peonza (que carece de reglas conocidas) se convierten así en auténticos operadores jurídicos; y nada digamos de un colectivo étnico marginado o de una organización mafiosa. En definitiva, la inhibición de las normas estatales no ha dejado un espacio vacío de Derecho, puesto que esos huecos son llenados por reglas sociales, convencionales o impuestas de forma unilateral, pero que los afectados aceptan. Las reglamentaciones internas de un resort turístico son mucho más detalladas e implacables que la mayoría de las reglamentaciones de servicios públicos, sin perjuicio de que unas tengan carácter privado y otras público.

La inhibición del Derecho (estatal) no supone, en suma, la creación de un vacío normativo absoluto, porque ese ámbito está ocupado por normas de otra naturaleza: religiosa, ética, social, corporativa. No es, por tanto, un ámbito normativamente vacío sino solamente vacío de normas legales y sus derivados estatales.

XII. EL FARRAGOSO E INÚTIL DEBATE SOBRE EL CONCEPTO DE DERECHO

El esclarecimiento del concepto de Derecho es una maldición que pesa sobre nuestro oficio. Porque parece que los profesores estamos obligados a explicárselo a los estudiantes (aunque no lo sepamos nosotros mismos); y los estudiantes están obligados a escuchar y memorizar unas doctrinas enrevesadas que no entienden ni les importan. Y así curso tras curso, generación tras generación.

A la hora de identificar lo que es el Derecho nos encontramos con un repertorio teórico variado y farragoso como pocos en el que predominan las siguientes tendencias: los normativistas o legalistas entienden que el Derecho son (o está en) las normas y no en las decisiones judiciales, que constituyen una mera aplicación necesaria de ellas, ni en las prácticas jurídicas, que son un fenómeno sociológico; el Derecho se expresa, además, en un lenguaje del deber-ser y no en la realidad de un ser.

Los judicialistas, en cambio, considerando que las normas generales no expresan más que una voluntad, afirman que el Derecho es (o está en) las resoluciones judiciales concretas, puesto que en último extremo las leyes dicen lo que los jueces dicen que dicen, de tal manera que lo que importa no está en la voluntad (y mucho menos en la letra) de la ley sino en la voluntad del juez, tanto porque su interpretación de las normas es la decisiva como porque el caso conflictivo concreto es lo único que interesa a los particulares afectados.

Los realistas, en fin, afirman que las leyes no son más que una oferta o directriz que hace el Estado a los jueces y a los particulares; directriz que, si no es seguida, se queda en un trozo de papel jurídicamente dormido, puesto que lo que vale es la decisión concreta de los jueces junto con las prácticas de los individuos. El Derecho, en suma, es un ser expresado en la realidad de unas sentencias y de unas prácticas sociales, sin perjuicio de que en el lenguaje normativo se formule como un deber-ser.

Estas opiniones tan diferentes desconciertan tanto a los estudiantes desde el primer día de la carrera que terminan desconfiando de todas las cuestiones filosóficas, que consideran inútiles, y se aferran al texto de las leyes, que es lo único que les parece seguro. En su consecuencia dejan de estudiar Derecho (Jurisprudencia en la terminología clásica y todavía en curso en algunos países extranjeros) y se concentran exclusivamente en las leyes. Muchos de mis colegas no pretenden explicar en la Facultad Derecho Administrativo, sino que se limitan a examinar las leyes administrativas y su interpretación jurisprudencial.

Para los más inquietos intelectualmente se mantiene, con todo, la gran pregunta: ¿Qué es el Derecho: lo que establecen las normas, lo que aplican los jueces o lo que de hecho practican los particulares? En otras palabras: el "verdadero" Derecho ¿es el Derecho normado (lo que dicen las leyes), el Derecho judicial (lo que declaran los jueces) o el Derecho practicado (lo que de hecho hacen los particulares)? Estas preguntas, por tradicionales que sean y por mucho que se hayan debatido, me parecen, no obstante, mal planteadas.

Porque en mi opinión normativismo, judicialismo y realismo no son opciones excluyentes ni puede hablarse de un concepto "verdadero" que obligue a rechazar a los demás, que son falsos. Y esto por varias razones.

Por lo pronto ya se ha desechado la convicción de que los conceptos y las teorías reflejan la "esencia" de las cosas y los fenómenos, de tal forma que sólo puede haber una respuesta verdadera, que será la que refleje esa esencia nuclear con la consecuencia de que las que no la reflejen fielmente son necesariamente falsas. Tal es la concepción presumiblemente platónica, recogida en la escolástica medieval y formulada contundentemente por Hegel. Pero en la actualidad ya no se piensa así. Las doctrinas no son verdaderas ni falsas, pues no conocemos esa pretendida esencia de las cosas y fenómenos, y tenemos que contentarnos con interpretaciones meramente plausibles que sólo vivirán hasta que sean desmentidas.

Las teorías son instrumentos mentales que utiliza el ser humano para comprender o explicar fenómenos que no entiende. El peso de una teoría no depende de su verdad, sino de su utilidad. Algunas compiten entre sí y la más útil desplaza a su contraria. Las interpretaciones racionalizadoras del mundo son innumerables en cuanto productos de un ingenio humano conocidamente fértil: dioses, ángeles, demonios, sacerdotes, hechiceros; y también gravedad, eclipses, velocidad, tiempo. Todo vale mientras el ser humano se dé por satisfecho de sus creaciones y así puede constatarse que en el siglo XXI hay tantos científicos como sacerdotes y magos.

Cuando se trata de teorías verificables, pueden resultar verdaderas o falsas. En el siglo XVIII un químico, Stahl, explicó la combustión gracias a una sustancia que denominó flogisto, y así fue aceptado hasta el siglo XIX en que pudo probarse su inexistencia: era una teoría falsa.

Cuando las teorías no se refieren a una realidad perceptible, ya no se pueden tener por verdaderas ni falsas al no ser objeto de verificación posible. No puede verificarse, en efecto, la existencia de los ángeles, de los demonios, ni del alma o del infierno. Son conceptos que se mueven en el ámbito de la creación, cuya realidad es inverificable. Uno crea (de crear) el concepto del demonio y otros creen (de creer) en él o en ellos. Aquí se acaba la polémica. La creencia es tan libre como la creación.

Cuando no se trata de doctrinas empíricamente verificables, no hay razones para su incompatibilidad excluyente. El seguir una u otra es cuestión de utilidad o de gusto o de fe. Compatibilidad que también se explica examinando con cuidado el origen del planteamiento porque con frecuencia no son dos teorías explicativas del mismo fenómeno sino de fenómenos distintos y por eso es natural que haya varias teorías y no sólo una.

Este error es singularmente frecuente en Derecho y da lugar a constantes discusiones nominalistas en las que no hay modo de llegar a un acuerdo porque los interlocutores, aunque utilicen la misma palabra, están pensando en cosas distintas. Un punto sobre el que no vale la pena insista ya que es conocido de sobra.

REFERENCIAS

El arbitrio judicial, Barcelona, Ariel, 2ª ed. 2007.
Crítica de la razón jurídica, Madrid, Trotta, 2007.
El Derecho y el revés, (con T.R. Fernández), Barcelona, Ariel, 1998.
Las limitaciones del conocimiento jurídico, (con A. Gordillo), Madrid, Tecnos, 2003.
Estudios de Derecho y Ciencia de la Administración, Madrid, CEC, 2001.

CAPÍTULO SÉPTIMO

ENSEÑANDO Y PRACTICANDO EL DERECHO ADMINISTRATIVO

ÍNDICE

I.   EL DERECHO PÚBLICO EN EL PRINCIPIO Y EN EL FIN DE
      MI VIDA.   276
II.   LITERATURA JURÍDICA.   281
III. HISTORIA   287
IV.   DERECHO ADMINISTRATIVO EXTRANJERO   289
V.   DERIVA CONSTITUCIONAL DEL DERECHO
      ADMINISTRATIVO   294
VI.   MODAS TEMÁTICAS.   298
VII. LEGALIDAD Y EFICACIA: DERECHO ADMINISTRATIVO Y
      CIENCIA DE LA ADMINISTRACIÓN   303
VIII. DERECHO FORENSE.   312
IX.   IUS FABER.   318
X.   EL PENSAMIENTO TEÓRICO Y EL SABER PRÁCTICO   323

Resulta inevitable incluir en este libro algunas páginas singularmente dedicadas al Derecho Administrativo, pues es en ese mundo en el que he vivido desde que me licencié en 1952. Mi testimonio es, por tanto, inmediato ya que todo lo que cuento lo he visto con mis propios ojos, las opiniones de los demás las he recogido sin intermediarios en una convivencia ininterrumpida y mis ideas son fruto de una reflexión constante, quizás obsesiva. El estudio, la enseñanza y la práctica del Derecho Administrativo me han llevado forzosamente al conocimiento especial de este y de la Administración; mientras que lo que hay más allá lo he tenido que aprender de segunda o tercera mano, de oídas y de leídas no siempre fiables. Es lógico, por tanto, que me sienta cómodo cuando hablo en primera persona de lo que me es familiar.

A mí me enseñaron que el Derecho Administrativo era un producto de las leyes que, combinadas con unas gotas de jurisprudencia, los profesores destilaban en una alquitara universitaria siguiendo procedimientos exquisitos aprendidos en algún idioma extranjero cuando no directamente por ciencia infusa. Luego, fuera ya del *alma mater,* aprendí por mi cuenta que este Derecho es técnicamente un hijuelo del Derecho Público, políticamente un instrumento del poder –aunque al mismo tiempo opera como garantía frente a él– y un reflejo, fiel o deformado según los casos, de la conciencia social que gobernantes, jueces y abogados manejan en ocasiones a su gusto y en su beneficio propio. Una lección ardua de asimilar, difícil de explicar e imposible de probar. A mí me ha costado media vida conocerla y muchos disgustos mis intentos –por lo demás absolutamente fracasados– de comunicársela a los demás. Por lo visto se trata de un secreto que como tal debe ser reservado.

Ni por secreto ni por reservado lo tengo yo, sin embargo, porque si bien es verdad que el Derecho se cuece en cocinas inaccesibles al común de los ciudadanos, el resultado sale al público, donde todos pueden consumirlo sea en su beneficio o en su perjuicio. De tal manera que basta tener los ojos abiertos para saber lo que está sucediendo, si bien con la precaución de taparse al tiempo los oídos para no oír los mensajes publicitarios oficiales tan machacones como engañosos que se empeñan en distorsionar, cuando no en ocultar por completo, la realidad. En el presente capítulo me propongo relatar –con la mayor sinceridad posible y un algo de impertinencia– lo que yo he ido descubriendo, paso a paso, por mi cuenta.

I. EL DERECHO PÚBLICO EN EL PRINCIPIO Y EN EL FIN DE MI VIDA

Cuando yo me licencié en 1952 y durante muchos años después, el Derecho Público carecía de peso y valor en España. El Derecho Constitucional pura y sencillamente no existía y hasta era peligroso invocarlo. Algo se tenía en cuenta el Derecho Internacional en rama pública, pero más bien como un adorno académico puesto que las relaciones internacionales de España no eran precisamente intensas. Y en cuanto al Derecho Administrativo no sabíamos ni aproximadamente lo que era y en verdad que valía para muy poco, puesto que las autoridades y funcionarios ignoraban las leyes, la mayor parte de los actos de la Administración del Estado no eran impugnables y, si lo eran, los ciudadanos no se atrevían a recurrir. Los tribunales provinciales de lo contencioso-administrativo se referían casi exclusivamente a los ayuntamientos en condiciones poco rentables para los profesionales del foro y ni los abogados ni los jueces que los componían (que en su mitad eran simples licenciados adscritos a ellos) sabían qué hacer con un procedimiento extraño y con una legislación de fondo notoriamente confusa. Los procedimientos administrativos internos estaban formalmente vigentes, pero se consideraban instrucciones para facilitar y armonizar el trabajo de los funcionarios y poco pesaban como garantía de los particulares, hasta tal punto que nadie tenía noticia de que una sola reclamación hubiera prosperado por razones legales y mucho menos procedimentales. Baste decir a tal propósito que en tres años de servicios en la jefatura provincial y en la Junta Provincial donde yo trabajaba no se interpuso ni un solo recurso contra las innumerables resoluciones dictadas por ellos ni tuve noticia a través de mis compañeros en el resto de España de que en otras provincias lo hubieran hecho.

Los particulares se defendían ciertamente pero no con el Derecho Administrativo en la mano. Se discutían multas indebidamente impuestas, cargas distribuidas de forma arbitraria, subvenciones nepotistas y silencios e inactividades perjudiciales, pero el camino usado era la influencia política y las relaciones personales sin reparar en su limpieza o ilegalidad. Y también la corrupción, naturalmente, pero, en lo que yo sé y sé bastante, a pequeña escala y más bien de calderilla. La práctica más generalizada era la de los funcionarios que por la mañana despachaban los asuntos en la oficina y por la tarde recibían a los interesados en su despacho de abogados. Pero es claro que para llevar a buen puerto estos asuntos no hacía falta invocar normas legales y así se iba tirando más bien que mal sin necesidad de gastarse dineros en pleitos.

El Derecho Administrativo que manejábamos en las oficinas públicas era, por así decirlo, de uso interno y efecto relativo. Allí encontrábamos los funcionarios reglas para proceder y decidir y en la medida de lo posible nos ateníamos a ellas. Ahora bien, por encima de las leyes estaban las orientaciones –meramente telefónicas por supuesto– que nos venían de Madrid. La verdad es que desde el primer día aprendí algo que no me habían enseñado en la Facultad, a saber: que el ordenamiento jurídico empezaba por las instrucciones no escritas (aunque también excepcionalmente podían ser escritas pero siempre reservadas) del Director General y luego, a falta de ellas, podía utilizarse el Boletín Oficial, pero sin respetar jerarquía alguna, es decir, que igual nos daba una ley que una orden ministerial. Así funcionaba aquella Administración sin garantía alguna para los particulares, pero quiero confesar con la misma sinceridad que los abusos no estaban generalizados y, sobre todo, que no eran bien vistos. Tanto los funcionarios como los ciudadanos los aceptábamos porque no había otro remedio –porque las cosas eran así– pero rechazábamos las injusticias con un reproche moral y un distanciamiento social perceptible. Al triunfador sin escrúpulos por sinvergüenza se le tenía y no era ni admirado ni envidiado aunque todos respetásemos su botín. E incluso sufría el prestigio de los abogados y funcionarios que se prestasen a maniobras fraudulentas.

En definitiva: el Derecho Administrativo de aquellos años era útil como referencia, pero no necesario puesto que bastaba el sentido común y la experiencia para gestionar los asuntos públicos. Y desde luego esta referencia nos valía a nosotros, a los funcionarios, no a los particulares que tenían que atenerse, fuera de las reglas legales, a las prácticas que acabo de relatar.

Con el Estado administrativo del Tardofranquismo cambiaron las cosas sustancialmente puesto que con aquella especie de Estado de Derecho que con tanto entusiasmo se introdujo se convirtió el Derecho Administrativo en un límite del poder, ya que la Administración tenía que atemperar su conducta a las normas legales y estas garantizaban a los ciudadanos la posibilidad de exigir judicialmente su respeto, al menos cuando se perjudicaban sus derechos e intereses.

Así han ido funcionando las cosas aceptablemente durante algunos años: los últimos del franquismo y los primeros de la democracia. Pero cuando llegó el siglo XXI ya se había terminado el paréntesis de bonanza. El Derecho Administrativo –en la Administración, en los tribunales y en la universidad– se ha desnortado por completo, ha perdido el pie, no sabe dónde está ni acierta a reaccionar. Sencillamente la realidad le ha desbordado. Los derechos subjetivos que reconocen pomposamente las leyes se han convertido de hecho en privilegio de unos pocos. Los tribunales se han cerrado para el común de los mortales y están sólo a disposición de quienes tienen paciencia y dinero para pleitear, que no son todos, y lo que se entrega como pan de la justicia al cabo de tantos años de litigios ya no es pan sino piedra; mientras que la Administración obra a su antojo apoyada en su impunidad. En estas condiciones la vía que queda es la de la consabida picaresca con un aumento vertiginoso de la corrupción, que es el Derecho Administrativo verdaderamente eficaz.

Setenta años dedicándome a la Administración y al Derecho Administrativo me han permitido conocer unos cambios que antes se desarrollaban a lo largo de tres o cuatro generaciones. ¿Puede un ser humano entender y asumir tantas transformaciones? Después de haber vivido mi infancia y adolescencia en un medio rural sin electricidad y sin agua corriente, ahora escribo con un ordenador y la informática me proporciona instantáneamente cuanta información deseo. Pero lo que no puede facilitarme es la experiencia ni el recuerdo. Lo que yo he visto y sentido a lo largo de mi vida es literalmente intransmisible, por lo que soy consciente de la escasa credibilidad que mi testimonio puede inspirar.

Las mudanzas de este voluble Derecho Administrativo que he ido observando pueden resumirse en los siguientes términos, que iré desgranando a lo largo del capítulo: a) Empecé con una doctrina rudimentaria que, luego, abriéndose a todas las corrientes de Europa y América, ha terminado haciéndose indigesta de pura erudición. b) Empecé con un Derecho al servicio de una dictadura, que luego se convirtió en una especie de puente o instrumento de la democracia, para terminar sorprendentemente en un Derecho forense. c) En este tiempo se han ido sucediendo las modas temáticas más diversas al compás de las circunstancias o –dicho más sinceramente– de las peticiones del mercado. d) Planteada en un momento determinado la conveniencia de atender a dos fines –la eficacia pública y las garantías ciudadanas–, que tradicionalmente se consideraban compatibles, el Derecho Administrativo terminó considerando esta dualidad como una alternativa y se inclinó sin vacilar por la opción garantista. e) No obstante los esfuerzos de ruptura que ocasionalmente se han ensayado, el Derecho Administrativo ha permanecido tercamente en el surco del positivismo jurídico más radical, aunque bien es verdad que se ha pasado del positivismo legalista al positivismo jurisprudencial más extremado.

Estos son los ejes que trabarán las siguientes páginas, en las que los administrativistas podrán comprobar lo que va de ayer a hoy: algo que les ayudará a comprender el escepticismo final del autor, testigo de tantos cambios.

II. LITERATURA JURÍDICA

Empezando por lo primero, ¿qué se ha podido leer de esta disciplina a lo largo de todos estos años? ¿De qué medios han dispuesto los estudiosos? Una cuestión conectada con otra complementaria: la de las posibilidades de viajar al extranjero para poder manejar allí los libros que en España inicialmente no había y que ahora, por cierto, sobran.

Estas posibilidades fueron prácticamente nulas durante muchos años puesto que los permisos de salida estaban muy restringidos y ni para comprar libros ni para viajar se concedían divisas sin más ni más. En consecuencia los estudiantes tenían que contentarse con los fondos bibliográficos, harto escasos, que había en las universidades españolas.

Progresivamente fueron relajándose estas restricciones al tiempo que las bibliotecas nacionales iban enriqueciéndose, aunque de manera desigual según el interés que tuviesen los profesores responsables y el dinero, nunca abundante, que se ponía a su disposición a estos efectos. Por otra parte, las becas para estudios en el extranjero fueron generalizándose progresivamente con dos destinos predominantes: a Francia por ser el francés el idioma que mejor se enseñaba a la sazón en el bachillerato, y a Italia, concretamente a Bolonia, por la atracción de su famoso Colegio de los Españoles. En mi caso personal, un desconocido y nada brillante alumno de una universidad provinciana, sin relaciones de ninguna clase, para salir tuve que abandonar mi destino funcionarial y luego rodé varios años por Francia y Alemania, pero a mi costa, pues allí abundaban trabajos mal pagados pero que permitían subsistir a los estudiantes, aunque yo ya no tuviera edad de serlo.

Posteriormente la situación se ha invertido hasta tal punto que, sin contar con *Erasmus*, la oferta de becas y ayudas para estudiar en el extranjero ha superado a la demanda. Y si a ello se añaden las facilidades de préstamos de libros entre bibliotecas así como las comunicaciones bibliográficas electrónicas, el resultado ha sido que las posibilidades de lecturas son hoy sencillamente ilimitadas.

Pero volvamos al principio. En 1940 en la biblioteca del "despacho" (que a más no llegaba) de Derecho Administrativo de la Facultad de Derecho de la Universidad de Valladolid –una habitación compartida con Economía y Hacienda, con dos mesas, cinco sillas y unas estanterías vacías, con la posibilidad de recoger llamadas en un teléfono colgado en el pasillo común para toda la Facultad– no se encontraban más que dos libros de la especialidad: un manual de Royo Villanova y "el Jèze", que nadie sabía de dónde podía haber venido. Luego fueron comprándose las monografías de González Pérez, Garrido Falla y Serrano Guirado. La situación cambió con la aparición de la *Revista de Administración Pública*, cada uno de cuyos números se leía ávidamente de la primera a la última página. Esto suponía que en el sentido más literal se podía leer "todo" en lo que al Derecho Administrativo se refería.

En los años siguientes la producción bibliográfica fue creciendo en progresión geométrica de tal manera que "estar al día" –es decir, leerlo "todo"– aunque era factible, suponía ya un gran esfuerzo y más cuando empezaron a llegar, aunque con cuentagotas, libros franceses e italianos que recomendaban los becarios de Bolonia. Hasta que llegó un momento en que resultó imposible estar al día y, aparte de la fidelidad inquebrantable a la *Revista de Administración Pública*, hubo que seleccionar las lecturas con arreglo fundamentalmente a criterios de escuela.

La división de escuelas empezó con una clara, aunque modesta, diferenciación territorial: porque además de los libros españoles que eran a todas luces insuficientes, quienes habían estudiado en Italia leían con preferencia literatura italiana en tanto que los demás se atenían a la escrita en francés. Los germanistas llegaron más tarde, por dificultades del idioma, pero su bibliografía venía acompañada de un aura poco menos que sacra: citar en alemán –que no era lo mismo que saber alemán, ni mucho menos conocer el Derecho alemán– equivalía a un certificado de erudición. Cuando llegaron las pingües y abundantes becas a los Estados Unidos, el inglés terminó desplazando a todas las demás influencias.

Con estos condicionamientos cristalizó finalmente una marcada diferenciación de métodos y estilos hasta tal punto que hoy los autores escriben *more tedesco* o *more americano* manejando predominantemente las fuentes de uno de estos países y desconociendo por completo las de los demás, aunque hagan citas en todos los idiomas tomadas de a saber dónde. Esta ignorancia recíproca de las fuentes desconcierta actualmente a los principiantes, pues ven que la misma figura (por ejemplo, la licencia o el control de la discrecionalidad) es tratada en los libros de manera totalmente distinta según las fuentes que hayan manejado los autores. Aunque más graves son los efectos que producen las descripciones comparatistas –y en España existen profesores de asombrosa erudición– que examinan las mismas cuestiones desde varias perspectivas lingüísticas y culturales. La proliferación de congresos, seminarios internacionales y demás variantes de turismo académico ha fomentado estas tendencias. En cualquier caso, la falsa erudición en lugar de aclarar las cosas las confunde y, como entre nosotros ha llegado a ser manía académica, se está cargando de tanta leña seca el árbol de la ciencia del Derecho Administrativo que ya no le queda savia para producir frutos propios.

Con estas importaciones –de ordinario mal encajadas y casi nunca bien entendidas– el Derecho Administrativo español no ha conseguido un carácter nacional y está muy lejos de constituir un sistema. Se trata más bien de un cuerpo constituido por retazos tomados arbitrariamente de acá y de allá: herencias conservadas por rutina, tradiciones francesas e italianas ya algo rancias, instituciones alemanas algo más frescas, dogmas constitucionales, chispazos institucionales, principios de jurisprudencia de dentro y de fuera y sobre todo incorporaciones masivas, nunca bien sistematizadas, de Derecho Comunitario Europeo y doctrinas norteamericanas. En suma: un mosaico riquísimo de piezas mal encajadas. Juicio global que, por supuesto, merece excepciones destacadas en los tratados y manuales de algunos maestros del Derecho Administrativo.

La exuberancia bibliográfica y la apertura generosa a todo lo extranjero tienen conocidamente un precio demasiado costoso. Porque en la imposibilidad de adquirir un conocimiento general del Derecho Administrativo que la enormidad de la bibliografía corriente hace inalcanzable, los estudiosos tienden, a veces de forma deliberada, a centrarse en las obras de los profesores con los que comparten ideologías e intereses, dejando a un lado a los demás. Esto no se notó durante el primer franquismo puesto que entonces era obvia la marginación de los autores liberales y republicanos (marxistas no existían); pero se manifestó ya en el Tardofranquismo en el legendario distanciamiento entre García de Enterría y López Rodó y sus respectivos seguidores. Los autores de un bando silenciaban concienzudamente a los del otro. Porque en España si hay discordancias no se polemiza sino que se silencia a los que "no son de los nuestros" y cada uno (y su séquito) sigue su propio camino.

En la actualidad se ha llegado a una situación perversa, aunque más culta y menos ideologizada que la anterior. El peso de las escuelas ya ha cedido bastante y lo que ahora se ha formado son "grupos de afines" conexionados por una cultura común, en la que se incluyen naturalmente la ideología y los intereses profesionales. Los miembros de cada grupo o grupito se leen mutuamente, robusteciendo así su nexo cultural y a la hora de escribir se citan entre ellos y manejan las mismas fuentes. De aquí la facilidad de identificarles. Así se han establecido relaciones endogámicas intensas que potencian sinérgicamente sus esfuerzos pero al precio de ignorar lo que sucede más allá de las tapias de su escuela. Magnifican y desarrollan las ideas nacidas en el seno de su grupo y descuidan lo que ya se ha dicho y adelantado fuera de él. Las lecturas y los conocimientos, en definitiva, se han fraccionado en unidades cerradas e incomunicadas. Se escribe para los del propio círculo pues fuera de él nada se lee. Así es como se ha reaccionado ante la inundación bibliográfica. Este ha sido el precio de disponer de tantos libros y de tener que escribir tanto para formar y mantener un currículum académico. Y así se explica la denunciada falta de controversias: porque sólo se lee a los que piensan igual y pertenecen al mismo grupo. En cada publicación se exhiben como originales inventos y descubrimientos que ya estaban en otros libros que el autor, por las razones indicadas, no se ha molestado en leer o no ha tenido por conveniente citar. Cada grupo lee con más soltura las fuentes bibliográficas extranjeras asumidas por todos sus miembros que las publicaciones de los demás grupos españoles que están en la misma universidad o aparecen en la misma editorial pero con los que no se confraterniza académica o ideológicamente. Y empleo deliberadamente la palabra grupo para no degradar la de escuela, que despierta evocaciones científicas absolutamente inadecuadas en este contexto.

A lo largo de mi vida he pasado, en suma, de una situación de miseria inicial en la que el objetivo era tener algo que leer a otra en la que la dificultad estriba en seleccionar las lecturas útiles en un océano bibliográfico en el que no se dispone de cartas de navegar para orientarse, puesto que las recensiones de libros que se escriben son de mera cortesía o de compromiso con los autores. Las publicaciones están en casi todas las bibliotecas e Internet da acceso a las que faltan. En cuanto a las revistas sucede lo mismo pues se han multiplicado –y especializado temáticamente– tanto las públicas como las privadas, hasta tal punto que ya es materialmente imposible seguir no ya sus contenidos sino sus meros índices.

El resultado final es que se ha perdido la costumbre de leer textos completos. Cuando un profesor tiene necesidad, sea académica o forense, de estudiar un punto concreto, busca en Internet y en los índices de los libros los fragmentos que pueden serle útiles y, falto de tiempo y de interés, a ellos se atiene estrictamente, aunque así desfigure inevitablemente el contexto.

III. HISTORIA

Los manuales tradicionales de Derecho Administrativo, inspirados en un cerrado positivismo legalista, únicamente se interesaban por los "precedentes", es decir, los textos normativos anteriores a los vigentes, a los que dedicaban con frecuencia un epígrafe aparte. Pero nunca conectaban la ley con su contexto histórico ni explicaban cómo la evolución de los tiempos condicionaba una correlativa evolución normativa.

Las indagaciones llamadas históricas aparecían, no obstante, en las tesis doctorales, a veces de forma prolija, aunque la indicada obsesión positivista obligaba a concentrar en los textos legales la investigación, que en consecuencia se limitaba a recoger –desde las Partidas o el Fuero Juzgo– las regulaciones pretéritas de la materia que se había escogido como objeto del estudio. Así se entendía entonces la Historia del Derecho y, en consecuencia, también la historia del Derecho Administrativo: una historia de la legislación, que informaba ciertamente pero que no pretendía explicar nada.

En la absoluta soledad en la que yo redacté mi tesis sobre la ordenación de pastos y rastrojeras, mi experiencia profesional en una Junta Provincial de Fomento Pecuario me permitió descubrir que el régimen comunal de estos aprovechamientos estaba condicionado por las circunstancias agrarias –climatología, cultivos– de la zona y así se explicaba, y pude demostrar sin dificultades la igualdad de regímenes pastueños en el tiempo y en el espacio cuando concurrían determinadas condiciones económicas y sociales: desde los visigodos hasta Franco, desde las estepas rusas a las mesetas castellanas. Esto naturalmente nada tenía que ver con los habituales "antecedentes históricos"; pero el tribunal que juzgó la obra no reparó en ello y es posible que tampoco sus lectores, si es que los ha habido.

Con el trascurso de los años se ha incrementado la atención de los administrativistas por el pasado no sólo de sus leyes sino también de sus instituciones: lo que ha permitido dar cierta entrada a nuevas perspectivas que ya son corrientes entre los autores modernos. Conocidas son las preocupaciones históricas de Villar Palasí (sobre Derecho económico), Sebastián Martín-Retortillo (aguas), Morell Ocaña (Derecho local), Martín Rebollo y Fernández Torres (jurisdicción contencioso-administrativa) y desde luego García de Enterría, por citar sólo a unos pocos. E incluso en este ámbito ha surgido una de las escasas polémicas, tan raras en España, a propósito de los orígenes de la jurisdicción contencioso-administrativa, en la que yo mismo participé dialogando con Parada, Gallego y Santamaría; y a la que luego se incorporaron otros colegas e incluso historiadores del Derecho.

Sin perjuicio de lo anterior, forzoso es confesar que la metodología no ha variado mucho en este aspecto desde los tiempos de Gascón y Marín. Pesimismo que debiera matizarse, bien es verdad, por las actitudes metodológicas de ciertos maestros, primero Parada y ahora Muñoz Machado. Este último concretamente está explicando en una obra monumental, una por una, las instituciones del Derecho Administrativo español por sus condicionamientos económicos y extralegales; y es de esperar que el impacto de su obra termine modificando la mentalidad de los que han de seguirle.

En resumidas cuentas, las lecciones más importantes que me ha enseñado la historia son las siguientes: primera, que casi ninguna fórmula jurídica crece espontáneamente o por un simple impulso racional, sino que viene de antes y que se ha ido consolidando en un proceso de maduración ordinariamente lento y largo; y, segunda, que el Derecho sólo puede entenderse desde su contexto histórico concreto puesto que la misma figura en otro momento ya tiene un alcance distinto.

IV. DERECHO ADMINISTRATIVO EXTRAN-JERO

Ni el Derecho Administrativo español ni los administrativistas españoles pueden entenderse sin contar con sus relaciones foráneas. Hay culturas jurídicas cerradas, como la francesa o la norteamericana, orgullosamente autosuficientes, que salvo escasas excepciones ignoran lo que se piensa más allá de sus fronteras o de su lengua. Mientras que otras, como la italiana o la española y sudamericanas, viven atentas a lo que sucede en todo el mundo.

En el caso español no se trata de inquietud intelectual o de simple curiosidad, sino de notoria dependencia, que de ordinario llega al servilismo. Nuestros administrativistas nunca han pretendido ser originales ni se han sentido avergonzados por seguir tan de cerca –por copiar mejor o peor– algún modelo foráneo. En el siglo XIX el francés y en el siglo XX el italiano y luego el alemán hasta caer, al fin, en el sincretismo indiscriminado o pasarse con sus tiendas, como sucede hoy, al campamento norteamericano: ¡qué piensen ellos!

Los viejos manuales que se explicaban en las Facultades españolas estaban fuertemente inspirados en el Derecho francés, en buena parte también en el italiano y en nota de pie de página aparecía alguna cita en alemán en un alarde de erudición que resultaba sospechoso. La influencia italiana fue creciendo a medida que ganaban sus cátedras becarios de Bolonia (los "bolonios"), como Entrena o los hermanos Martín-Retortillo y luego tantos otros. El Derecho alemán era escasamente conocido aunque corría una versión española del muy respetado Otto Mayer y otra de Fleiner; pero la situación cambió años más tarde con la popularizada traducción del Tratado de Forsthoff. Al cabo de poco tiempo lo alemán terminó desplazando las anteriores influencias y se puso definitivamente de moda, mas no tanto por las presiones políticas del nazismo –puesto que su apogeo tuvo lugar posteriormente– como por el prestigio cultural de Alemania. El saber alemán era prenda de erudición y sello de garantía; pero nótese que he dicho "saber alemán" (el idioma) y no "saber Derecho alemán", que eso exigía demasiado tiempo para los apresurados becarios, si bien se alcanzaría al fin con la generación de Lorenzo Martín-Retortillo, Gallego Anabitarte, Carro y se prolongaría con el tesón de juristas tan cultos como Parejo, Embid, Baño, Barnés y González Varas en una lista hoy casi interminable; sin contar naturalmente con la perversa costumbre posterior de que los "maestros" adornasen sus obras con cuidadosas citas y teorías alemanas que les proporcionaban (y proporcionan) graciosa y anónimamente sus ayudantes.

El resultado fue que entre las versiones españolas de Mayer, Fleiner y Forsthoff –a las que se añadieron algunas otras monografías y las aportaciones de los profesores españoles de cultura germanista– el Derecho Administrativo español del Tardofranquismo y de la Transición Democrática estuvo marcado por el Derecho alemán, si bien por aquellos años empezara ya a infiltrarse la bibliografía angloamericana en el área del *management* y de la Ciencia de la Administración.

Años más tarde, no obstante, la corriente de becarios cambió de rumbo y, atraídos por el nuevo Imperio, se dirigieron a los Estados Unidos para luego traer a España el

Derecho Administrativo norteamericano aunque no encajase ni en nuestra cultura ni en nuestra tradición jurídica; pero aun así –y decisivamente apoyados por los despachos internacionales de abogados– "americanizaron" en breve tiempo el Derecho Administrativo español expulsando perceptiblemente las influencias anteriores, hasta tal punto que la jurisprudencia de la Corte Suprema de los Estados Unidos es hoy entre nosotros tan familiar como la del Tribunal Supremo de España o la de los Tribunales europeos. Sencillamente, a una colonización tradicional ha seguido otra más moderna; pero sería un error desconocer que el Derecho español tiene en la actualidad un nivel lo suficientemente elevado como para no desnaturalizarse del todo víctima de la agresividad de las influencias extranjeras.

En resumidas cuentas, al cabo de sesenta años de flujos y reflujos, la situación actual es *grosso modo* la siguiente: el núcleo doctrinal del Derecho Administrativo español está constituido por un bloque originario de cuño francoalemán y no pocos injertos italianos. Sobre esta capa se ha superpuesto otra procedente del Derecho comunitario europeo que ha penetrado profundamente en el núcleo primitivo, como resultaba inevitable teniendo en cuenta la incorporación de España a la Unión Europea y, además, la integración del Derecho comunitario europeo en el ordenamiento jurídico nacional. Y, en fin, es perceptible la emergencia de una tercera capa –la procedente del Derecho norteamericano– sostenida teóricamente por becarios entusiastas y afirmada en la práctica forense por despachos internacionales de abogados.

El producto final es, en consecuencia, un Derecho sincrético, que en su afán de asimilarlo todo, admite toda clase de solapamientos: las mismas instituciones y figuras se expresan en diferentes idiomas y técnicas, desconcertando a los operadores jurídicos y a los jueces no avisados. Los autores españoles se encuentran desbordados y no han tenido tiempo ni interés de digerir la avalancha informativa que se les ha venido encima. Todo se admite y todo se resuelve sin contemplaciones. Confusión que durará mientras no aparezca algún autor, o algún juez, lo suficientemente ambicioso y lo suficientemente culto como para "nacionalizar" esos elementos heterogéneos extraños amalgamándoles con un carácter propio, según se hace en otros países con personalidad más afinada y sin tantos complejos de inferioridad.

No se trata, por tanto, de acumular más informaciones comparatistas, pues ya tenemos bastantes con los meritorios esfuerzos de Barnés, por poner el ejemplo más significativo, sino de racionalizar lo que ya se aproxima al caos, e introducir un principio de orden o, si se quiere, de sobriedad. Así empieza a apuntarse ya en algunas monografías; pero todavía no estamos en condiciones de "digerir" la enorme masa de información y técnica que incesantemente estamos importando.

La América latina merece a este propósito una mención especial en razón a la proximidad de nuestros Derechos. El Derecho Administrativo de estos países ha recibido durante más de un siglo una intensa influencia francesa tanto en la legislación como en la doctrina. Sus profesores venían a estudiar a París, al igual que sus colegas españoles, de regreso a su tierra llevaban las maletas llenas de libros y la cabeza repleta de las doctrinas que habían aprendido y todo se reflejaba luego en sus publicaciones. A mediados del siglo pasado cambió, sin embargo, esta tendencia pues empezaron a venir a España multitud de licenciados y doctorandos, tanto a las universidades como al Centro de Formación de Funcionarios de Alcalá y en muy poco tiempo la influencia académica española terminó imponiéndose de manera muy clara, reforzada por unos contactos personales tan intensos como frecuentes. Hoy nos visitan los profesores americanos con la misma naturalidad con que ellos nos invitan a los españoles a dar conferencias y cursos en sus universidades y centros especializados.

De mí puedo decir que he tenido incontables asistentes latinoamericanos en mis clases de licenciatura y más aún de doctorado y que, por otra parte, durante casi treinta años he estado cruzando el Atlántico dos o tres veces por curso, hasta tal punto que en Buenos Aires, Corrientes, San José de Costa Rica, Bogotá, Santiago de Chile, Ciudad de Méjico, Guanajuato y Santo Domingo me he encontrado como en mi casa, y así era efectivamente aunque sólo fuera por las atenciones con que siempre me han abrumado. Y halagado también, porque he comprobado que mis modestas publicaciones son allí más conocidas que en España. E incluso puedo exhibir con orgullo mi título de doctor *honoris causa* por la Universal Nacional de Buenos Aires.

En estas relaciones personales y académicas hay un dato, sin embargo, que me sorprende y no precisamente de modo positivo. Porque es el caso que la influencia científica es prácticamente unidireccional, o sea, que se ejerce desde España sobre América y no recíprocamente, como debiera ser. En los libros americanos se maneja a González Pérez, García de Enterría y Garrido como sus maestros y se nos cita a los demás con la misma atención que dedican a sus propios profesores; e igualmente están familiarizados con la jurisprudencia de nuestros tribunales. Y, sin embargo, cuesta mucho encontrar en un libro español (como es el raro caso de los escritos de Rodríguez Arana) alguna referencia a los Derechos ultramarinos. Una asimetría que no tiene explicación científica alguna puesto que el nivel (si queremos poner el ejemplo argentino de la generación sénior) de Mayral, Gordillo o Cassagne, en nada cede al de los mejores autores españoles. De estas cuestiones me he ocupado repetidas veces sin haber encontrado nunca el menor eco e incluso en la Universidad Nacional de Buenos Aires, con ocasión del doctorado a que acabo de hacer referencia, me atreví a dar vueltas a la posibilidad de ir aproximándonos entre todos a una especie de Derecho común o a la elaboración, al menos, de unos principios comunes; pero tampoco agarró esta semilla y es el caso que con esta relación de distante "respeto" nada gana el Derecho Administrativo español, como de poco sirven las voluminosas obras colectivas que ocasionalmente se han publicado con colaboraciones procedentes de todos los países americanos, puesto que se trata de una mera yuxtaposición de trabajos sin el menor pensamiento compartido.

V. DERIVA CONSTITUCIONAL

En lo que a teoría constitucional se refiere, hasta 1950, al no existir en España un cuerpo teórico previo de estilo nazi o fascista, al haberse borrado deliberadamente el recuerdo constitucional anterior desde Santamaría de Paredes a Fernández de Velasco, y al no haber asomado todavía en el horizonte las primeras luces de la democracia, el resultado era un páramo invernal rigurosamente desierto en el que, aparte de algunas alusiones incomprensibles al Derecho Natural (que tenía ciertamente una asignatura propia en el programa universitario aunque totalmente desamueblada), sólo se veían pedruscos legislativos que se describían en los manuales de forma pedestre y sin asomo de análisis y mucho menos de crítica.

Con el giro de 1950 y de la *Revista de Administración Pública* surgió de la nada el Derecho Administrativo español moderno que, al no poder apoyarse en un respaldo constitucional que no existía, adoptó la figura de un sucedáneo técnico del régimen constitucional en un proceso que recordaba mucho lo que había sucedido en Alemania a mediados del siglo XIX cuando nació el Derecho Administrativo no como un hijuelo del Derecho Público estatal, sino como su sucedáneo. García de Enterría y López Rodó tuvieron muy claro, en efecto, que el Derecho Administrativo podía ser en España el Derecho Constitucional posible en aquel momento. Y así fue como a golpe de leyes inspiradas, y en parte redactadas por profesores de esta generación, cambió la fisonomía legal del franquismo con las nuevas leyes emblemáticas de responsabilidad del Estado (expropiación), contencioso-administrativo, procedimiento administrativo, régimen local, entidades estatales autónomas, contratos, funcionarios, tasas y exacciones parafiscales.

De esta manera, y a falta de una constitución democrática, gracias al Derecho Administrativo consiguieron los españoles afirmar buena parte de sus Derechos públicos, aunque ciertamente no todos, frente al poder arbitrario del Estado, y al mismo tiempo modernizar sensiblemente las estructuras administrativas, incluidas las burocráticas, garantizando un aceptable equilibrio entre la eficacia pública y la garantía de los particulares. Todo ello bajo el signo de una centralización rigurosa, que seguía siendo un dogma intocable originario del franquismo aunque ahora bendecido por el recuerdo liberal que se empezaba a desempolvar.

Este cambio vino acompañado –dejemos ahora a un lado si como causa o como efecto– de un profundo progreso técnico-jurídico, de tal manera que en cinco años se recuperaron los cinco quinquenios de aislamiento franquista. De esta apertura se aprovecharon ya sin trabas los hombres de la generación inmediatamente siguiente quienes, con beca o sin ella, salieron al extranjero y en Italia y en Alemania pudieron comprender lo que la constitución significaba para el Derecho Administrativo. Así fue como los hermanos Martín–Retortillo y Gallego Anabitarte con absoluta naturalidad y no poca sorpresa de algunos pudieron empezar a escribir de constituciones, derechos fundamentales, garantías y control del poder.

Cuando esta evolución había alcanzado su cenit, llegó la Constitución de 1978 y se dio el caso de que fueran precisamente los administrativistas quienes estaban en mejores condiciones de manejarla puesto que los profesores de "Derecho Político", severamente controlados hasta entonces (lo que no había sucedido con los de Derecho Administrativo), arrancaron en una posición de retraso que, por cierto, no tardarían mucho en recuperar. La Constitución recogió incluso literalmente algunos principios procedentes del Derecho Administrativo y de hecho fue interpretada de inmediato de manera excelente por los administrativistas (algunos desde los sillones del Tribunal Constitucional), pero a medio plazo supuso el inicio de un declive inexorable. Y es que la ambiciosa función del Derecho Administrativo que acaba de ser descrita perdió por completo su sentido una vez que ya existía una Constitución, cuyo vacío, por tanto, no era necesario suplir con sucedáneos; y doctrinalmente los constitucionalistas ocuparon pronto el hueco que les correspondía por oficio.

Ahora bien, como, por otra parte, el texto de 1978 había sentado ciertos principios de organización y actuaciones públicas tan diferentes de los del franquismo que exigían una aplicación estrictamente administrativa, también muy distinta a la centralización y a la jerarquía, sucedieron el federalismo y la autonomía, y siguió siendo imprescindible la presencia de los administrativistas.

El Tardofranquismo tuvo, por tanto, un Derecho Administrativo adecuado e incluso óptimo que sirvió de base jurídica perfecta a la Transición –y de coartada para sus cultivadores, como se ve en otro lugar de este libro– y a los primeros años de la democracia; pero que ya no vale tan bien para la democracia consolidada, que ni refleja ni motoriza. Y ello por varias razones.

El Derecho Administrativo de José Antonio García Trevijano, Villar Palasí y Garrido poco tenía que ver ya con el de Royo Villanova, García Oviedo y Álvarez Gendín. Pero no se trataba solamente de un progreso técnico-académico dado que la verdadera batalla se desarrollaba en otro frente, en el constitucional y en el de la cultura política. Tal es el significado de la obra y de las personas de López Rodó y García de Enterría. El primero fue un profesor de vuelo corto pero un político señero que intentó –y en parte logró– modificar de arriba abajo la Administración pública y la mentalidad de sus funcionarios. El segundo fue un profesor magistral y, además, el abanderado de una renovación radical de nuestro Derecho Público, que no se limitaba a analizar y a explicar sino que impuso una nueva cultura que racionalizó el Tardofranquismo e hizo posible jurídicamente la Transición. A López Rodó desafortunadamente no le siguió casi nadie. En cambio, por la brecha abierta por García de Enterría penetraron en la ciudadela del franquismo, espada en mano, con ardor iluminado y nuevas ideas, los hermanos Martín-Retortillo, Parada, Gallego y buena parte de la generación siguiente. Todos luchando (los verbos de connotación guerrera son aquí inevitables) por un nuevo Derecho Administrativo, un Derecho Constitucional y una España distinta, europea y moderna.

¿Qué se hizo de aquellas ilusiones? Las generaciones siguientes han continuado perfeccionando el Derecho Administrativo con maestría artesanal, pero han renunciado a colaborar en la crítica y reforma del Estado, que han dejado en manos de los políticos a cuyo servicio se han puesto sin aspirar ya, como se hacía antes, a orientarles. A la épica ha sucedido el oficio; a las ambiciones de renovación cultural (política y jurídica), el vuelo raso de los éxitos forenses.

Los administrativistas han perdido la iniciativa en todos los frentes; sin desconocer la tenacidad de Parada, Ariño o Parejo y la energía de Muñoz Machado que quizás consigan algún día devolver al Derecho Administrativo la iniciativa y el protagonismo que en su día tuvo.

VI. MODAS TEMÁTICAS

Nada escapa a la tiranía de la moda y el Derecho Administrativo, entendido aquí como disciplina académica, no es desde luego una excepción. Los autores que no escriben sobre temas de moda están condenados al aislamiento pues no son leídos y, si lo fueran, no serían entendidos. La moda fuerza a todos a seguir el mismo carril hasta provocar el aburrimiento; pero compensa con las facilidades que ofrece su abundancia bibliográfica a la hora de escribir y de lectores potenciales a la hora de vender; e incluso de subvenciones oficiales a la hora de editar.

En la etapa del Estado nacional sindicalista la asignatura de Derecho Administrativo comprendía un simple repertorio legislativo sectorial meramente descriptivo adornado con citas indiscriminadas de algunos autores más bien extranjeros que nacionales, pues estos últimos escaseaban. En los comienzos del Tardofranquismo, la *Revista de Administración Pública* (nótese que su título no se refiere al "Derecho Administrativo") abrió dos nuevas líneas de investigación: por un lado la del procedimiento administrativo, funcionarios y una Ciencia de la Administración inevitablemente rudimentaria; y, por otro, la de la legalidad, el contencioso-administrativo y la responsabilidad pública. Era por tanto una revista temáticamente ambiciosa.

Con la Transición y los primeros años de la democracia se pusieron de moda las cuestiones de Derecho Constitucional, los derechos fundamentales, el proceso contencioso-administrativo y los recursos administrativos, allanando los caminos de lo que luego había de ser el Derecho forense, rigurosamente dominante hoy.

En los años siguientes adquirió su mayor protagonismo la jurisprudencia del Tribunal Constitucional, al que se daba la mayor autoridad en el Derecho Administrativo y se impuso una obsesión por las cuestiones autonómicas que desplazaron de hecho la atención de las demás. A continuación se puso de moda el Derecho urbanístico, fuente inagotable de pleitos y cobraron firmeza los Derechos autonómicos. Todo ello a costa de la desatención de los Derechos funcionariales, buena parte de los sectoriales y, por supuesto, de la Ciencia de la Administración. En la década de los ochenta emergió el Derecho europeo y comenzó a adquirir importancia el Derecho Administrativo económico. El Derecho Local y el contencioso-administrativo son, con todo, un ejemplo de permanencia, puesto que su atención escrita y oral se ha mantenido inalterable a través de los años.

En cada una de estas etapas los índices de las revistas y los anuarios bibliográficos son de una monotonía desoladora: todos escriben sobre las mismas cuestiones y los cursos, seminarios, conferencias y másteres insisten siempre en las mismas cuerdas aunque sólo sea para atender una demanda insaciable y para que no se fatiguen o dispersen los autores.

¿Quién impone la moda? ¿Quién decide sobre lo que hay que hablar, escribir y debatir? Sencillamente el dinero y en último extremo los intereses que abren y cierran los cordones de la bolsa. La respuesta es tan obvia que no vale la pena insistir sobre ella. En una sociedad capitalista quien paga manda, el que no se atiene a las instrucciones del pagador no cobra y quien no cobra se queda callado. La moda es una adaptación a las necesidades cambiantes de los tiempos. Así se ha visto con el Derecho urbanístico. Si apenas hay ya pleitos urbanísticos, no vale la pena publicar sobre este tema. Si los pleitos de los empleados públicos los llevan de ordinario despachos colectivos de abogados, tampoco es cosa de escribir sobre tal cuestión. Ahora lo que interesa es la globalización y la crisis económica está poniendo muchas cosas en su sitio. Si las últimas reformas procesales están convirtiendo los tribunales en un "club de ricos", habrá que publicar lo que a éstos interese.

En la universidad pobre y socialmente insignificante del primer franquismo no había modas en este punto porque no había dinero y a todo lo más podría hablarse de una suerte de "moda negativa" en el sentido de que por prudencia política se sabía de cierto sobre lo que no convenía escribir. Pero en lo demás eran libres los profesores y trabajaban en lo que les gustaba o consideraban que tenía relevancia científica. Hoy los profesores, por el contrario, se han vuelto más pragmáticos, más realistas y tienden a conectar su actividad investigadora con su trabajo profesional, con objeto de rentabilizar su esfuerzo de abogados, plasmando sus productos en obras doctrinales de aire científico, hasta tal punto que buena parte de sus artículos, libros y conferencias se atienen al mercado profesional, que de un modo u otro les retribuye. La ciencia por la ciencia, la investigación como resultado de una pulsión intelectual o vital, es lo que indiscutiblemente no está de moda.

Cuando repaso mis publicaciones no creo que pueda considerárseme como un autor influido por las modas, sino más bien lo contrario. Siempre he estudiado y escrito lo que me ha gustado. En un primer ciclo, reflejando mis raíces rurales, me he dedicado a lo que podría llamarse "Derecho Administrativo agrario", que entonces gozaba de una cierta autonomía disciplinar. A este bloque pertenecen dos obras voluminosísimas: la tesis doctoral sobre *Pastos, yerbas y rastrojeras*, tan gruesa como modesta, pero que, entre otras cosas, me sirvió mucho para aprender el oficio de escritor, y *Bienes comunales*, cuyos escarceos históricos me dieron a conocer en los círculos de historiadores agrarios. Estudios que en los años de Canarias se ampliaron al objeto fundamental de su economía –el agua subterránea– que me impulsaron a escribir por mi cuenta y a dirigir varias obras colectivas e incluso me dieron la oportunidad de redactar (por encargo) dos borradores de lo que luego serían textos legales de aquellas islas.

En los remolinos de la moda entré ciertamente a mi regreso a la Península, en un momento de ebullición del tema de funcionarios, en el que participé con entusiasmo, dejándome llevar incluso por ilusionados esfuerzos de reforma que, una vez frustrados, enfriaron mi pasión inicial. Lo que de aquella etapa más recuerdo es mi frenética actividad de conferenciante comprometido: unas gotas, en verdad escasas, de actividad política.

En los años de la Universidad Autónoma de Barcelona me sumergió la ola, más bien maremoto, de la efervescencia marxista. Los estudiantes, ávidos lectores de Lenin y de obras de divulgación del marxismo, me preguntaban en clase por la influencia de la lucha de clases en la jurisdicción contencioso-administrativa y querían saber hasta qué punto el concepto de dominio público respondía a las exigencias del materialismo histórico. Por sentido de la responsabilidad –o quizás por amor propio profesoral– me dediqué durante dos o tres años a un estudio aceptablemente profundo de Marx y del marxismo; pero este episodio en ningún caso se ha reflejado en mis publicaciones. Sería insincero, no obstante, si negase la influencia que en mi formación ha tenido –creo– el conocimiento aceptablemente serio de las obras de Derecho socialista soviético, que hoy escasean pero que tanto abundaban en la época de mi residencia en Alemania. La crítica socialista al Derecho occidental –"burgués" primero y luego "oligocapitalista"– es de ordinario caricaturesca pero también aguda y, por su original perspectiva, siempre útil.

Finalmente la moda que tampoco me afectó lo más mínimo fue la de la obsesión por la organización territorial del Estado, pues yo ya estaba vacunado durante mi etapa canaria y luego en los albores nacionalistas de mi etapa catalana. En cambio, llevo muchos años inmerso en la moda del Derecho Administrativo Sancionador, aunque no sé si me he dejado arrastrar por tal moda o, por el contrario, han sido mis pioneras y luego maduras publicaciones las que la introdujeron en la comunidad académica española. Una observación que también vale para mis publicaciones sobre la corrupción. Mis primeros artículos en torno a ella aparecieron en los comienzos de los años noventa del siglo pasado y desde entonces no he levantado mano sobre este punto, algún libro incluido. Inicialmente no se me tuvo en cuenta, considerándome como un pintoresco mal lenguado que todo lo exageraba procazmente. Cuando esta materia se ha puesto de moda, he preferido retirarme a un segundo plano para no ser arrollado por las turbas de especialistas que brotan en todos los rincones.

VII. LEGALIDAD Y EFICACIA: DERECHO ADMINISTRATIVO Y CIENCIA DE LA ADMINISTRACIÓN

Durante los años del Estado administrativo del Tardofranquismo reapareció con singular nitidez la vieja cuestión de las relaciones entre los estudios de la vertiente jurídica y la no jurídica de la Administración pública, que fue estudiada con detenimiento, discutida con pasión y a la que se dio una salida racional que desafortunadamente se frustró poco después desnaturalizando hasta hoy el contenido y funciones del Derecho Administrativo.

En este debate se entrecruzan dos dilemas tradicionales, quizás falsos, que complican su planteamiento preciso. El primero se refiere a la función última del Derecho Administrativo o, más concretamente, a la de si su objetivo final es el de formar gestores que sepan administrar el aparato público o, por el contrario, abogados que sepan defender jurídicamente a los particulares agredidos por la Administración (y a la inversa); sin descartar una solución integradora de ambos fines. Mientras que el segundo dilema, próximo al anterior, se refiere al distinto contenido final de las dos variantes, o en otras palabras, si atender primordialmente a la legalidad o a la eficacia de la actividad administrativa. Todo ello identificado bajo los rótulos de Derecho Administrativo y de Ciencia de la Administración y centrado, como acaba de decirse, en el estudio separado de la vertiente jurídica y de la no jurídica de la Administración.

1. Esta polémica está hoy absolutamente desfasada y no despierta el menor interés hasta tal punto que su existencia se ha borrado de la memoria de la comunidad académica, a pesar de haber marcado el destino intelectual y profesional de varias generaciones de profesores y políticos. De ello quiero dar a continuación cumplida noticia, mas no sólo por la circunstancia personal de haber participado de forma activa en ella y de haberle dedicado muchas páginas (en especial en "Los estudios sobre la Administración pública: la necesidad de construir una disciplina que sea la base formativa de una clase directiva profesionalizada", 1984), sino por tratarse

de una cuestión que ha de reaparecer de nuevo entre nosotros tarde o temprano.

Cuando empezó a declinar el régimen franquista y España se abrió al mundo era evidente que se necesitaba una Administración distinta con otra mentalidad, otras técnicas y sobre todo otros servidores. El emergente Gobierno tecnocrático tuvo a la sazón el acierto de comprenderlo y el coraje de abordar el problema haciendo frente a todas las rutinas burocráticas, políticas y académicas tradicionales. A cuyo efecto tomó del extranjero la moda de la "reforma administrativa" (a la que ya he aludido en el capítulo tercero) que se intentó implantar en España en los términos más ambiciosos y cuyo núcleo se encontraba en una nueva ley de funcionarios.

Para desarrollar esta política se ofrecían dos posibilidades: o bien atenderla desde la perspectiva y con los medios de una Ciencia de la Administración –puesta de moda deliberadamente– o bien insertándola en el Derecho Administrativo. Y quizás por la circunstancia de que López Rodó era catedrático de esta disciplina, escogió la segunda vía al igual que se había hecho antes con otras reformas del planeamiento económico y de la reordenación del territorio, las otras piezas de la operación.

Nada hay en principio que se oponga seriamente a la integración –y menos a la colaboración íntima– del Derecho Administrativo y de la Ciencia de la Administración y así comenzó a hacerse en España por aquellos años, en lo que influyó no poco el peso político y el poder económico de su propulsor. Pero inmediatamente aparecieron unas tendencias adversas que frustraron pronto lo que tan bien había empezado.

López Rodó era lo suficientemente pragmático como para saber que no podía encomendar la ingente tarea de una reforma administrativa a un puñado de profesores sino que las riendas de su dirección había de tomarlas firmemente en su mano un grupo de políticos fieles a toda prueba, mientras que su desarrollo había de encomendarse a un cuerpo de funcionarios ilusionados con la empresa y debidamente mentalizados y gratificados. Consecuentemente, la formación teórica y la profesionalización no se encargó a la universidad sino a un centro especializado y ajeno a ella –el llamado inicialmente de Formación y Perfeccionamiento de funcionarios, radicado en Alcalá de Henares y con una gran proyección internacional sobre todo en Iberoamérica–, que no estaba precisamente en manos de universitarios, sino de adictos incondicionales del ministro. E incluso se montó una revista propia bien dotada económicamente –*Documentación Administrativa*– que se cuidó en un primer momento de marcar sus distancias con el Derecho Administrativo.

Estos eran datos que desde luego no favorecían la integración y que se agravaron por factores procedentes de la otra acera. Para cimentar el proceso se habían creado cátedras unificadas de Derecho Administrativo y Ciencia de la Administración, que fracasaron entre otras razones por el desinterés de sus representantes más significativos. El primero, Garrido Falla, nunca manifestó particular interés por la Ciencia de la Administración, adherida al rótulo de la cátedra que ocupaba y siguió ejerciendo de maestro reconocido de Derecho Administrativo durante muchas generaciones. Mientras que su discípulo Baena del Alcázar, aun guardando más las formas en sus publicaciones, no renegó de su vocación jurídica y reservó los mejores años de su vida a la Sala de lo Contencioso-Administrativo del Tribunal Supremo, donde terminó jubilándose. En cualquier caso la universidad no respondió a la llamada, el centro perdió su empuje y su prestigio y la revista terminó cediendo casi todas sus páginas a colaboraciones estricta o predominantemente jurídicas. El maridaje entre el Derecho Administrativo y la Ciencia de la Administración, en el que tanta ilusión habíamos puesto algunos, se rompió en un sonoro divorcio. Joan Prats, colaborador mío en la cátedra de Derecho Administrativo desde los lejanos tiempos de La Laguna, se pasó a la Ciencia de la Administración, que dirigió institucionalmente desde Alcalá de Henares y ya no regresó nunca, pues más tarde se instaló al tiempo como teórico y empresario en los campos de la gobernanza.

Por otra parte, el método positivista poco podía ayudar en una tarea de reforma administrativa que por definición tenía que ser innovadora y que exigía además conocimientos especiales que los profesores no estaban dispuestos a adquirir, pues los consideraban una dispersión. En el mejor de los casos se tenía a la Ciencia de la Administración como pariente pobre del Derecho Administrativo y a sus cultivadores como científicos de segunda fila que los catedráticos auténticos miraban por encima del hombro. Proceso de distanciamiento que culminó cuando el Derecho Administrativo se convirtió –como se explica más adelante– en un simple Derecho forense. Sea como fuere, el caso es que las dos disciplinas se separaron definitivamente, siguiendo cada una su propio camino y desconociéndose en absoluto.

La Ciencia de la Administración, oficialmente tan protegida, fue flor de un día y las dos vertientes de las que estoy hablando se distanciaron para siempre, al menos hasta hoy, refugiándose aquella en el generoso regazo de un Ministerio de las Administraciones públicas, incansable promotor de proyectos descabellados, puestos en marcha con presupuestos inagotables para cuanto supusiese exhibición de una actuación administrativa aparentemente fulgurante y de hecho vacía: caricatura de fórmulas extranjeras frívolamente importadas, que ni sus propios inspiradores tomaban en serio.

Traídos por esta corriente fueron llegando a España, fuertemente subvencionadas y publicitadas, las modas que corrían por el mundo. Así vino y desapareció –con el agravante del ridículo– la llamada "modernización administrativa". El paso siguiente de este desfile de fuegos artificiales fue la "gobernanza", que todavía se mantiene bien apoyada por los gestores de las políticas comunitarias europeas. Pero en España lo más destacado de estas manifestaciones fue su sentido del negocio. Al abrigo de las subvenciones, nunca regateadas, aparecieron empresas que disfrazadas con nombres académicos y oficiales, con un pie en el sector privado y otro en el público, obtenían pingües cosechas materializadas en subvenciones indirectas bajo la forma de conferencias, congresos, cursos y sobre todo dictámenes que alimentaban por igual a los empresarios que las organizaban y a los funcionarios que tramitaban la financiación con dinero público.

En estas condiciones es claro que nadie tenía interés en una reunificación que ninguna ventaja material podía ofrecer. La ruptura entre las dos corrientes puede darse desde hace tiempo por consumada. El desdeño es recíproco, el diálogo imposible, la colaboración no deseada y no se echa de menos porque cada uno sigue su propio camino con medios de vida asegurados pero distintos. Los juristas se han volcado en el foro mientras que los otros se han buscado una clientela propia en las Administraciones públicas, cuyos vacuos proyectos adornan con técnicas publicitarias y con algunas referencias tomadas de las "escuelas de negocios" de impronta norteamericana trabadas en redes internacionales y que concretamente en España han proliferado con el apoyo de organizaciones que hasta la llegada de la crisis han mantenido siempre abierta su cartera.

2. En este panorama de tensiones y desconocimientos recíprocos se ha producido un vacío que afecta nada menos que a la cuestión capital de la eficacia. Vacío que, por incompetencia, no ha sabido llenar la Ciencia de la Administración y sus disciplinas epigonales, y que el Derecho Administrativo, por desdén, tampoco está en condiciones de abordar.

La importancia del episodio que acaba de ser contado no radica tanto en lo que se hizo desde la Ciencia de la Administración, que fue muy poco, como en lo que había detrás, que vale la pena subrayar. Porque fue entonces cuando por primera vez se planteó oficialmente entre nosotros el (falso) dilema entre la eficacia de la Administración y la garantía ofrecida a los ciudadanos (al que ya se ha aludido al comenzar este epígrafe). El Derecho Administrativo tradicional insistía en que su función primordial era la de proteger a los ciudadanos frente a los abusos del Estado, mientras que la escuela de López Rodó, apoyada por el poder público, ponía el énfasis en la necesidad de que la Administración actuase no ya sólo legalmente, sino con eficacia, valiéndose al efecto tanto del Derecho como de otras técnicas de gestión, comunes incluso con las del sector privado. Eficacia o garantía: tal era el lema de una encendida polémica a la que se hizo alusión expresa en la Exposición de motivos de la Ley de Procedimiento Administrativo de 1958, buque insignia de toda la reforma: "El presente texto no desdeña, por supuesto, las garantías jurídicas que el Estado deba a los administrados (...) pero tiene en cuenta que las citadas garantías cuando se instrumentan tan sólo como protecciones formales no alcanzan ni con mucho el fin perseguido al ser compatibles con demoras y retrasos, molestias innecesarias y perturbadoras, excesivo coste e ineficacia de los servicios y, en fin, como una variada gama de verdaderos perjuicios que redundan tanto en el de los particulares como en el de la propia Administración".

El dilema surge porque los funcionarios (y en ocasiones los propios ciudadanos) se quejan de que, con las trabas burocráticas y procedimentales que establecen las leyes, la Administración no puede actuar tan eficazmente como quisiera. Si realizar una simple notificación puede costar varios meses cuando se trata de un destinatario que se oculta con picardía, no es extraño que los procedimientos se alarguen durante años y menudeen las prescripciones y caducidades. Mientras que otros denuncian que no es deseable la eficacia al precio de no respetar debidamente los derechos de los particulares, ya que más vale dejar escapar sin castigo a miles de defraudadores que castigar a uno solo infringiendo las garantías del procedimiento sancionador. En un Estado de Derecho la única actuación administrativa exigible –se dice– es la que se desarrolla dentro de la legalidad estricta. Los ciudadanos han consignado esta fórmula en la Constitución sabiendo el riesgo que corrían; y, como lo han asumido, hay que atenerse a ello dado que la alternativa es la arbitrariedad.

Ahora bien, igualmente puede entenderse que el planteamiento anterior expresa un falso dilema, habida cuenta de que no se trata de dos opciones contrarias sino complementarias, pues los rigores formalistas no se imponen únicamente en beneficio de los ciudadanos sino también –y en igual medida– pensando en las ventajas que suponen para la Administración. Por decirlo en términos contundentes: no hay eficacia fuera de la legalidad, ni legalidad que no fomente la eficacia. He aquí una formulación retóricamente perfecta y biensonante; pero que desafortunadamente no responde a la realidad. El dilema no debiera existir, pero existe. Los funcionarios sensibles lo padecen en su carne y esta es también la mejor baza de los abogados habilidosos y de los gestores torticeros.

El desprestigio y generalizado abandono de la Ciencia de la Administración como disciplina académica ha tenido consecuencias prácticas de no escasa importancia. Porque como la Administración pública no puede dar la espalda a las nuevas técnicas de gestión, si estas no se las pueden proporcionar funcionarios específicamente formados a tal efecto, ha de acudir a asesorías externas de las que se ha convertido en el primer cliente nacional. Con lo cual se ha intensificado el proceso de asimilación de técnicas privadas en el aparato público, puesto que son las mismas personas las que asesoran a una empresa multinacional y a un ministerio. Lo cual tiene sus ventajas pero no pocos inconvenientes empezando por el costo adicional que ello supone y sobre todo porque se traduce en una superposición, ordinariamente poco armoniosa, de técnicas privadas y técnicas público-burocráticas de gestión.

Es probable que todo este epígrafe haya resbalado sobre los administrativistas jóvenes que eventualmente lo hayan leído y a quienes se les haya escapado su alcance. La verdad es que se trata de una cuestión capital que ha apasionado durante bastantes años a cuantos en España estaban interesados en el funcionamiento de la Administración pública y en la revitalización del Derecho Administrativo. Otra cosa es que la polémica se haya pasado de moda. Pero la aparente obsolescencia no le priva de su importancia porque el problema sigue vivo y, aunque de momento esté dormitando, algún día reaparecerá de cierto. Ahora bien, como yo ya no podré verlo, quiero dejar, al menos, testimonio de su existencia y memoria de lo que un día significó para nosotros. De hecho esta dualidad de planteamientos suponía en su momento una bifurcación de destinos. Unos decidieron seguir el camino del estudio de la eficacia mientras que otros –hoy casi todos– optaron por el de la legalidad formal, más cómodo y desde luego más rentable.

La insensibilidad que acaba de denunciarse, el hecho de que los profesores de una y otra disciplina se desconozcan recíprocamente hasta llegar a haberse olvidado de la existencia de la cuestión no obsta, claro es, a ciertas excepciones, como la muy calificada de Luciano Parejo, quien durante años ha estado machacando en hierro frío, desdeñado –cuando no agredido– por sus colegas.

VIII. DERECHO FORENSE

Lo que yo llamo aquí Derecho forense es una variante de la Ciencia del Derecho tradicional en el sentido de que pone el énfasis en lo que sirve directamente para la resolución de algún conflicto concreto desdeñando la elaboración de un sistema, de una teoría abstracta, de un acervo conceptual. En otras palabras, está inspirado por el utilitarismo y pragmatismo más extremo, insistiendo en separar rigurosamente este grano sustancioso de lo que considera paja inútil. La magnificación de este énfasis no es una cuestión menor pues con este cambio de orientación o perspectiva se altera sustancialmente la metodología empleada. Es un salto cualitativo. Nuestros cultivadores del Derecho forense son, en el fondo, unos aplicadores *avant la lèttre* de la actual orientación docente de Bolonia. Para los ideólogos de Bolonia la universidad está para enseñar a los estudiantes el ejercicio de una profesión: a los futuros médicos el arte de prevenir y curar las enfermedades y a los juristas el arte de plantear, dirigir y resolver pleitos. Lo que no sirve para tal fin debe dejarse a un lado y en consecuencia no hay otro modo de estudiar y practicar el Derecho que desde la perspectiva del Derecho forense.

Los practicantes del Derecho forense no desprecian necesariamente la Teoría del Derecho; mas, a fuer de pragmáticos, consideran que no hay tiempo para su estudio y que el abogado debe atenerse a lo que puede serle útil de manera inmediata. El abogado, si quiere ser fiel a su cliente, ha de limitarse a ganar el pleito y dejarse de adornos teóricos: ha de ir a su destino por el atajo más corto, aunque no sea el más brillante.

Pues bien, hoy vivimos en una fase en que los profesores, sensibles a los deseos de los prácticos, están convirtiendo la Ciencia del Derecho en un mero Derecho forense y sus lectores suelen agradecérselo por el ahorro de tiempo que su actitud significa.

Las ventajas del Derecho forense saltan a la vista y es comprensible su popularidad por lo que acaba de apuntarse y, además, porque ha supuesto una poda del árbol de la Ciencia en la que resultaban excesivos los pimpollos que no daban frutos aunque resultasen quizás decorativos por su ingenio y erudición.

Pero, sin desconocer estos aspectos, es palmario que supone también una limitación que puede resultar peligrosa y de hecho lo está siendo. La poda –siguiendo la imagen– es siempre necesaria pero, mal realizada, esteriliza el árbol cuando no lo mata. Por eso el Derecho forense puede convertirse en una variante desviada de la Ciencia del Derecho. La nuda práctica si carece de un suelo nutriz degenera fácilmente en una rutina que no lleva a ninguna parte.

Al final de este Derecho forense se encuentra siempre un "manual para prácticos" consistente en un doble repertorio de argumentos a favor de soluciones contrarias, de tal manera que el abogado no tiene más trabajo que tomar la que conviene a los intereses de su cliente. En España tenemos a Jerónimo de Cevallos, cuyo libro (*Speculum practicarum et variarum quaestionum opinionum communium contra communes*), respondía fielmente a este estilo. Publicado a finales del siglo XVII todavía se usaba a mediados del siglo XIX, y en su introducción (*De utilitate multorum librorum opiniones contrariae*) alude a "la confusión y oscuridad en que se encuentra todo el Derecho y de cómo no hay una opinión cierta y verdadera que no pueda ser refutada por opiniones y fundamentos contrarios".

Hoy los abogados (y jueces) cuentan con un repertorio en Internet, que les proporciona, sin más trabajo que apretar cuatro teclas, la argumentación precisa y bien fundamentada en que pueden basar sus escritos forenses cualquiera que sea la posición que pretendan adoptar. Por tales atajos pronto se llega al *finis iurisprudentiae* y los autores del Derecho forense, como no se anden con cuidado, terminarán cavando su propia tumba y cederán su puesto a zurupetos cuando no a máquinas anónimas.

Cierto es que la especialización se impone vertiginosamente. El abogado aislado ya es inimaginable. Los profesionales tienen que agruparse en despachos cada vez más grandes, por lo común de base internacional o federada. Y en estas condiciones es manifiesto que poco interés pueden despertar obras académicas generales. Al abogado urbanístico no le importan los estudios sistémicos de Derecho Administrativo ni de sus instituciones ni tiene tiempo que dedicarles, pues ha de concentrarse en su especialidad e incluso en una parte de la misma, como pueden ser las transferencias de aprovechamientos urbanísticos. La complejidad lleva inevitablemente a la especialización y esta al casuismo. Ha pasado ya el tiempo de los grandes sistemas.

En otro orden de consideraciones el Derecho Administrativo del foro, en contraste con el Derecho Administrativo de la Administración (aquí la redundancia es inevitable), persigue la defensa de los ciudadanos frente a la acción del Estado y ante los Tribunales de Justicia; con la consecuencia de que sus contenidos y técnicas están dirigidos casi exclusivamente a este fin. Su objetivo material y procesal es demostrar ante el juez que el cliente tiene razón y que el poder público ha actuado ilegal o arbitrariamente.

El Derecho Administrativo de hoy es en definitiva un Derecho de y para abogados. Esto siempre ha sido así naturalmente; pero sólo de forma parcial puesto que el objetivo fundamental era pretendidamente "científico", es decir, la depuración y mejora de las normas y de su aplicación. Pero hoy los juristas han perdido las ilusiones tradicionales ciudadanas y científicas y se han refugiado en actividades mercenarias política y económicamente rentables. Quien domina la técnica jurídica tiene abierta la puerta grande del foro y de los asesoramientos públicos y privados. Nadie pregunta a los abogados si saben Derecho sino, mucho más simplemente, si saben ganar pleitos: dos vertientes que no coinciden necesariamente. El elemento más importante del oficio de la abogacía no es el conocimiento del Derecho (pues eso está al alcance del último pasante que haya estudiado bien la carrera) sino los "contactos y relaciones" con personas influyentes así como la habilidad para escoger jueces adecuados: materias que obviamente no se aprenden en la Facultad. La mejor prueba de ello es el éxito que tienen los despachos de abogados montados por políticos cuyos conocimientos legales son notoriamente escasos y que para nada les valen.

Conste, por otra parte, que esta calificación de "mercenario" no tiene una connotación negativa porque el Derecho, desde su redescubrimiento medieval, siempre ha sido así. Las universidades y los glosadores escribían para facilitar el trabajo de los abogados, jueces y autoridades. Y más adelante los comentaristas escribían predominantemente como abogados, de tal manera que sus admirables progresos técnicos eran más bien un producto marginal. Cuando se afirmó un cierto interés científico fue con el Humanismo renacentista y con las Escuelas de Derecho Natural, sin perjuicio de que sus cultivadores ejercieran también incansablemente como abogados. Y así hasta hoy. No cabe, por tanto, sorpresa ante la condición mercenaria del presente Derecho Administrativo sino sólo, y a todo lo más, ante el abandono de la orientación académica o científica, que antes siempre iban de la mano.

La prevalencia del Derecho forense ha terminado distorsionando la imagen de los profesores. Estos, salvo excepciones, siempre han ejercido la abogacía y nadie se lo ha reprochado nunca puesto que se consideraba como un complemento útil, y hasta necesario, de la investigación y la docencia, de la misma manera que resulta inimaginable un buen catedrático de cirugía que no frecuente el quirófano. Sin la práctica la teoría corre el riesgo de apoyarse en el aire. En la actualidad, no obstante, se han invertido los términos porque el título de catedrático es el que sirve realmente de apoyo a la ocupación principal, que es la abogacía. Siempre ha habido profesores que han brillado al tiempo en la cátedra y en el foro demostrando con su ejemplo que ambas actividades no son incompatibles; pero forzoso es reconocer que el éxito profesional en la abogacía suele adquirirse al precio de descuidar, y hasta arruinar, el esfuerzo académico. Lo que en todo caso debe quedar claro es que las desventajas y riesgos del Derecho forense no vienen del inmoderado ejercicio de la abogacía por parte de los profesores, sino del peculiar sesgo que se está dando al Derecho Administrativo volcado casi exclusivamente en las exigencias de la práctica forense en detrimento de sus otras finalidades.

Por lo que a mi experiencia personal se refiere, tengo que aguzar mucho la memoria para encontrar profesores de primera fila que no hayan ejercido como abogados (incluidas las consultorías) o como jueces. Yo mismo ejercí esa profesión durante siete años. La excepción más destacada sigue siendo la de Lorenzo Martín-Retortillo. Sin olvidar, por otra parte, la alternativa de la salida política a la que se acogieron –sin simultanear con la abogacía, lo que tampoco es frecuente– Segismundo Royo-Villanova y Enrique Serrano Guirado;

pero eso era en otros tiempos. La mayoría de los grandes juristas del pasado han sido abogados o políticos o ambas cosas a la vez.

El ejercicio de la profesión de abogado o de asesor no puede ser en modo alguno motivo de reproche; pero sí es, en cambio, reprochable que se considere que el objetivo exclusivo de su docencia es la formación de abogados (y jueces). Esto es un grave error consecuencia de una ilegítima transferencia de su personalidad propia. Porque las Facultades de Derecho están para formar juristas polivalentes, que luego concretarán en una profesión de las muchas posibles y no sólo la abogacía. El Derecho no es únicamente el arte de ganar pleitos pues vale también para otras muchas cosas y fundamentalmente para facilitar la convivencia pacífica en la sociedad y en las relaciones con el Estado.

IX. *IUS FABER*

En las páginas anteriores me he ocupado de la vertiente del Derecho que se refiere a su objetivo fundamental de proporcionar pautas para la resolución de conflictos. A continuación quiero dar testimonio de lo que ha sucedido en la otra vertiente complementaria, es decir, en la de imponer reglas de comportamiento, cuya observancia tiende a evitar cabalmente que surjan los conflictos.

A mediados del siglo XIX las normas jurídicas, y principalmente las municipales, imponían numerosas reglas de comportamiento que obligaban a los ciudadanos en especial en materias de orden público y que sobre todo precisaban las cargas que habían de cumplirse si se querían obtener determinados fines: para abrir una tienda, reparar un edificio o salir de caza era imprescindible solicitar y obtener la licencia correspondiente. Se trataba, no obstante, de exigencias de fácil observancia, que encarecían la vida con sus inevitables tasas, pero que no la complicaban en exceso. Para comportarse como un buen ciudadano no hacía falta ser licenciado en Derecho, pues los propios funcionarios informaban directamente de los requisitos que eran necesarios y para los que de ordinario bastaba rellenar un impreso y, a todo lo más, aportar algún documento.

Luego las cosas se han ido complicando progresivamente hasta llegar en la actualidad a un agobio asfixiante. Hoy existen tantas reglas que es literalmente imposible que el ciudadano más escrupuloso pueda atenderlas, aunque sólo sea por la circunstancia de que no las conoce, por más que cuente con los mejores asesores. Porque se ha llegado a la paradójica situación de que se nos exige lo que desconocemos y somos incumplidores de obligaciones que ignoramos. Las pesadillas de Kafka se han convertido en realidad cotidiana. La Administración se ha construido con planta de laberinto en el que el ciudadano se pierde sin remedio.

Aunque peor es que cuando tomamos una iniciativa, su realización está gravada con unas cargas legales tan enrevesadas que no están al alcance de un particular, de un empresario ni de una gestoría administrativa cualificada. Estamos en la edad de los especialistas de Derecho Administrativo, a los que hay que acudir para abrir un establecimiento, edificar una caseta, contratar con un ayuntamiento. Y lo mismo sucede con la Administración autorizante, concedente o contratante. Promover un expediente implica la colaboración de docenas de licenciados, asesores y técnicos que segregan informes y enlazan trámites con diligencia. Los papeles van y vienen incesantemente; a diario se celebran reuniones de información y ajuste; los legajos crecen; los depósitos informáticos almacenan vorazmente infinidad de datos; siempre falta algo que retrasa los procedimientos; nada está bien hecho y todo hay que recomponerlo una y otra vez; no bastan los papeles: hay que concertar visitas que tardan en concederse y organizar reuniones en las que no se resuelve nada.

El Derecho Administrativo se extiende como una tela de araña que todo lo enreda. Ya no bastan simples juristas que aconsejan y resuelven. Ahora el Derecho es una técnica de corte ingenieril en la que hay que trabar infinidad de piezas. El Derecho no consiste en preguntas y respuestas, sino en la preparación de expedientes. Hemos llegado al *ius faber*, que está muy lejos del tradicional *ius respondendi*.

Los abogados siguen pleiteando ciertamente; pero en la actualidad su actividad más sustanciosa es llevarle de la mano al cliente en el laberinto de sus trámites administrativos, formalmente sometidos a la ley pero que de hecho se ramifican en diligencias y túneles de los que sólo se puede salir empleando mucho tiempo en lo que cortésmente se llaman negociaciones cuando de verdad son rudas extorsiones que únicamente consiguen superar abogados curtidos y en las que no importa tanto el Derecho como la habilidad de la mano izquierda. Pero como el Estado de Derecho exige que todo esté de acuerdo con el Derecho, a las leyes hay que acudir para abrir un camino que no escandalice demasiado y para cubrir formalmente las turbias negociaciones que se han llevado a cabo con las puertas cerradas. El oficio de abogado es hoy mitad de ingeniero, y mitad de decorador porque el Derecho es ya tapizado y pintura.

Ahora bien, como los profesores no se atreven a contar estas cosas en la universidad, silencian obstinadamente la existencia del *ius faber* y siguen recitando cuentos de hadas provocando que los estudiantes, hartos de mentiras y de silencios, a mitad del curso abandonen las aulas y les dejen con la palabra en la boca. Ramón Martín Mateo ha sido en este punto como en tantos otros un pionero pues en su fase más madura se consideraba como un "ingeniero social" y con este título firmó un libro de memorias.

El auge del *ius faber* está relacionado con el intervencionismo público. Si el Estado condiciona estrechamente las actividades de los ciudadanos, tanto privadas como asociativas y empresariales, si generaliza la existencia de autorizaciones y controles, es inevitable que crezca la ingeniería legal. Y lo mismo a la inversa. El Derecho comunitario europeo tiende a la liberalización pues sabe de sobra lo que significa para el crecimiento económico un régimen riguroso de autorizaciones. Principio que no ha logrado, ni mucho menos, desmontar el sistema intervencionista que aquí existía y que se mantiene en los intersticios que ofrece la legislación europea.

El gran pretexto a estos efectos lo proporciona el hecho innegable de que el progreso técnico y la formación de masas humanas han creado una sociedad de riesgos, cuya prevención exige unas regulaciones minuciosas y una severa vigilancia de su cumplimiento. En otras palabras, intervencionismo y burocracia que de hecho se articulan, según se ha dicho antes, en negociaciones, compromisos recíprocos e ingeniería legal, además naturalmente de tiempo, dinero y tentaciones a la corrupción.

Y como de una cosa se pasa a la otra, el intervencionismo preventivo lleva al complemento represor hasta tal punto que la prevención y la represión se han convertido de hecho en los dos pilares del Estado moderno, con la negociación y la corrupción como arco que los une, dejando a un lado los caminos legales de recorrido demasiado lento y que con tanta frecuencia a ninguna parte conducen.

De la noche a la mañana el Derecho Administrativo Sancionador, que hasta ayer era una simple nota a pie de página del Derecho Administrativo, ha pasado al primer plano de la actividad pública. Para comprobarlo basta repasar las estadísticas de jurisprudencia. La Administración se ha convertido en una máquina de sancionar y la vida de los ciudadanos discurre entre denuncias, multas, recargos y recursos administrativos y jurisdiccionales.

Cuando en los años noventa me percaté de esta situación y empecé a estudiar en serio esta materia, me encontré con un vacío prácticamente total. En consecuencia tuve que inventarme, en su sentido más estricto, un Derecho Administrativo Sancionador con la única ayuda de cierta jurisprudencia dispersa pero realista. Desde entonces no he levantado mano de esta tarea un tanto obsesiva, y en cada nueva edición de mi libro, cabalmente titulado *Derecho Administrativo Sancionador*, he ido afinando mi pensamiento hasta llegar a crear un sistema coherente de este ramo, del que estoy orgulloso con vanidad o sin ella. Objetivo que he podido alcanzar gracias a la aparición de una catarata jurisprudencial y del entusiasmo de unos tratadistas posteriores que han elaborado, ya que no un sistema, un cuerpo doctrinal predominantemente casuístico pero de calidad envidiable. Tan es así que puede afirmarse sin vacilar que hoy el Derecho Administrativo Sancionador es la rama del

Derecho público que más rápidamente y con mayor calidad está floreciendo entre nosotros.

X. LA RAZÓN TEÓRICA Y EL SABER PRÁCTICO

1. En el fondo de las consideraciones anteriores late el dualismo capital del pensamiento teórico y el saber práctico, común a todas las ciencias y criterio de todo tipo de reflexiones e investigaciones. El pensamiento teórico responde, al igual que sucede con la actividad artística, a una pulsión vital, a un afán intelectual no razonado de llegar al saber y a la verdad. Los juristas medievales, cuando recuperaron los libros justinianeos, los recibieron como una especie de Biblia que les daba entrada a un universo superior donde reinaban la justicia y la razón, sin perjuicio de que luego acertaran a descubrir su utilidad práctica. Una actitud que se reprodujo más tarde en los años del Humanismo jurídico y de nuevo en la Ilustración. Tres períodos en los que el Derecho se desarrollaba fundido con la teología, la filosofía y la moral.

El saber práctico, a diferencia del anterior, busca la utilidad directa del conocimiento, que no es un objetivo por sí mismo, que no se agota como tal, sino que se considera como un medio o instrumento para alcanzar otros fines, en nuestro caso la regulación de las relaciones sociales, la solución de conflictos y el enriquecimiento personal de quien estudia y maneja las leyes. Aquí no se trata, por tanto, de una pulsión, sino de una profesión que evidentemente ha de estar inspirada en reglas distintas, si bien es de notar que en el ámbito del Derecho el pensamiento teórico y el saber práctico son de hecho inseparables: tan difícil es de imaginar un pensamiento teórico que no desemboque tarde o temprano en un saber práctico, como el manejo de éste sin estar apoyado en aquél. Igual que sucede, por ejemplo, con la investigación básica y la investigación aplicada.

La pulsión psíquica que lleva al pensamiento teórico se traduce en actitudes de elección absolutamente libre e inexplicable: unos juristas se ocupan de aclarar el derecho subjetivo, otros de la validez de las normas jurídicas y todos, cualesquiera que sean los resultados obtenidos, se sienten gratificados por el simple esfuerzo de reflexión y estudio. Una situación próxima a la felicidad terrenal, pero de difícil realización para aquellos que no disponen de una fortuna personal que les permita cubrir sus necesidades materiales. Para superar esta dificultad la civilización occidental creó las universidades, en las que se exigía a los profesores que dedicasen una parte de su tiempo al ejercicio del saber práctico, a la docencia, y dejaban a su libre disposición el tiempo restante que les permitía, si lo deseaban o necesitaban, atender al cultivo de sus aficiones.

2. Distanciándome temporalmente de mi condición académica de "catedrático de dedicación exclusiva" he ejercido durante siete años como abogado en unas circunstancias aceptablemente rentables y laboralmente cómodas dado que, defendiendo de ordinario Administraciones públicas, me llegaban los expedientes perfectamente preparados y estudiados por los letrados internos. La verdad es que en rigor ninguna falta les hacía un especialista externo; pero es costumbre entre nosotros que si la parte recurrente está asesorada por catedráticos de renombre (aunque los escritos estén redactados por el pasante más modesto de su despacho), la

Administración tenga a gala que su defensor sea también de muchas campanillas para neutralizar así el eventual deslumbramiento de los jueces con el nombre de otro profesor afamado: lo que de hecho no es necesario, aunque los clientes así se lo crean.

En esos años poco aprendí de Derecho Administrativo pues no hace falta saber muchas leyes ni haber leído libros sólidos para dirigir bien un pleito, en el que lo principal es saber plantear las cosas con acierto y expresarse con claridad y lógica. Pero aprendí mucho –y tal era el único modo de lograrlo– de las prácticas forenses, de las asechanzas procesales y de la mentalidad de los abogados y más aún de los jueces. Sin aquellos años de experiencia no hubiera podido, desde luego, madurar uno de los ejes de mi pensamiento jurídico: el llamado Derecho practicado.

Consumada esta peripecia cuando ya mis hijos estaban en condiciones de andar solos por la vida, regresé a mis cuarteles académicos, austeros pero de mi gusto, con una formación jurídica más sólida, ya que en este oficio se puede aprender en todas las edades. Así que volví a coger la pluma con la misma ciencia pero con mucha mayor sabiduría y una sobrecarga de escepticismo y realismo de la que ya no me he desprendido nunca.

3. Del otro lado del saber práctico –el que se aprende y ejerce desde las filas burocráticas– ya he hablado antes al evocar los años de servicio en el cuerpo técnico-administrativo del Ministerio de Agricultura. En 1980 volví inesperadamente a un organismo público cuando fui nombrado presidente del Consejo Superior de Investigaciones Científicas. Este enorme organismo siempre ha tenido presidentes de formación "científica" (es decir, de "ciencias duras"), con la

única excepción de Villar Palasí y luego la mía. En mi caso se trataba sencillamente de una crisis organizativa y se entendió que podría manejarla mejor un catedrático de Derecho que uno de química orgánica. Independientemente del eventual éxito de mi gestión, lo que aquí importa contar es que pude completar mis experiencias administrativas, ahora no como asesor sino como gestor. Sea como fuere, aquel no era mi sitio y en cuanto consideré que había cumplido mi tarea, me marché de allí con mayor experiencia.

Tanto en el ámbito forense como en el administrativo pude comprobar personalmente lo que tantas veces se dice, a saber, que los conocimientos teóricos no son suficientes pero si utilísimos para la práctica y que la experiencia modifica y precisa el contenido del pensamiento teórico. De la conjunción adecuada de estos elementos nace la distinción entre prácticos y practicones así como la que separa a los expertos de los simples eruditos.

REFERENCIAS

Ordenación de pastos, yerbas y rastrojeras, Valladolid, Junta Provincial de Fomento Pecuario, 1959.
Estudios históricos de Administración y Derecho Administrativo, Madrid, INAP, 1986.
Bienes comunales de los montes de Toledo, Madrid, Civitas, 1991.
Bienes comunales de los montes de Toledo, II, Madrid, Civitas, 1997.
Derecho Administrativo Sancionador, Madrid, Tecnos, 5ª. ed. 2012.

CAPÍTULO OCTAVO

LA CAÍDA DEL IMPERIO DE LA LEY Y DE SU PARADIGMA

ÍNDICE

I.   El principio de legalidad   332
II.   *Legis laudes*   335
III.   El mito de la igualdad y de la generalidad de
        la ley.   336
IV.   De la neutralidad a la beligerancia   340
V.   Plasticidad de la ley   341
VI.   El falso dogma del determinismo legal   344
VII.   La ley como simple oferta y directriz   347
VIII.   Incertidumbre jurídica.   350
IX.   La ilusión de la única solución correcta   353
X.   Incongruencia de la validez y eficacia de las
        resoluciones ilegales   355
XI.   Trivialización del dogma   357
XII.   Primera causa de la decadencia: pérdida de
        legitimación.   358
XIII.   La justicia expulsada de la ley: los valores   359
XIV.   Tautología del Bien común e interés general   365
XV.   La fuerza como última causa de legitimación:
        ius est in armis.   367
XVI.   Segunda causa: afirmación creciente de los
        competidores del Legislador   373
XVII.   Un nuevo paradigma   376

En los capítulos anteriores he ido describiendo la evolución del universo jurídico público español y de sus instituciones y conceptos tal como yo he creído verla, es decir, aceptando de antemano que otros desde distintas perspectivas la hayan visto de diferente manera. Porque no debemos engañarnos: pretendemos relatar hechos objetivos del mundo exterior y lo que hacemos es describir nuestras percepciones (y a veces nuestros deseos) personales. De esta limitación epistemológica no hay escapatoria según apunté un día en una conferencia jubilar con el expresivo título de "Las limitaciones del conocimiento jurídico" (publicada luego con anotaciones del colega argentino Agustín Gordillo).

Pues bien, este carácter subjetivo se acentuará todavía más en las siguientes páginas en las que el testimonio se trasforma en juicio crítico dado que ya no es un relato sino una valoración de la situación a que hemos llegado al cabo de tantos meandros. Un final lastimoso consecuencia de desvaríos que inevitablemente tenían que terminar en un despeñadero. Hasta ahora he seguido paso a paso la corta vida de muchas ilusiones mías que se fueron ajando a medida que iban floreciendo. En este tiempo no hemos sido pocos los que veníamos anunciando esta alucinación colectiva: ahí están nuestras publicaciones para acreditarlo. Pero nadie quería creernos pues ese castigo tiene el oficio de sibila cuando las cosas parece que van bien; mas ahora que nos va mal, los españoles han abierto los ojos y llaman crisis a lo que tocan y padecen. Crisis es en este momento tomar conciencia de la realidad y reconocer lo que están viendo y antes se negaban a mirar. Porque si ahora ya no se puede adornar el desastre con discursos triunfales, ¿en dónde han terminado de veras el Estado y el Derecho en este naufragio total? Hablen otros del gobierno del mundo y sus monarquías que a mí me corresponde tratar de la baza propia del destino de mi generación, que ha sido el ascenso, apogeo y caída del imperio de la ley o, si se quiere, la afirmación de la utopía del Estado de Derecho y su desvanecimiento posterior. La longevidad permite a veces recorrer desde el principio al final algún ciclo histórico y esto es lo que con el apogeo y decadencia del principio de legalidad me ha sucedido a mí.

El Derecho no es la expresión de la razón y la coherencia sino una feria de paradojas, ficciones, ambigüedades y contradicciones, el resultado de pasiones inconfesables e intereses inconfesados al amparo de una vigilancia inquisitorial y soberbia incapaz de reconocer los errores propios y dispuesta a anatemizar a los disidentes y a silenciar a los críticos. En el estruendoso coro de sus apologetas no hay lugar para la voz del análisis objetivo ni se admite otra verdad que la oficial, que viene repitiéndose machaconamente desde hace siglos. Y sin embargo los pilares del Estado y del Derecho se tambalean a ojos vistas y sus dogmas no resisten la crítica, al menos en los términos en que de ordinario se exponen. Según es sabido, la Ilustración anunció y el liberalismo decimonónico consagró un nuevo Estado cifrado en el "imperio de la ley", que ha sobrevivido hasta ahora a no pocas agresiones políticas y doctrinales y que hoy está atravesando una nueva crisis, quizás más grave que las anteriores, de la que voy a ocuparme en el presente capítulo.

El Estado español actual –tal como se repite a lo largo de este libro– se ha levantado sobre cuatro paredes maestras: la constitucional, la social, la democrática y la de Derecho. Todas son igualmente importantes puesto que si se derrumba una sola, el edificio entero se viene al suelo. Sin embargo, aquí no se les dedica la misma atención por causa de mi desigual capacidad de observación y análisis. Más cuidado he puesto en el elemento constitucional, que está ya próximo a mi formación académica y, como es de suponer, mi mayor atención se dedica a la vertiente del Derecho; aunque no, según acabo de decir, porque sea más importante, sino porque en ella me encuentro más cómodo por obvias razones de especialización profesional. Una asimetría de tratamiento que espero acepte el lector con benevolencia. Al fin y al cabo no es este libro un tratado de ciencia política sino el testimonio de un anciano español que por sus títulos académicos está en condiciones de percatarse y de criticar los aspectos legales de la cuestión.

La metáfora del imperio de la ley es un dato esencial del Estado español y de su régimen jurídico. De aquí que haya sido recogida literalmente en la Constitución de 1978 y que al entrar en decadencia haya arrastrado consigo al Estado, contribuyendo a su crisis y a la de todo el régimen económico y social. Si los españoles estuvieron tan orgullosos de haber conseguido con la democracia un Estado de Derecho, ahora debieran estar preocupados por el derrumbamiento de un "imperio" que ha resultado sorprendentemente fugaz. Dejando para más adelante el examen de la situación real del Estado de Derecho, en este capítulo voy a detenerme en el análisis del elemento del principio de legalidad, que es su columna vertebral. ¿Puede haber un Estado de Derecho en el que no opere un principio de legalidad efectivo? O en otras palabras: ¿qué queda del Estado constitucional español si abandona –como en mi opinión ya ha sucedido– el principio de legalidad y deja de actuar sometido al imperio de la ley?

La vida de un jurista español atento es una sucesión de caídas, levantamientos y recaídas, de esperanzas fugaces y largos desengaños, de ilusiones falaces y de desencantos continuados. Yo que he visto encenderse y apagarse las luces de la República y del Estado Nuevo franquista, al llegar el constitucionalismo y la democracia creí por un momento que ya habíamos alcanzado el puerto. Pero desafortunadamente no ha sido así y bien sea porque se trataba de una falsa tranquilidad o porque no hemos sabido gestionar adecuadamente la nueva situación, ahora hemos vuelto a rodar y estamos otra vez abajo condenados a los trabajos de Sísifo.

La verdad es que en 1980 había motivos para el optimismo. La herencia jurídica del Estado administrativo del franquismo no era negativa del todo y parecía fácil de limpiar y perfeccionar con algunos retoques, como la Constitución y el afinamiento del poder judicial, que ya se habían empezado a dar. El Derecho administrativo había coronado unas cotas desconocidas y de hecho nos movíamos en pie de igualdad con los vecinos europeos, antes tan admirados y alejados. Pues bien, al cabo de muy poco tiempo hemos visto que todo era un fuego fatuo. El imperio de la ley ha resultado que no valía mucho más que aquel imaginado viejo imperio felipista donde no se ponía el sol pero en el que todo eran sombras.

I. EL PRINCIPIO DE LEGALIDAD

El Estado es un instrumento plurifuncional de entre cuyos variados fines posibles, sus ocupantes ponen el énfasis en cada coyuntura histórica sobre el que más les interesa. Hay Estados conservadores o restauradores (como podría ser el franquista), Estados reformadores (como el de la Segunda República), Estados revolucionarios (como se autotitulaba el nacionalsindicalista). El Estado constitucional se inclinó decididamente por su variante legalista subrayando que se trataba de un Estado de Derecho con la clave puesta en el principio de legalidad en cuanto expresión perfecta del imperio de la ley.

Para la mayoría de los administrativistas españoles, el Estado constitucional fundado en 1978 es pura y simplemente un Estado de Derecho al que se han añadido de adorno las notas de "social y democrático" que apenas alteran su naturaleza. Para el jurista –cerradamente positivista como es el español– nada hay más allá de la ley. Los que piensan de otro modo –como es el caso de Luciano Parejo, entre otros– y se empeñan en mantener unida la triada Derecho-Social y Democrático, son condenados al ostracismo por el pecado de herejía contra el sagrado dogma de la legalidad pura.

El piso principal de la torre del Estado, según la doctrina ortodoxa, lleva el rótulo de Estado de Derecho, cuyo fundamento es el principio de legalidad y en su escaparate reluce el imperio de la ley. Una estructura, por tanto, fundada sobre la ley; pero con la paradójica circunstancia de que cuando García de Enterría montó este sistema durante el franquismo la ley era simplemente una norma que se autoproclamaba como tal sin otra legitimación que la firma del Dictador a su pie, al margen por completo de su contenido material: mal comienzo para un periplo tan ambicioso.

La ley era soberana no por su contenido material, sino porque expresaba la voluntad soberana del Jefe del Estado. Era una ley que valía para controlar las demás normas de inferior jerarquía, mas ella misma era incontrolable. Imponía límites a los demás; pero ella misma carecía de ellos. Nótese, pues, la fragilidad de todo el mensaje.

Únicamente con el advenimiento del Estado democrático pudo redondearse el principio añadiéndole uno de los elementos que hasta entonces faltaba, a saber, el control de las leyes por su contenido material, desde el momento en que este podía ser juzgado por un tribunal especial mediante el contraste con los valores establecidos en normas superiores (la Constitución y en su caso el Derecho europeo). A partir de ese momento es cuando ya podemos hablar con propiedad en España del principio de legalidad, aunque más adelante precisaré hasta qué punto se ha logrado su realización efectiva. Porque es el caso que nada hay tan vulnerable, impreciso, ambiguo y contradictorio como la ley, que es la base misma en que se apoya todo el Derecho Administrativo.

El derrumbamiento del principio de legalidad no se debe solamente al fracaso real de uno de sus elementos esenciales, el control judicial, sino al vaciamiento de su base ideológica. Porque el principio se basaba en la concepción de la ley como una figura soberana con un nivel y una fuerza tan irresistible que nada podía oponérsele. Y es el caso que hoy no sucede así. En primer lugar porque se ha establecido una nueva figura, la Constitución, que está por encima de la ley y a la que ésta, perdida su soberanía anterior, debe subordinarse. Y, en segundo lugar, porque se han roto las puertas del templo de la ley, antes sagrado, y se profana cotidianamente por fuerzas económicas y sociales –y por supuesto también extranjeras– que imponen su voluntad a ojos vistas. Mientras que por otra parte la ley tiene cada vez menos poder de resistencia, dado que ya no representa una sola y firme voluntad con ánimo de permanencia indefinida sino que, salvo excepciones, expresa solamente una fracción de una voluntad y de unos intereses sociales plurales que van llegando alternadamente al poder y que se apresuran a eliminar –leyes incluidas– cuanto han hecho sus predecesores.

En definitiva, el principio de legalidad se ha quedado reducido a una cuestión académica, a una lección siquiera sea singularmente importante de los programas universitarios de Derecho Administrativo, a un dogma retórico, políticamente brillante pero que a los juristas se les escapa de los dedos, habiendo resultado inútiles los bienintencionados esfuerzos de precisión que se quisieron introducir con los sutiles mecanismos de la doctrina de la "vinculación positiva de la ley" y de la fórmula constitucional de la "reserva legal". En la casuística de la vida cotidiana valen de poco las solemnes declaraciones constitucionales y sus estupendos dogmas porque en el suelo lo que corre es la picaresca (o la garantía) de los ciudadanos que buscan la protección de la ley; –o en sentido contrario la inclinación al abuso– de las autoridades administrativas que no están dispuestas a soportar los rigores y carencias de la ley cuando está en riesgo el interés público. Los jueces, por su parte, cogidos en esta tenaza no han encontrado (ni buscado mucho, en verdad) una solución firme y producen desconcertantes sentencias contradictorias.

II. *LEGIS LAUDES*

Del séquito imperial siempre ha formado parte un coro de aduladores a sueldo encargados de alabar incesantemente las excelencias de la ley en un escenario esplendoroso y un tanto teatral, que hoy llega a cansar y suena a retórico, pero que no hay modo de hacerle callar. Desde los visigodos hasta hoy no hay discurso oficial ni autor de prestigio que no se sume a esta ceremonia triunfal. Por recordar la más antigua, y quizás la más bella, de estas definiciones, *lex est emula divinitatis, antistes religionis, fons disciplinarum, artifex iuris, bonos mores inveniens atque componens, gubernaculum civitatis, iustitiae nuntia, magistra vitae, anima totius corporis popularis (I, II, Liber iudiciorum)*. O sea, parangón de la divinidad, sacerdote de la religión, fuente de las disciplinas, artífice del Derecho, descubridora y componedora de las buenas costumbres, gobierno de la ciudad, embajadora de la justicia, maestra de la vida, alma del cuerpo popular. Y así dieciséis siglos seguidos.

Ahora bien, cuando se pretende realizar un análisis objetivo, pronto se descubre que detrás del brillante velo retórico hay una realidad nada estimulante porque se han ajado las notas que justificaban su idolatría, según vamos a comprobar a continuación. E importa hacerlo con cierto detalle porque sucede que esa machacona insistencia laudatoria ha terminado calando tanto en la mentalidad popular que la menor duda o insinuación crítica a la ley provoca una apasionada reacción de rechazo y una condena fulminante de herejía contra los atributos más sagrados de la democracia.

El presente capítulo es la confesión de cómo he percibido yo el derrumbamiento paulatino del principio de legalidad, de cómo he visto la caída, una a una, de todas las piezas que integran el mito hasta encontrarme ante un campo de ruinas y en la necesidad de volver a empezar de nuevo con la construcción de otro paradigma en el que pueda operar un jurista sincero. Una experiencia dolorosa porque he tenido que desprenderme de casi todo lo que me habían enseñado al ir comprobando la falsedad de buena parte de los elementos de un sistema jurídico completo y cerrado y la fragilidad de los instrumentos de un imperio petulante que, examinado con rigor, no es más que retórica e ideología. Con la advertencia de que para llegar aquí no hay otro camino que el de la sinceridad, o sea, mirar la realidad con los ojos abiertos y sin prejuicios. ¿Qué queda del principio de la legalidad y del imperio de la ley cuando se abren los ojos? ¿Qué queda de la ley cuando se comprueba que hoy faltan en ella las notas de igualdad y generalidad que siempre se han tenido por esenciales? ¿Qué puede decirse de una ley que ha perdido su tradicional neutralidad y se ha convertido en beligerante?

III. EL MITO DE LA IGUALDAD Y DE LA GENERALIDAD DE LA LEY

El primer desencanto es el producido por la falsedad del principio de la igualdad de la ley: un mito seductor que prometió la desaparición del "gobierno arbitrario de los hombres" y su sustitución por el "gobierno de las leyes" generales que garantizaban la igualdad de todos los ciudadanos: suma de la felicidad pública. Un mito que, sin embargo, no resiste ni el análisis racional, ni el conocimiento histórico, ni, en fin, la experiencia cotidiana. En estas condiciones es inevitable que precisamente aquí se abriera la primera grieta del principio de legalidad. Porque ninguno, ni siquiera sus trovadores más apasionados, puede creerse una imaginaria calidad que la historia y la realidad siempre han desmentido. Nadie mejor que Anatole France ha sabido desenmascarar la falacia de la igualdad de la ley cuando ponderó con ironía la magnanimidad de ésta que prohibía por igual a los banqueros y a los mendigos dormir en la basura acumulada bajo los puentes del Sena.

El Derecho Romano se basaba, en efecto, en una desigualdad territorial (la del *cives romanus*) como el Derecho visigodo en una desigualdad personal (cada individuo estaba sometido al Derecho de su pueblo). Y de la misma manera el Derecho medieval era un Derecho clasista montado sobre grupos y aun sobre personas singulares privilegiadas: el rey, la nobleza, los caballeros, los labradores, los mercaderes. Cada grupo social y cada comunidad gozaban de unos privilegios propios que constituían su Derecho y que con frecuencia tenía un contenido negativo, como el de los judíos, los gitanos, los esclavos, los indios e infieles. Todavía en el siglo XIX el libro de Derecho Público de Dou describía el Antiguo Régimen como un amasijo de docenas de derechos particulares tanto territoriales como corporativos y personales.

Fueron los ilustrados quienes con brío conmovedor montaron la cruzada de la abolición de privilegios y de la igualdad jurídica (o casi) de todos los ciudadanos. Y así lo recogió de manera expresa el Estado liberal. Pero pronto se comprobó que no todos los individuos eran legalmente iguales porque, para empezar, los derechos políticos fundamentales estaban reservados a los propietarios. El Estado liberal era un Estado de propietarios ya que los burgueses no habían hecho la revolución para compartir la mesa con los proletarios. Y en cuanto a los derechos privados, el código civil reconoce a todos por igual el derecho de adquirir una vivienda pero no daba a nadie una vivienda ni el dinero para comprarla. Ese es el secreto de la igualdad formal y de la desigualdad real de la ley.

Mi larga estancia en Canarias me había enseñado a aceptar desigualdades jurídicas provocadas por ciertas causas objetivas que sólo se daban en el archipiélago (por ejemplo, el régimen aduanero, la organización administrativa insular o el Derecho de aguas subterráneas), así como en la Península había aprendido antes la existencia de los derechos forales privados. Yo creía firmemente, con todo, en la igualdad de todos los españoles y aplaudí que así se recogiera de forma expresa en la Constitución. De aquí mi alarma cuando fui comprobando que, sin razón explicada alguna, unos españoles pagasen ahora menos impuestos que otros o que existiesen diferencias horarias comerciales o disfrutaran de una seguridad social y de unas prestaciones sanitarias distintas. Esto desde luego lo había bendecido el Tribunal Constitucional, pero es seguro que la inmensa mayoría de quienes votaron la Constitución se sintieron engañados.

Si la desatención de la igualdad desprestigiaba gravemente la ley, la supresión de la nota de generalidad aumentaba aún más su deterioro y hacía difícil que se siguiera respetando su pretendido carácter sacro porque entre unas cosas y otras la ley ya no parecía operar como una garantía frente a la arbitrariedad del poder público (según proclamaba su mito), sino más bien como un instrumento o cobertura de ella.

La generalidad es efectivamente otra nota de la ley que venía avalada por la obra justinianea y que ha seguido admitiéndose durante muchos siglos. En el Tardofranquismo empezó, no obstante, a reconocerse la existencia de leyes-medida, que patrocinaban la doctrina y la práctica alemanas, entonces tan en boga. Lo curioso es, sin embargo, que su introducción real, un tanto abusiva por cierto, se extendió en el Estado democrático, aprovechándose del silencio que a este propósito guardaba la Constitución de 1978.

Las leyes singulares empezaron entonces a proliferar de manera peligrosa sin necesidad de cubrirse con el decente título de leyes medida y el Tribunal Constitucional, con escándalo de muchos, sancionó esta práctica con ocasión de la ley expropiatoria de RUMASA, que abrió las puertas a otras leyes singulares y no sólo de las Cortes españoles, sino de las Asambleas Legislativas de las Comunidades Autónomas, que han usado y abusado sin prudencia de esta fórmula por una razón torticera: porque es el caso que si el Ejecutivo adopta mediante acto administrativo una medida singular, puede ser controlado inmediatamente por los jueces ordinarios; en cambio, si la medida es adoptada por una ley, escapa al control de los Tribunales contencioso-administrativos y sólo puede ser impugnada ante el Tribunal Constitucional provocando una fuerte pérdida de estímulo entre los afectados eventuales recurrentes.

Pues bien, cuando me cercioré de la normalidad de todas estas anomalías terminé perdiendo por completo mi devoción a la ley porque yo ya no podía seguir respetando un instrumento que permitía que el grupo al que yo pertenecía fuere tratado peor (o mejor) que otros y que incluso pudiese ser dirigida contra mí a título singular. Y no me asusta tampoco que, al retirar esta piedra basilar, ceda el pilar de que forma parte (el principio de legalidad) y en último extremo el edificio entero (el Estado de Derecho).

IV. DE LA NEUTRALIDAD A LA BELIGE-RANCIA

La imparcialidad es la nota que parece más firme a la hora de analizar la naturaleza de la ley. Porque si históricamente se rechazó el gobierno de los hombres para acudir al gobierno de las leyes, ello fue debido a la suspicacia de los ciudadanos ante la eventual parcialidad de los hombres, que en cambio no era posible con las leyes, cabalmente por sus cualidades de generalidad e imparcialidad. Una ley parcial era sencillamente inimaginable.

Durante mis años de Göttingen Werner Weber, un discípulo dilecto de Carl Schmitt, me enseñó a ver en la ley una fórmula de compromiso, el arte de conciliar mediante una discusión civilizada los distintos intereses de los grupos sociales. Gracias a la ley los conflictos se solventan de forma pacífica, la violencia se hace innecesaria y los grupos contrapuestos se integran en una comunidad. Con esta tesis regresé satisfecho a España y debo confesar que la he profesado y predicado con convicción durante muchos años, de palabra y por escrito.

Y sin embargo las experiencias reales no tardaron en abrirme los ojos y demostrarme que lo que hasta entonces venía creyendo y sosteniendo era una ingenuidad, un simple deseo expresado en forma de proposición teórica. Porque pronto pude comprobar que de hecho la función de la ley no es siempre integradora y que, antes al contrario, la mayoría a través de ella impone sin escrúpulos sus intereses propios arrollando la voluntad de los adversarios. En un régimen de mayorías parlamentarias decide la aritmética de las votaciones y no la razón de las argumentaciones o el deseo de la concordia. El interés que representa la mayoría se impone sin contemplaciones y las minorías han de esperar su ocasión en el siguiente período político en el que si llegan al gobierno derogarán la ley anterior e impondrán otra con su propia voluntad, desdeñando en todo caso las fórmulas de integración. Una situación lamentable que es inútil intentar disfrazar con teorías habilidosas en las que sólo los ingenuos creen y nadie practica.

Para probar lo que estoy diciendo no hace falta acudir a autores o a otros argumentos sino que basta con observar la realidad sin prejuicios y sin ánimo de deformarla. La ley es el arma que utiliza la mayoría parlamentaria para imponer sus políticas –sin compromisos ni contemplaciones– a las minorías electoralmente vencidas y estas perciben claramente en su carne que el vencedor y su ley no son neutrales; mas aceptan que esto sea así en espera de la hora de su revancha. Con frecuencia el lenguaje espontáneo es sincero y por eso se habla sin reservas corteses de una "ley socialista" o de otra "popular" o se contrapone una ley de usuarios a otra de empresarios. ¿Por qué entonces seguir manejando dogmas polvorientos que la realidad contradice?

V. PLASTICIDAD DE LA LEY

En las páginas anteriores se han repasado algunos de los caracteres reputados siempre como esenciales, que ha ido perdiendo la ley en el curso de su historia reciente. A falta de ellos ¿cuál es la función que desempeña actualmente esta venerable figura? En lo que a mí toca, paso a paso he ido comprobando en la realidad que la ley opera en unos términos muy distintos de los que me habían enseñado y a tal propósito debo confesar que cada nuevo "descubrimiento" personal suponía al tiempo un desengaño y una decepción vocacional e incluso una sensación de culpabilidad pensando en las falsedades que yo había estado explicando a los estudiantes en los primeros cursos de mi carrera avalado por la autoridad de la cátedra, ya que no de mi persona.

En el reino del Derecho descubrir es fácil: basta con abrir los ojos y observar lo que está pasando alrededor sin dejarse engañar por lo que nos dicen los que pretender orientar nuestra vista y dirigir nuestro pensamiento. Después de la observación propia viene la reflexión personal y, en su caso, la lectura. Leyendo comprobaremos que lo que nosotros creíamos haber descubierto ya lo habían constatado antes otros y esta confirmación aumentará nuestra confianza. Pero no se piense que es más cómodo o más seguro aprender en los libros, porque en ellos leemos más mentiras que verdades. Y, además, no es lo mismo servirse de la experiencia propia –vivir– que de la ajena. Yo me fío más de lo que veo y toco que de lo que me cuentan. Por supuesto que a veces mis ojos me han engañado; pero más tropezones he dado por culpa de lazarillos torpes o malintencionados.

En cualquier caso, a través de mi experiencia y con ayuda de algunos libros sinceros, he terminado haciéndome una idea de la ley muy distinta de la que corre en las universidades y tribunales: la ley es plástica o moldeable, de tal manera que con ella se pueden hacer formas diversas a gusto de quien la maneja; la ley no determina necesaria y automáticamente la solución de los conflictos y comportamientos singulares hasta tal punto que opera como una simple oferta o directriz para los jueces y ciudadanos; y, como consecuencia de todo lo anterior, se produce inevitablemente una enorme e incontrolable inseguridad jurídica. Eso es lo que había observado con mis medios y después he visto confirmado en libros muy fiables.

Ley y persona humana son inseparables puesto que aquella sin esta es un trozo de papel, letra muerta o, al menos, dormida, como una escopeta sin cazador, como una partitura sin concertista. El eterno problema del Derecho es entonces el de determinar las relaciones entre estos dos elementos. Durante un tiempo llegó a creerse, por ejemplo, que el juez era la boca de la ley y los individuos unos autómatas que obedecían ciegamente sus órdenes. Pero ya he dicho antes que actualmente se ha constatado que la situación real es muy distinta e incluso inversa: el intérprete hace decir a la ley lo que él quiere, la voluntad del juez es la que decide, la Administración se mueve con holgura dentro de los textos que ejecuta y el individuo antes de obrar calcula si y en qué medida va a ajustarse a la letra de los preceptos o prefiere arrostrar el riesgo de su incumplimiento. Los destinatarios, cada uno en su esfera, tienen a la ley en sus manos y la verdad es que la ley soporta mansamente cuanto con ella quiera hacerse.

La plasticidad de la ley es asombrosa. Nada hay tan moldeable, a semejanza del barro con el que los artistas y artesanos forman las figuras más variadas. Con la misma materia hoy condenan los jueces y mañana absuelven, hoy la ejecutan con rigor y mañana la acomodan al espíritu del tiempo y hasta retuercen su sentido sin demasiado esfuerzo con el "uso alternativo del Derecho". El jurista que conoce su oficio puede hacer maravillas con preceptos aparentemente terminantes y un juez aventurero puede dar las respuestas más impredecibles. Diferencias que no resultan del hecho de que en unos casos las decisiones se ajustan a la ley y en otros la contradicen, dado que todos afirman que están aplicando fielmente la ley y lo que sucede es que el texto admite distintas interpretaciones según sea el criterio del operador que la manipula.

La ley se convierte así no en el autor o la causa de las decisiones jurídicas y ni siquiera su referente determinante sino en un instrumento más en manos de los operadores jurídicos. Su plasticidad es extrema: un instrumento dócil que satisface a veces los intereses del arrendador y a veces los del arrendatario, por la mañana los del ciudadano y por la tarde los de la Administración. Un jurista hábil, sin variar una coma de la ley, puede ponerla al servicio de sus intereses o de los de sus clientes. Este es, en suma, el arte jurídico; esta es, en definitiva, la que suele llamarse justicia práctica. El cliente no pregunta a su asesor legal lo que dice la ley sino que le pide que haga decir a la ley lo que a él conviene. El éxito de un jurista no se mide por su clarividencia a la hora de interpretar un texto sino por su habilidad para manipular ese texto aprovechándose de su plasticidad.

VI. EL FALSO DOGMA DEL DETERMINISMO LEGAL

Insistiendo algo más en lo que acaba de decirse, añado ahora que el principio de legalidad se basa en la creencia de que las leyes predeterminan los comportamientos humanos así como la resolución de los conflictos que eventualmente pueden surgir. En su consecuencia, la ley inspira confianza porque con su mera presencia, en cuanto que respaldada por la fuerza del Estado, se asegura no sólo la existencia de un régimen objetivo sino también su aplicación ineludible. Todo está en la ley (al menos en el ordenamiento jurídico) y nada hay que tener en cuenta fuera de ella. En esto consiste cabalmente el atractivo del principio: todos sabemos lo que tenemos que hacer nosotros y esperar de los demás las consecuencias de un incumplimiento; todos sabemos igualmente en qué sentido va a resolver el juez los conflictos.

Santo y bueno; pero ahora vamos a comprobar que a la hora de ser aplicada ni los particulares ni la Administración ni los jueces se atienen a ella porque no todo está determinado en su letra y ni siquiera en su espíritu, antes bien deja un amplio margen a quien debe ejecutarla (la Administración), aplicarla (el juez) o cumplirla (los particulares). Nótese, pues, que a continuación no voy a referirme a las discordancias deliberadas entre la ley y su realización como consecuencia de la resistencia que ofrecen los sujetos que han de aplicarla, ejecutarla y cumplirla (que es cabalmente lo que explica las discordancias entre el Derecho normado y el practicado), sino a la circunstancia de que la ley, por naturaleza, deja un margen más o menos amplio a los destinatarios que han de manejarla, de tal manera que las realizaciones concretas de un mismo texto pueden ser lícitamente distintas; circunstancia que explica lo que en el epígrafe anterior llamaba su "plasticidad".

La ley no es determinante en términos absolutos porque entre ella y su realización concreta no media una estricta relación de causalidad, ya que para que esta se dé es preciso que al fenómeno A siga siempre y solamente la consecuencia A'. O sea, que operando la ley A ha de aparecer la sentencia A' y solamente ella. Sucede, no obstante, que en ocasiones aparece A' sin estar precedida del elemento A (se dicta una resolución A´ sin haber mediado la ley A). Esto significa, por tanto, que A no es causa necesaria de A', es decir, que el fenómeno A' puede ser causado por otros factores distintos de A. Y también sucede en ocasiones que al factor A no sigue el resultado A' sino otro distinto: el C o el D (una misma ley en que se apoyan resoluciones o sentencias distintas). Estos episodios tan frecuentes de causa no suficiente pueden explicarse pensando que A sólo es eficaz para producir A' dentro de un contexto determinado o integrado en un proceso determinado. O lo que es lo mismo: en otro contexto o en otro proceso pueden seguirse C o D. Pensemos en las consecuencias de la presencia primaveral de un polen de acacia. De ordinario no habrá consecuencia patológica perceptible alguna; pero en ocasiones aparecen en ciertos individuos dificultades respiratorias de tipo alérgico. Una misma causa, pues, viene seguida de distintas consecuencias, que se explican porque el polen sólo produce alergia cuando se inserta en un contexto (sequedad de la atmósfera) o se integra en un proceso (las condiciones fisiológicas del individuo) determinado. Por lo mismo, para que la ley llegue a producir una acción o resolución ha de insertarse o combinarse con otros factores, entre ellos la personalidad y la colaboración o rechazo del destinatario. Para entender el resultado hay que mirar, pues, tanto a la ley como a las condiciones peculiares del proceso, pero también a la persona individual del destinatario, sea Administración, juez o ciudadano y, en definitiva, a los distintos agentes que operan en el "escenario concreto" del que ya he hablado más atrás.

VII. LA LEY COMO SIMPLE OFERTA Y DIRECTRIZ

Cuando llegué a constatar que ni los comportamientos individuales se regulaban del todo por la ley ni tampoco los conflictos se resolvían exclusivamente por las pautas que en ella se establecían, tuve que preguntarme cuál era el verdadero papel que desempeñaban las normas jurídicas generales y cuál era su función en el Derecho. El vacío que con la indicada constatación había creado me producía un profundo desasosiego cuya superación excedía a mis fuerzas, pero que por fortuna me aclararon ciertos autores que me acompañaban, aunque nadie, ni en la Facultad ni fuera de ella, me los hubiera recomendado nunca. La consecuencia de estas dudas, lecturas y reflexiones fue que adquirí una idea de la ley muy distinta de la que me habían enseñado: tan distinta que, después de olvidar lo que sabía y empezando casi en cero, tuve que reconstruir por mi cuenta el sistema completo del Derecho y la función de la ley dentro del Estado, separándome así, bien a mi pesar, de las ideas dominantes de la comunidad académica administrativa española. En otras palabras, me quedé prácticamente solo, pues nadie se ha atrevido públicamente a seguirme o a arroparme.

En la pista me puso Hugo (al que sólo conocía por referencias de segunda o tercera mano) quien nada menos que hace justo doscientos años, en 1813, había apuntado ya que "una ley es en cierto modo sólo la iniciativa de lo que luego se realizará realmente". Una oferta en definitiva que se manifiesta en forma de directriz, como tan acertadamente pondría de relieve mucho más tarde la doctrina del "Derecho como comunicación". Por así decirlo la ley es una flecha que indica el rumbo a seguir, es decir, la dirección correcta que conduce al destino deseado por el legislador. Por lo tanto, aunque el particular admita esta indicación, no está obligado a seguir un camino preciso (al estilo de una autopista) y mucho menos rígido (al estilo de las vías del ferrocarril), sino que a veces ha de caminar por senderos que con frecuencia son borrosos o están mal señalizados y no siempre conducen a donde el caminante quiere.

Pero volvamos al siglo XIX alemán porque suele imputarse a von Bülow la primera formulación precisa de esta teoría, que deslumbró –tanto por su valor intrínseco como por la autoridad personal del rector de Berlín– a sus oyentes en el Discurso rectoral de 1885 (*Gesetz und Richteramt*) de donde se sacan las siguientes lapidarias afirmaciones: "La ley expresa una simple directriz dirigida a los destinatarios y al juez (…). El abstracto y mudo mandato de la ley no logra dominar el variado y variable movimiento de la vida colectiva. Esto únicamente puede lograrlo en colaboración (con el juez) (…). El legislador no expresa totalmente sus mandatos sino que es el juez quien ha de llevarlos hasta el final".

La semilla fructificó en este país en un reguero de autores de primera línea, como Ehrlich, Jung y Spiegel, quienes insistieron machaconamente en la misma idea. "La ley conduce al Derecho –ha escrito este último– pero ella misma todavía no es Derecho". Y de allí saltó a Francia donde fue recogida por Gény y luego a Norteamérica con Pound y toda la escuela realista empezando por Llewellyn. Y como todos estos autores son los que más han influido en mi pensamiento jurídico, también en este punto me inspiraron, si bien es verdad que yo no me he limitado a poner el énfasis en la función complementaria del juez sino que la extiendo a todos los destinatarios de las normas, es decir, también a la Administración y a los particulares.

Para mí se ha hecho ya obsesión la constante comparación entre el texto formal de las leyes y su correlativa realización, que nunca o casi nunca coinciden. ¿De qué vale entonces la lectura de los textos si no sabemos sus consecuencias, que son variadísimas pues a la misma ley pueden seguir efectos distintos? Y esto tanto en el Derecho Público como en el privado, tanto para el Estado como para los individuos.

En definitiva, para mí la ley es una oferta que brinda el Estado a los destinatarios, una directriz que recomienda. La ley pierde, pues, su exclusivo protagonismo tradicional y se abre a la coparticipación con los destinatarios (jueces y particulares) a la hora de precisar su alcance y efectos. El Derecho termina así siendo no el resultado de una imposición unilateral sino "cosa de dos", como desde otra perspectiva vienen señalando los partidarios de la teoría del "reconocimiento" o de la exigencia de la "aceptación social de las normas". Recuérdese que aquí sobre todo ello ya he hablado al exponer la teoría del escenario social concreto.

Confieso que alcanzar estas condiciones no me ha sido fácil porque durante muchos años no acertaba a entender las contradicciones entre lo que veían mis ojos y lo que teorizaba la doctrina, y es el caso que de poco vale la mera observación si no viene acompañada de una adecuada teorización. De aquí la importancia que tuvo para mí el descubrimiento de la doctrina a que acabo de hacer referencia. Gracias a esta justificación intelectual cobraron sentido mis observaciones personales y se superaron las contradicciones anteriores. Lo malo del caso es que tuve que recorrer ese camino y solo pues ningún colega español ha querido acompañarme; y en verdad que es duro vivir permanentemente aislado y fatiga pasar la vida voceando en el desierto. Cada uno tiene su propio destino y hay que aceptarlo, y a estas alturas ya me basta con dejar un testimonio sincero.

VIII. INCERTIDUMBRE JURÍDICA

Mal parada ha quedado la ley aquí después de las denuncias que acaban de hacerse, pero aún no he acabado, porque si del polo de la ley pasamos al de su aplicación, al juez, nos encontramos con la desagradable sorpresa de constatar que la ley, aparentemente tan completa y perfecta, a la hora de su realización, nos coloca siempre en una situación de incertidumbre. Mucha ley, muchos jueces y muchos juristas y a la hora de la verdad no sabemos lo que tenemos que hacer nosotros ni lo que podemos esperar de los demás, hasta tal punto que es innegable que la ley no nos trae la solución sino la duda y que lo único seguro es que, con ley y sin ella, no podemos evitar el pleito.

De estudiante creía – y así me lo habían asegurado los profesores y lo leía en los libros– que el Derecho me iba a dar previsibilidad y seguridad en mis decisiones. Pero he aquí que con el tiempo y la observación terminé encontrándome con una incertidumbre que la ley en modo alguno conseguía disipar. El Derecho pretende, en efecto, desalojar el azar de las relaciones sociales, ya que –así se entiende– gracias a él todo ha de estar previsto: cada uno sabe en cada momento lo que debe hacer él, lo que puede esperar del comportamiento de los demás y, sobre todo, las consecuencias de estos deberes y expectativas y de su incumplimiento; las leyes, dicho de otro modo, trazan previsoramente las sendas por las que han de caminar los ciudadanos y los tribunales se encargan de encauzar a los descarriados. Todo está regulado en las abultadas colecciones legislativas y en las universidades se forman especialistas capaces de desentrañar el sentido de la última coma de los textos; y por si hubiera dudas, en cada calle moran sagaces abogados dispuestos a disiparlas. Ante tantas seguridades los ilícitos sólo pueden ser obra excepcional de ignorantes rematados o de asociales de mala fe.

Y, sin embargo, a despecho de tantas leyes y de su séquito de exégetas y operadores nunca se sabe con exactitud cuál es la conducta correcta y, para mayor desgracia, no tenemos a nadie que nos saque fiablemente de nuestras dudas; y lo mismo sucede a los jueces, a pesar de ser ellos a quienes corresponde en última instancia tal tarea.

Para comprender el alcance de la seguridad jurídica –y de su pérdida real– conviene salirse del cerrado mundo intelectual de los juristas y de su patológico conservadurismo. Tradicionalmente la seguridad venía basándose en la previsión y certeza de las normas aplicables. Es decir, que se daba por supuesto que cuando el ordenamiento jurídico alcanzaba un nivel técnico suficiente, esto bastaba para que los particulares supieran a qué atenerse, dado que el Derecho eran las normas. De tal manera que, cuando las previsiones fallaban, se entendía que simplemente se había producido una anomalía interpretativa, una excepción o, si se quiere, un fallo humano. Ahora, en cambio, cuando se ha llegado a la convicción de que el ordenamiento jurídico sólo es un factor del Derecho, puesto que en su aplicación intervienen tanto las leyes como los hombres, la imprevisión de los resultados deja de ser una anomalía, un fallo humano, para convertirse en una consecuencia natural e inevitable de la imprevisibilidad de los comportamientos. Y esto es cabalmente lo que convierte al Derecho en una ciencia humana y no natural. Más todavía: los científicos aceptan sin vacilar desde 1961 la tesis de Edward Lorenz conforme a la cual en los "sistemas no lineares" (y el del Derecho desde luego no lo es) los fenómenos no se suceden indefectiblemente, como antes se creía, en una relación mecánica de causa conocida a efecto conocido, que les hacía rigurosamente predecibles sino que siempre es posible la incidencia de factores imprevistos que hacen imposible la certidumbre del resultado. Pues si esto es así con las leyes físicas, más ha de serlo con las jurídicas.

La incertidumbre jurídica se explica por la circunstancia de que la validez de las resoluciones y disposiciones jurídicas, tanto administrativas como judiciales, está en manos del órgano que dicta la última palabra y estos órganos son innumerables y cada uno tiene su propio criterio, que no coincide necesariamente con el de los demás.

Quien resuelve, cualquiera que sea su nivel, es dueño de su decisión personal puesto que tiene en su mano seguir, o no, los precedentes e interpretar a su aire la ley. Importa, por tanto, repetir esto una y mil veces: el operador jurídico es el señor de la ley, y no a la inversa, como suele decirse.

Pero todavía no he acabado con las causas de la incertidumbre ya que ahora he de recordar que en ocasiones el que cambia de criterio es el legislador y no para variar el futuro de un régimen sino con intención de incidir en situaciones que ya están en marcha e incluso en expedientes en tramitación y hasta en procesos judiciales. Nadie puede garantizar al abogado que vaya a mantenerse la legislación vigente en el momento en que se le consulta o inicia el pleito, dado que puede ser alterada luego y de hecho así sucede en no raras ocasiones; sin que aquí valga la garantía constitucional (y comunitaria europea) de la interdicción de la retroactividad, puesto que esta cláusula admite interpretaciones doctrinales y jurisprudenciales para todos los gustos.

IX. LA ILUSIÓN DE LA ÚNICA SOLUCIÓN CORRECTA

La incertidumbre nos lleva a la proposición de que, con tanta ley y tanto juez, siempre cabe la posibilidad de que se impongan varias soluciones jurídicas todas igualmente correctas.

A los juristas inexperimentados ha de sorprender, y aun escandalizar, la simple posibilidad de poner en duda la tesis de que sólo hay –y sólo puede haber– una única solución correcta a cada conflicto. Porque para la mentalidad tradicional el Derecho ha recogido un sistema binario –o correcto o incorrecto– de tal manera que lo que no es correcto es incorrecto y no hay más que una solución correcta (*veritas una*). Ahora bien, en la actualidad, y salvo contadas excepciones, ya nadie discute la existencia real de varias soluciones jurídicamente correctas, puesto que la pluralidad es un dato que puede constatarse empíricamente cada día. Esta es, por otra parte, la única explicación plausible del hecho habitual de las sentencias contradictorias. La experiencia enseña, en efecto, que con las mismas normas, los jueces dictan sentencias diferentes para supuestos idénticos. En consecuencia, quienes mantienen la tesis de la solución correcta única están admitiendo que la mitad de las sentencias firmes son incorrectas y que en último extremo vivimos en la ilegalidad generalizada de una buena parte de la jurisprudencia. Además, no hace falta recordar aquí que la conciencia de la posibilidad de varias sentencias distintas es una constante histórica bien conocida aunque tercamente disimulada. Situación fomentada por unas discrepancias doctrinales que se han hecho proverbiales ya que no existen dos autores que tengan la misma opinión sobre un punto delicado.

A partir de este hecho algunos –los menos– sostienen que la solución correcta es una sola y que las demás son incorrectas y están equivocadas; mientras que otros –la mayoría– entendemos que de ordinario caben varias soluciones legalmente correctas y que esta circunstancia es una nota característica de la función judicial. La tesis sostenida en una sentencia no puede demostrarse (en el sentido lógico del término) sino únicamente argumentarse y en esta argumentación caben infinidad de opiniones contrarias, cuyo poder de convicción depende de la habilidad del expositor y de la receptividad del auditorio.

El litigante que pierde un pleito no debe pensar que su abogado es un ignorante que le ha asesorado mal, porque lo que ha sucedido es que la solución imaginada por él no ha coincidido con la que tenía el juez, de tal manera que es perfectamente posible que, repetida ante otro juez, tenga la fortuna de prosperar. La lógica de la única solución correcta nos llevaría a retirar la licencia por incompetentes a los abogados que perdiesen un pleito y a expulsar de la carrera, por la misma razón, a los jueces cuyas sentencias fueren revocadas en segunda instancia. El secreto de ganar un pleito no consiste en "tener razón" sino en tener la misma razón que el juez que ha de decidir. Esto lo saben bien los abogados experimentados y por eso se esfuerzan tanto en escoger al juez que, por su psicología y antecedentes, acostumbra interpretar las leyes de una manera favorable a los intereses de su cliente. O por decirlo de otra manera: el buen abogado juega con naipes marcados.

X. LA INCONGRUENCIA DE LA VALIDEZ Y DE LA EFICACIA DE LAS RESOLUCIONES ILEGALES

Es moneda corriente la de afirmar que las sentencias (y en general las proposiciones jurídicas) ilegales (producidas por error o prevaricación) son inválidas. Afirmación inadmisible que es consecuencia de confundir ilegalidad con invalidez. La ilegalidad (o discordancia entre un acto y una norma) es el resultado de una constatación. Se trata, por tanto, de que el operador jurídico, sea juez o no, contrasta acto y norma y a su vista constata o una concordancia (legalidad) o una discordancia (ilegalidad). La invalidez en cambio es el resultado de una valoración realizada oficialmente por un órgano constitucionalmente idóneo. Porque es el caso que el ordenamiento jurídico no califica, sin más y siempre, de inválidos a los actos jurídicos ilegales, dado que admite ilegalidades no invalidantes (por ejemplo, –y por aludir a un supuesto tan frecuente como intrascendente– cuando se trata de discordancias leves o irrelevantes). En definitiva, pues, nos encontramos ante dos juicios sucesivos: un juicio de ilegalidad primero, que es el resultado de una constatación de discordancia, que de ordinario no tiene consecuencias jurídicas directas, y un segundo y posterior juicio de invalidez, que es el resultado de una declaración formal expresa sobre el alcance jurídico del hecho mismo de la ilegalidad. Los actos no son, por tanto, inválidos por sí mismos sino porque así lo declara un órgano judicial que tiene competencia para ello. Y mientras no tenga lugar esta declaración formal son válidos y eficaces por muy graves que sean sus vicios. De aquí el hecho de que existan innumerables actos ilegales por tener un vicio, pero válidos porque no haya habido un juez que así lo haya declarado.

Entender que un acto es ilegal está al alcance de todos y no produce más que consecuencias intelectuales; mientras que declarar que es inválido está reservado a ciertos órganos a los que se ha concedido potestad para hacerlo (los jueces en última instancia) y sus efectos son constitutivos.

La consecuencia de este mecanismo es que de ordinario conviven en pie de igualdad los actos legales y los ilegales y que ambos grupos tienen en ocasiones el mismo régimen. La línea de separación entre unos y otros no pasa por la conformidad o disconformidad con la ley sino por la existencia de una declaración formal expresa de invalidez y es el caso que sólo una reducida porción de actos ilegales es objeto de tal declaración expresa.

Y más todavía: los actos declarados inválidos siguen produciendo efectos en tanto no se produzca una nueva declaración de ineficacia o de anulación de efectos ya producidos; lo que reduce aún más el círculo real de las consecuencias de la ilegalidad.

XI. TRIVIALIZACIÓN DEL DOGMA

Las observaciones anteriores –dicho sea a modo de resumen de los epígrafes precedentes– nos proporcionan una visión del mundo del Derecho muy distinta de la que habitualmente corre: las leyes no son generales y abstractas ni el legislador imparcial, por lo que en consecuencia no protegen por naturaleza al ciudadano sino que, al contrario, constituyen un enemigo potencial y a veces real; es ilusoria la idea de que gracias a las leyes los conflictos tienen una única solución correcta por lo que las relaciones sociales se encuentran siempre en una situación de incertidumbre, y en cualquier caso los efectos de la ley son débiles debido a que, además de lo dicho, hay que contar con la validez y eficacia de los actos y comportamientos ilegales. Circunstancias todas que explican la obsolescencia del pregonado imperio de la ley, cuyo valor es simplemente ideológico, así como la enorme distancia que separa el Derecho normado del Derecho practicado.

Más todavía: en los últimos años se ha entrado en la peor de las fases imaginables: la trivialización. El principio de la legalidad junto con el Estado de Derecho están constantemente en boca de los políticos y de los "formadores de opinión" de la más baja estofa, quienes, sin saber ni aproximadamente de lo que se trata, los utilizan machaconamente como conjuros para resolver todos los problemas irresolubles y justificar lo injustificable, hasta tal punto que han conseguido vaciar por completo de significado dos conceptos que en su día contribuyeron en buena medida a la formación de los Estados occidentales. Las ideas pueden defenderse de las críticas y sobrevivir a la represión; pero su peor enemigo son el silencio y la trivialización.

En definitiva, si queremos comprender el mundo actual del Derecho hemos de operar con un nuevo paradigma muy distinto del que nos han enseñado. A su elaboración y propagación he dedicado mi vida desde hace cuarenta años. Otra cosa es que mi voz no haya llegado demasiado lejos. Pero ahora conviene seguir dando vueltas a las causas que han provocado la estrepitosa caída de un imperio milenario aparentemente tan sólido. ¿Cómo es posible que se hayan atrevido algunos juristas (y no juristas) a derribar la ley de sus altares tradicionales? ¿De dónde han salido esos apasionados iconoclastas y con qué argumentos justifican sus actos sacrílegos?

XII. PRIMERA CAUSA DE LA DECADENCIA: PÉRDIDA DE LEGITIMACIÓN

Una institución no suele entrar en decadencia por una sola causa sino que de ordinario influyen varias concausas que se potencian recíprocamente.

En nuestro caso la que primero llama la atención es la pérdida de legitimación, que resulta singularmente importante para un principio que, como el de legalidad, es de naturaleza mítica más que racional. Las gentes necesitan una explicación que justifique algo tan importante como es la sumisión incondicional a una voluntad ajena expresada en la ley. Justificación que se encuentra en su singular legitimación. Y a tal efecto siempre se ha hablado de la doble legitimación de la ley: una de origen y otra material o de contenido.

La legitimación de origen se encuentra o en el soberano o en el pueblo. Esta última es actualmente la más generalizada en la filosofía política. El pueblo es la base de la ley: a ella está sometido porque es obra suya y opera como una especie de autosumisión que explica la obediencia que se le debe. El pueblo –se dice– es el autor de la ley. Con lo cual la dignidad del sometido queda salvaguardada y justificada por la circunstancia de la voluntariedad de la sumisión.

En otros casos el origen de la legitimación se encuentra en el soberano del que emana la ley, que se explica o bien por delegación del pueblo; o bien por encargo directo de Dios (explicación históricamente dominante pero que en la cultura laica actual ya está decididamente pasada de moda); o bien, pura y sencillamente, por la fuerza.

La legitimación material o de contenido de las leyes se ha basado tradicionalmente en la justicia que en ellas se manifestaba y que justificaba por sí misma la sumisión, pues todos entienden que se obedezca a lo justo. Y si no es por la justicia, la ley se legitima por la razón, sea divina o natural, que expresa; o por el bien común o interés general que persigue e incluso por su misma generalidad e imparcialidad, que son la garantía de todas las anteriores cualidades. Ahora bien, todas estas fuentes de legitimación se han secado hoy y en consecuencia la ley ha perdido su imperio.

Como de la generalidad, igualdad e imparcialidad ya se ha hablado antes, veamos seguidamente, una por una, las demás cuestiones.

XIII. LA JUSTICIA EXPULSADA DE LA LEY: LOS VALORES

La justicia y el Derecho siempre han estado íntimamente relacionados pues suele entenderse que sin justicia no hay Derecho, aunque bien es verdad que puede haber justicia sin Derecho. En la Facultad me explicaron que así vienen las cosas desde Roma, pero nunca logré entender bien qué eran la una y el otro. También había una asignatura llamada Derecho Natural, que se refería fundamentalmente a la Segunda Escolástica y a los teólogos de Salamanca, que, al parecer, habían emborronado montañas de papel analizando las cuestiones *de Iustitia et iure* en libros que con toda evidencia los profesores no habían leído y que, en consecuencia, no podían intentar aclararnos lo que seguía siendo un misterio para todos. Más tarde me enteré por mi cuenta de que los juristas europeos habían precisado que hasta el siglo XVII el mandato del soberano no se consideraba como ley si no era justo. La justicia era, por tanto, un atributo esencial de la ley. Sin embargo, posteriormente el soberano se desentendió de la justicia y sus corifeos (Bodino y Hobbes por delante) separaron ambos conceptos. La ley, a partir de entonces, era ley en cuanto voluntad del monarca y su imperio nada tenía que ver con la justicia. Esta es una cuestión dilemática que nunca ha podido resolverse de manera convincente, por lo que aún sigue abierta; pero es sabido que en determinados momentos históricos ha predominado con claridad una opción sobre la otra.

El abandono de la justicia en los años del Barroco y que es habitual en los tiempos presentes fue un gesto realista, entre otras razones por la rabiosa subjetividad de esta. La justicia en singular y abstracto no existe. Cada uno tiene su propia idea de justicia, que no coincide con la de sus adversarios y que se refiere siempre a actos y personas concretas. Nadie se atreve a definir la justicia pero todos sentimos instintivamente si un acto es justo o no: la llamada "justicia concreta" se percibe de ordinario sin dificultad y con gran precisión. Dictada una sentencia, quien ha ganado la considera justa con la misma convicción con que el perdedor siente que ha sido tratado injustamente. En los asuntos de garra popular terminan enfrentándose en la calle manifestantes que "piden justicia" entendida como una elevación de la pena impuesta, frente a otros que también "piden justicia" entendida como una absolución. Quien ejerce la profesión de abogado afirma indefectiblemente que la justicia está de parte de su cliente y algunos llegan a creérselo. En último extremo lo mejor es no tocar los grandes conceptos: es preferible sacralizarlos colocándolos en un altar y se les rinde culto, pero sin pretender entenderlos. Y es el caso que pueden ser útiles cabalmente por ser ininteligibles: como la Santísima Trinidad, la patria o la libertad. *Noli me tangere.*

Personalmente pude verificar empíricamente esta actitud negativa en unos cursos de doctorado que dirigí en la Universidad Complutense. Semanalmente enunciaba casos reales o hipotéticos que los asistentes habían de resolver y discutir con criterios no legales sino de mera justicia. Pues bien, salvo supuestos extraordinarios, nunca coincidían las opiniones de los participantes, debido cabalmente a que cada uno tenía su propia idea de justicia. Un experimento, según se ve, fácil de repetir incluso en una tertulia casera.

La justicia, en suma, ha sido expulsada de la ley, que puede perseguir libremente los fines del Estado sin tener que rendir cuentas a aquella, pues no hay modo de determinar con criterios objetivos si una ley que impone por ejemplo una determinada cuota de participación femenina es justa o no. Pero si la justicia abstracta ha desaparecido, no así la justicia concreta, es decir, el sentimiento de justicia. Acabamos de ver como un hecho empíricamente verificable que no es posible precisar el contenido de la justicia abstracta; pero también es verificable la existencia de un sentimiento personal de justicia, que dice a cada uno –no se sabe a través de qué mecanismos psicológicos– si un acto concreto es justo o injusto, incluso aunque no pueda argumentarse intelectualmente, cabalmente porque es un sentimiento afectivo y no una convicción intelectual que puede ser razonada.

En la práctica el juez suele interpretar las leyes de acuerdo con lo que él cree que es justo y los manifestantes callejeros que se pronuncian luego a favor o en contra lo hacen de acuerdo con lo que ellos creen que es de justicia. Unos y otros han formado su opinión no por la razón (como afirmaban los iusnaturalistas) ni por la autoridad o la fe (como afirmaban los escolásticos) ni por la estadística (como afirman los demócratas a ultranza, quienes entienden que es justicia lo que beneficia a la mayoría del pueblo), sino por el sentimiento individual, pues es el sentimiento el que percibe la justicia y, por tanto, cada uno tiene por justo lo que él percibe o siente.

Con todas estas experiencias y reflexiones yo he terminado creyendo en la justicia, mas no como idea abstracta y mucho menos intertemporal, sino como sentimiento, que es una realidad verificable en cuanto que yo y casi todos los seres humanos percibimos nuestros propios sentimientos de justicia, compartidos o no por los demás hombres. Comprendo que los juristas en su inmensa mayoría rechacen este concepto de justicia individualista personal y, por ende, relativista; pero es reconfortante vivir acompañado por juristas de tan singular valía como Calamandrei, quien ha escrito que "el sentimiento de justicia, mediante el cual, una vez conocidos los hechos, se siente de golpe de qué parte está la razón, es una virtud innata, que no tiene nada que ver con la técnica del Derecho".

Ahora bien, la justicia, expulsada de la ley, encuentra a veces su refugio en los tribunales cuando un juez dicta su sentencia impulsado por su sentimiento personal de justicia concreta. Ordinariamente los que así obran son lo suficientemente prudentes como para ocultar la verdadera causa de su decisión y justifican hipócritamente su sentimiento con argumentos legales; pero en ocasiones más bien excepcionales se limitan a aludir a su sentimiento de justicia que consideran superfluo argumentar.

El Estado moderno ha terminado, al fin, abandonando sin tapujos a la justicia y renunciando a mantenerla en la lista de sus fines concretos (recuérdese que uno de los lemas del franquismo era "Patria, Pan y Justicia"). En su lugar ha colocado un objetivo algo más tangible –el Derecho, la ley– aunque no ya como fundamento de su existencia sino como un simple, por muy importante que sea, instrumento de estabilidad social. O en otras palabras: el compromiso político no es ya realizar la justicia evanescente sino aplicar el Derecho, o sea, cumplir y hacer cumplir las leyes. El jurista, por su parte, deja a un lado por lo común preocupaciones metafísicas que no llevan a ninguna parte y se atiene a lo que toca con sus manos: unas leyes que puede leer, un cliente cuyos intereses conoce y un juez al que acudir.

Desde tal perspectiva, el Derecho –desentendido totalmente de los valores, aunque muchos se nieguen a reconocerlo– es técnicamente un juego y las leyes sus reglas. Las reglas de juego son en rigor intrascendentes porque no tienen el menor contacto con la realidad ni están inspiradas por –o persiguen– objetivos metalegales. En el ajedrez el caballo se mueve en saltos angulares cuando es notorio que los cuadrúpedos no se desplazan así por el campo. El ajedrez vive encerrado en sí mismo y el que quiere jugar ha de aceptar sus reglas. Igualmente el jurista ha de someterse a las leyes sin preocuparse de su finalidad, racionalidad o justicia.

Las leyes –como todas las reglas de juego– no van más allá del ganar o del perder, no trascienden a otros fines (como el de hacer justicia, según se decía antes). Por ello el jurista se siente cómodo con ellas, ya que sabe que el único secreto del triunfo es la habilidad. Con las mismas reglas gana el más hábil, no el más justo: un auténtico desafío intelectual e incluso vital.

Por lo que a mí personalmente se refiere, yo he aprendido de esta polémica el escaso peso real que tienen este tipo de discusiones: lo que ha venido a reafirmar mi profundo escepticismo.

No puedo recordar con exactitud cuándo se me abrieron los ojos en este punto. La verdad es que empecé muy pronto a tener sospechas de que algo andaba desajustado; pero la idea era tan arriesgada que no me atrevía a asumirla y puesto que nadie, absolutamente nadie, hablaba de ello, pensaba que el error tenía que estar en mí. Las opiniones de Marx al respecto eran ciertamente contundentes pero no me parecían demasiado fiables. Hasta que cayó en mis manos un texto de 1921 de Johannes Leeb, autor que me era y sigue siendo desconocido, pero que me dijo exactamente lo que yo estaba esperando: "La mentira lucha y triunfa en el Derecho. La justicia es el grito de guerra de los mentirosos en sus operaciones de latrocinios y saqueos (...). Los partidos crean las leyes de acuerdo con sus intereses sociales, económicos y éticos. Todas las majestades han caído y entre ellas la majestad de la ley". Una formulación demasiado plana o reduccionista desde luego; pero que me dio confianza para seguir pensado por mi cuenta en esta dirección, que ya no he abandonado.

Intentando llegar al fondo de las cosas, el verdadero problema no está en la expulsión o retención de la justicia dentro del Derecho sino en los valores en general y singularmente en la compatibilidad de valores contradictorios.

A partir de Bentham –e incluso antes si se tienen en cuenta los principios de policía del Antiguo Régimen– muchos autores han sostenido que el fin y, por ende, la legitimación de las leyes no es la justicia sino la utilidad. Las leyes que recortan el alcance del derecho de propiedad privada en beneficio de intereses urbanísticos o medioambientales o fiscales no son justas y más cuando se refieren a propiedades individuales incluidas discrecionalmente en un plan urbanístico, pero pocos se atreven a objetarlas si están pensando en la utilidad social de sus resultados. Y casi lo mismo puede decirse de las pensiones no contributivas o de la extensión de las prestaciones sanitarias a extranjeros cuando hay tantos españoles que no pueden acceder puntualmente a ellas. Buena parte de la legislación moderna no está orientada por la justicia sino por la utilidad y en caso de incompatibilidad o contradicción priva de ordinario la utilidad; pero ¿qué utilidad y quiénes salen ganando con ella?

XIV. LA TAUTOLOGÍA DEL BIEN COMÚN O INTERÉS GENERAL

Descartada la relevancia legitimadora de la justicia pasa a primer plano la fórmula alternativa –o más bien complementaria– de otro valor, el del interés general o bien común que decían nuestros clásicos. Según esto, el objetivo de la ley, como el de todo el Derecho, ha de ser inexcusablemente el bien común hasta tal punto que su ausencia deslegitima la ley y autoriza su desobediencia.

Una tesis teóricamente impecable y que fue desarrollada con cansada prolijidad durante la Baja Edad Media y buena parte de la Moderna, pero que tenía las ventajas e inconvenientes propios de las teorizaciones evanescentes: satisfacía intelectualmente pero resultaba inaprovechable en la realidad debido a la imprecisión de su base, dado que era imposible encontrar un concepto objetivo del bien común, exactamente igual que sucedía con la justicia. Todos estaban de acuerdo en las exigencias del bien común, pero el desacuerdo aparecía inevitablemente a la hora de determinar dónde estaba ese bien común en concreto.

En mis tiempos de estudiante todavía se hablaba del bien común, pero pronto se pasó de moda esta expresión para ser sustituida a los mismos efectos por la de interés general, que es el que recoge orgullosamente la Constitución. La Administración –se dice en ella– debe servir los intereses generales de acuerdo con la ley. Una fórmula que ensalza la ley y pretende abroquelarla frente a sus eventuales críticos: pero que en realidad es una tautología con la que se pretende justificar la soberanía del poder público. Porque al Estado le basta con declarar de interés general cualquiera de sus objetivos –por intrascendente o irregular que sea– para legitimar sus mandatos y nadie puede contradecirle habida cuenta de que no puede afirmarse con criterios objetivos lo que es el bien común o el interés general. Sobre estos conceptos –como sobre todos los confusos– han corrido ríos de tinta; pero han resultado inútiles cuantos esfuerzos se han hecho para precisarlos. Al esclarecimiento de esta cuestión dediqué hace años un largo trabajo ("La Administración sirve con objetividad los intereses generales" en el *Libro Homenaje a García de Enterría*), donde después de repasar cientos de autores y de opiniones, llegué a la conclusión desoladora e irrebatible de que interés general es el interés que así es declarado por quien tiene el poder de hacerlo. De esta manera se desvanece la utilidad que pretende obtenerse de la formulación constitucional. Porque el Estado puede legitimar cualquiera de sus normas, por aberrante o trivial que parezca, con el simple arbitrio de declarar que su materia es de interés general. Por decisiones soberanas es de interés general la retransmisión televisada de un partido de fútbol o la distribución gratuita de anticonceptivos (y por ello pueden fomentarse) y no es de interés general el toque de campanas de una iglesia católica (y por ello puede prohibirse) aunque sí lo sea, en cambio, la cesión gratuita de terrenos para la construcción de mezquitas.

Quien tiene potestad para declarar el interés general, es dueño de la ley y todas quedan legitimadas cuando son tocadas por esta varita mágica. Para los juristas ortodoxos esto basta; pero para mí es una maniobra burda que, si satisface el sentido jurídico, no, desde luego, el sentido común. El interés general (o el bien común) no son suficientes para cubrir la descarnada voluntad del soberano o, en otras palabras, no legitiman la ley por tratarse de una simple seudolegitimación.

XV. LA FUERZA COMO ÚLTIMA CAUSA DE LEGITIMACIÓN: *IUS EST IN ARMIS*

Cuando los juristas y los ciudadanos han ido descartando las posibles legitimaciones (a las que acaba de hacerse un repaso y a otras más que los filósofos imaginativos invocan) en cuanto que ya no son compatibles con la cultura de una sociedad avanzada, sólo queda una justificación plausible: la fuerza. Lo curioso del caso es que de la existencia de esta causa siempre se ha tenido conciencia; pero la hipocresía social nunca ha querido reconocerlo y ha preferido acudir a subterfugios que la ocultasen; y lo mismo está sucediendo ahora. Hoy nos asombra que en la Edad Media y principios de la Moderna los intelectuales no hablaran directamente de la fuerza en que se apoyaban los señores feudales y los monarcas para imponer sus leyes y se inventaran la justificación divina o la de una delegación del pueblo. Pues bien, exactamente lo mismo está sucediendo ahora. La fuerza sigue siendo la explicación de la soberanía, pero los políticos y los juristas lo ocultan y prefieren buscar su respaldo en alguna otra razón: el proletariado, la raza y, entre nosotros, la democracia como legitimadores de cuanto ordenen los gobernantes.

Aunque aún es más rudimentario el argumento constitucional. Todo está justificado –se dice– por la constitución básica; pero ¿quién ha legitimado a la constitución? El pueblo mediante un referéndum –dice la respuesta ortodoxa–; pero nadie quiere reconocer que no llegaría a uno por mil el número de votantes de la Constitución de 1978 que la había leído y ni al uno por diez mil los que la habían entendido medianamente. La verdad es que en el referéndum no se aprobó un texto sino que se votó en blanco, como manifestación de confianza a sus autores y porque no se había ofrecido otra alternativa. La constitución a estos efectos no pasa de ser una metáfora política como lo fueron en su día el contrato social o la delegación popular de los teólogos juristas de Salamanca.

Los juristas no admiten este planteamiento alegando que no pertenece al Derecho sino más bien a la sociología; pero no dudan en rechazar el referéndum franquista que, si se prescinde de su contexto histórico o sociológico, fue impecable desde el punto de vista jurídico formal.

La ley es hoy, en suma y como cualquier observador informado sabe de sobra, la expresión de la voluntad del partido gobernante eventualmente atemperada por algún pacto político o por imposición de alguna fuerza extraparlamentaria tanto nacional como extranjera. Antes de llegar a la mesa, en las cocinas de las Cortes participan individuos que carecen de título formal pero que saben aderezar las leyes con ingredientes tan turbios que mejor sería no conocerlos.

La consecuencia de cuanto acaba de decirse es evidente: si la ley no está legitimada por la justicia ni por el bien común sino que su única base es la fuerza, es inevitable que haya disminuido su atractivo para los ciudadanos y perdido su carácter sacro. La ley carece de autoridad por sí misma y no tiene otro respaldo que la fuerza de quien la dicta e impone. El principio de legalidad ya no puede mantenerse ni teórica ni políticamente y el imperio de la ley, descubierta su impostura, se ha derrumbado aunque formalmente subsista como sucedía con el imperio romano en el siglo V cuando los bárbaros lo habían arrasado pero seguían reconociéndolo como una referencia simbólica.

La cuestión de las legitimaciones –y la conclusión final de que la única legitimación posible es la fuerza– no es un mero entretenimiento intelectual de profesores ociosos sino algo de enorme relevancia práctica y de singular trascendencia política. Porque la eficacia de la ley sólo llega hasta donde alcanza su causa legitimadora. Por esta razón los que sostenían la tesis de la justicia admitían la desobediencia de la ley injusta. Y al sostener la tesis de la fuerza, hay que admitir la desobediencia de las leyes cuando no estén amparadas por ella. Actualmente los ciudadanos saben de sobra hasta dónde llega la cobertura real del Estado –a través de sus policías y de sus jueces– y, pasando ese límite, la desacatan de forma abierta y con absoluta impunidad. Unos grupos de transeúntes decididos bastan para impedir un desahucio. Un gobernante autonómico y hasta un alcalde de pueblo resisten con éxito la aplicación de una ley en su territorio. Las leyes sólo llegan hasta donde alcanza la punta de la espada que les sostiene.

Ocioso será indicar aquí que la alusión a la espada no pasa de ser una imagen literaria puesto que cuando me refiero a la fuerza no estoy pensando solamente en la fuerza física, en la violencia o en el terror, sino en algo mucho más eficaz y que siempre y en todos los lugares se ha practicado, o sea, en la coerción psicológica apoyada en la lengua, la religión, la educación y la propaganda. Por medio de estos instrumentos se induce al individuo –sin llegar a obligarle físicamente– a aceptar y obedecer una consigna y en su caso una ley, produciéndose así pacíficamente el "reconocimiento" de que hablaba Hart. Las leyes –podría decirse entonces ampliando la imagen– llegan hasta donde alcanza la punta de la espada o la coerción psicológica de quien las impone. Un paso más allá se convierten en consejos de seguimiento impredecible. El impuesto se trasforma en aportación voluntaria y el cumplimiento de los mandatos y respeto de las prohibiciones en un acto de rutina o en una cuestión del fuero interno de la conciencia individual.

En el curso de mi experiencia personal cada vez que tomaba conciencia del peso de los descartes que acaban de ser enumerados, se producía en mi interior una angustia vital, pues sentía que a mis pies se abría un abismo en el que se hundían todas las convicciones recibidas en que se apoyaba no sólo mi profesión sino, lo que es más grave, mi vocación. Un vacío semejante al que debe sentir el sacerdote que pierde la fe en la eucaristía: ¿cómo justificar entonces su presencia ordinaria en el altar? Si la última legitimación de la ley es la fuerza, ¿cómo podía justificar yo –y por jurista me tenía y me tengo– el devoto servicio a la ley? ¿Era honesto hablar diariamente a los estudiantes sin revelarles este tenebroso secreto? Reconozco que no me resultó fácil sincerarme, al fin, ante ellos aunque confieso también que muchos no se sintieron afectados y sólo algunos han compartido mis angustias y obrado luego –en lo que sé– en consecuencia.

Para mí la cosa ha quedado clara. Han dejado ya de torturarme las dudas sobre la verdadera legitimación de la ley, cuya búsqueda he abandonado porque ahora estoy convencido de que la ley escrita no necesita ni tiene legitimación posible. En este punto el nihilismo se ha consumado y me he quedado tranquilo. Que otros, con más ánimos, sigan intentando desenredar este nudo gordiano.

¿Será la legitimación un problema inútil, una cuestión convencional? Porque es el caso que cuando se prescinde de ella se simplifican notablemente las cosas. El lobo no necesita buscar una legitimación –aunque podría encontrarla sin dificultades– para justificar que devora corderos, ni tampoco el león para dirigir la manada. Sólo el hombre se empeña en adornar su comportamiento con el título de rey de la creación y justificar sus conquistas con apoyos religiosos o étnicos. En las sociedades humanas y animales los dominantes dirigen a los dominados y en su caso los oprimen y parasitan con la misma naturalidad con que los agujeros negros absorben cuerpos celestes y la noche sigue al día. No confundamos la explicación con la justificación. Gracias a las leyes intelectuales de la gravitación entendemos el curso de los astros; pero estos se mueven sin necesitar de tales leyes y sería locura creer que las elipsis planetarias son consecuencia de –o están obedeciendo a– unas fórmulas matemáticas inventadas por seres humanos.

No nos compliquemos la vida con la búsqueda de justificaciones ni exijamos siempre legitimaciones para todas las relaciones sociales, pues bastante tenemos con entenderlas y explicarlas.

El principio de la legalidad como motor de la acción del Estado, como requisito imprescindible de todo el comportamiento público es una exacerbación política paroxística que ha descarrilado al Estado de Derecho. Es un disparate exigir que haya una ley previa a cualquier actuación del Estado por la sencilla razón de que es imposible que el legislador prevea lo que va a suceder en el futuro, como hemos visto recientemente con la crisis mundial. Ante ella el Estado tenía que reaccionar fulminantemente aunque no contase con una ley que se lo indicase; mas no por ello quedó paralizado ni quebrantó el principio de legalidad porque este, debidamente entendido en la actual coyuntura histórica, no es que el Derecho inicie y ordene la marcha del Estado sino que el Estado, una vez tomada una decisión, la realice de acuerdo con las leyes que, aun siendo estas obra suya, ofrecen una cierta seguridad a los ciudadanos. El Derecho, en suma, no es un requisito de la actuación pública sino un modo de desarrollarse esta o en otras palabras: no es motor ni causa sino instrumento.

XVI. SEGUNDA CAUSA: AFIRMACIÓN CRECIENTE DE LOS COMPETIDORES DEL LEGISLADOR

La pérdida de las legitimaciones tradicionales tenía que arrastrar consigo necesariamente la pérdida del respeto a la ley, a la que ya no protegía su aureola sacrosanta. Y, por lo mismo, la conciencia de que la base de la ley es la fuerza tenía igualmente que estimular a sus competidores, hasta entonces mansamente sujetos al papel subordinado que les había asignado la propia ley y que ahora ya no estaban dispuestos a seguir tolerando. Para la ley –y así se establece de forma expresa en los códigos– la norma creada directamente por el pueblo (costumbres) sólo es admisible en la medida que sea aceptada por ella; y la obra de los jueces no es en modo alguno creadora sino el resultado de la búsqueda de la proposición normativa adecuada. La ley, en definitiva, no admite competidores y en todo caso pretende dominarlos; pero estos se han levantado afirmando el papel que realmente desempeñan en la vida del Derecho. Así he podido yo observarlo directamente y la explicación de este proceso es muy sencilla: si en último extremo la ley está legitimada por la fuerza y esta es suficiente para prestarle efectos normativos, nada tiene de particular que si otros sujetos se sienten con fuerza bastante, también afirmen su creatividad normativa.

En la historia española que yo he vivido y dejando a un lado las normas militares del Derecho de Guerra, cuya superioridad respecto de las leyes y constitución nadie puso nunca en duda, el primer grupo social que se equiparó al legislador fue el partido único y su organización sindical que durante la primera época del franquismo normaron sin resistencia la disciplina de sus miembros y además la del enorme e importante sector económico que las leyes estatales habían abandonado en sus manos. Protagonismo que a decir verdad no duró mucho, puesto que el Estado administrativo del Tardofranquismo puso especial empeño en liquidar cuanto antes estas manifestaciones normativas paraestatales.

La verdadera decadencia de la ley empezó con la democracia. Lo que no deja de ser paradójico si se piensa que la Constitución había colocado expresamente a aquella en el centro del santuario del Estado de Derecho. Pero como al mismo tiempo había reconocido también la independencia del poder judicial, dio ocasión a la magnificación de un poder competidor del legislativo: lo que probablemente no había sido su intención. Los jueces estaban originariamente para aplicar las leyes mediante su simple interpretación –nunca para sustituirlas– y en su caso para controlar las actuaciones administrativas desde la ley, nunca desde sus criterios propios. Pero es el caso que poco a poco fueron tomando conciencia de la fuerza de sus decisiones, de sus efectos normativos inequívocos, puesto que, al igual que las leyes, servían de pauta para comportamientos futuros y de criterios para la resolución de otros conflictos. Su papel era, por tanto, similar al de las leyes e incluso tenía más fuerza real que estas, puesto que nadie dudaba en seguir por precaución los criterios judiciales mucho más que los legales, dado que iban a ser los jueces, y no los legisladores, quienes revisarían sus conductas en casos de conflicto. Y, además y sobre todo, quien en Derecho decide es el que habla el último y son los jueces, y no el legislador quienes tienen la última palabra. Ellos interpretan a su aire la ley y la corrigen cuando quieren sin que las Cortes se lo reprochen luego; mientras que las Cortes sólo en excepcionales ocasiones rectifican las decisiones de los tribunales. De esta manera, sin crítica ni escándalo de nadie, se convirtieron los jueces en competidores de los legisladores y el Estado de Derecho pasó de ser un Estado Legislativo a un Estado Judicial.

He aquí, pues, que la ley en su fase de aplicación tiene que pasar el filtro del juez y ganarse su aprobación: un juez a quien gusta ejercer de aduanero diligente que decide lo que puede hacerse y lo que está vedado o debe ser modificado.

La Administración, por su parte, no tiene desde luego las potestades del juez, pero a la hora de ejecutar la ley habla después del legislador y en consecuencia puede también manejar la ley a su gusto y, aunque detrás de ella tiene al juez, con frecuencia, cuando este no interviene, pronuncia de hecho la última palabra y poco puede hacer el legislador para corregir sus desviaciones. En su consecuencia la Administración –a reserva de una intervención judicial posterior, siempre posible pero estadísticamente improbable– actúa como un nuevo competidor de la ley imponiendo su voluntad a los particulares.

Y aún es más grave incluso la conducta de estos, porque si bien es verdad que detrás de ellos tienen a veces el control de la Administración y del juez, esto sucede en escasa proporción y en consecuencia también pueden cumplir o no cumplir la ley y actuar, en último extremo, de acuerdo con su voluntad y no con la del legislador. La verdad es que entre unas cosas y otras la ley –pese a la pompa de su soberanía formal– está enormemente condicionada a la hora de su aplicación, ejecución y cumplimiento. Un proceso que se acelera de año en año, pues desde 2012 se están viendo resistencias –como las de algunas Comunidades Autónomas– que hasta hace poco eran inimaginables y por delictivas se les tenía.

El deterioro de la ley es, en suma, manifiesto y nadie que esté mínimamente enterado lo desconoce; pero las reacciones que a tal propósito se producen son, como mínimo, sorprendentes. Los profesores, salvo excepciones, no aluden a ella en las aulas para no apartarse de las rutinas docentes del siglo XIX. Y lo mismo sucede con el discurso político oficial que conserva impertérrito su actitud lírico-laudatoria al imperio de la ley, como si nada hubiese sucedido.

Por lo que a mí se refiere, mis tempranos conocimientos de la Administración pública en mi calidad de funcionario, así como mis constantes relaciones con la práctica judicial y con los jueces me permitieron percatarme con detalle de lo que estaba sucediendo.

XVII. UN NUEVO PARADIGMA

1. Al final del anterior recorrido nos encontramos en un campo de ruinas: las del pomposo imperio de la ley y de su clave de bóveda: el principio de la legalidad. Hemos descubierto falsedades y contradicciones, aporías insuperables que hacen el sistema legal insatisfactorio pero que, un tanto renqueante, sigue funcionando aunque sea desajustado ya al sistema político en que se inserta. En cualquier caso no se ha producido ni un vacío ni un colapso: sencillamente al paradigma legal anterior ha sucedido otro nuevo que permite que la máquina estatal continúe su marcha, si bien a un ritmo distinto.

De esta manera tenemos que el Derecho –que es emanación y al tiempo sostén del Estado– se manifiesta en dos paradigmas distintos: uno aparente, virtual, que es el tradicional y que, a pesar de haberse vaciado (según hemos visto en las páginas anteriores), sigue operando como parte esencial de la gran ficción que es el Estado constitucional; y otro real, más profundo, al que los intereses creados y la rutina se niegan a reconocer. Las consecuencias de este equívoco –el paradigma oficial ya no existe y el paradigma real no es reco-

nocido oficialmente– son profundas puesto que, al no encajar las piezas, el mecanismo se distorsiona. Nada se entiende
ya porque el lenguaje no expresa la realidad sino la ficción.
El Estado constitucional y su Derecho se han hundido en
el reino de las sombras, las crisis se suceden, no hay explicaciones para los cambios; pero la Razón oficial del Estado
y de la Academia es tan tozuda y tan soberbia que no quiere
dar su brazo a torcer. A lo largo de mi vida, paso a paso, he
ido elaborando por mi cuenta un paradigma alternativo con
elementos nuevos o colocando de distinta manera los existentes. Me imagino que este nuevo paradigma dista mucho
de ser perfecto, y mucho menos completo, pero al menos
pretende reflejar la realidad que cada día estoy observando
y puede valer, por tanto, para aquellos que quieran caminar
con los pies tocando la tierra:

a) El Derecho no es un producto exclusivamente estatal sino social. La sociedad, junto con el Estado, crea normas jurídicas propias y
tiene, además, el poder de filtrar las estatales, que sólo entran en vigor
cuando son reconocidas y practicadas por los agentes sociales y en la
medida en que lo sean. En otras palabras: tan importante, si no más, es
el Derecho practicado que el Derecho normado.

b) Lo anterior significa que el Derecho efectivo –el practicado–
está constituido no sólo por normas abstractas y generales, sino también por decisiones singulares y concretas (las llamadas normas del
caso concreto).

c) Las normas jurídicas generales y abstractas no son producto exclusivo de la razón (de la razón universal y abstracta o de la razón concreta como solución de un conflicto de intereses o con la finalidad de
lograr una convivencia pacífica), sino de la voluntad que decide movida
por causas confesables o inconfesables, conocidas o desconocidas, en las
que con frecuencia se insertan los factores irracionales de los sentimientos o de la fe y no pocos perversos. Lo que importa, en definitiva, no es

ni la justicia ni el bien común que las leyes invocan indefectiblemente sino la voluntad de los actores políticos y sociales debidamente inspirada por intereses propios o asumidos.

d) Las resoluciones judiciales no son mera aplicación por subsunción lógica de las normas generales al caso concreto sino que en ellas intervienen factores psicológicos y sociales que distorsionan la lógica jurídica. La norma no es, por tanto, la única causa de la resolución singular sino una concausa y que incluso puede operar como una simple cobertura legal a una decisión previamente adoptada al margen de la ley.

e) La norma jurídica es susceptible de varias interpretaciones –y por tanto puede dar origen a varias soluciones– todas igualmente correctas. La labor del jurista consiste cabalmente en manipular las leyes de tal forma que en su aplicación se adapten mejor a sus intereses personales (o de su cliente) o a lo que él entiende por justicia concreta del caso. Operación factible gracias a la enorme plasticidad de las leyes y a la no menos importante habilidad técnica de los buenos juristas.

f) El universo jurídico está montado sobre unas contradicciones insuperables –legalidad estricta versus discrecionalidad administrativa y arbitrio judicial; legalidad versus eficacia–, aporías que impiden la estabilidad y provocan una tensión permanente tanto en el proceso de creación como en el de aplicación del ordenamiento jurídico.

g) El Derecho es en último extremo resultado de la fuerza, entendida esta en una sociedad avanzada no como el motor de una imposición violenta (o de su amenaza) por parte de los poderosos, sino por la habilidad de imponerla fácticamente de una manera pacífica, apoyada solapadamente en energías y mecanismos psicológicos, ideológicos o económicos y que ni siquiera necesitan invocar fórmulas constitucionales o formales. El Derecho ya no es sólo del que manda sino del que de cualquier manera que sea puede imponerlo.

h) Hoy no es tiempo de grandes sistematizaciones intelectuales que pueden hacer inteligible el universo jurídico sino el de afinar las operaciones de sus aplicaciones concretas. Hemos dejado atrás la edad de la razón y estamos en la de la eficacia práctica.

i) El viejo y modesto Derecho nacional ha explotado en una especie de *big bang* para desbordarse territorialmente por Europa y por todo el planeta e incluso para sumergirse en las inmensidades galácticas y todavía no exploradas de lo no jurídico.

j) Hemos superado una etapa de orden y de equilibrio entre la política, la economía, la religión, la sociedad y el Derecho, y estamos atravesando otra de desorden en la que todas estas piezas se han desencajado; y si antes la política parecía ser la dueña del Derecho, en la actualidad se tiene la sensación de que es la economía la que dirige con protagonismo todas las relaciones sociales. Se supone, no obstante, que algún día la evolución cambiará de signo y volverá pendularmente la tendencia al orden y al equilibrio.

2. El nuevo paradigma puede –y debe– entenderse desde una perspectiva histórica porque el Derecho nace, al fin y al cabo, en las riberas del interminable cauce de la evolución de la cultura humana.

Sabido es que, en los albores de Europa, el Derecho de los pueblos medievales era singular y concreto, es decir, propio de individuos, estamentos, religiones y territorios a los que se atribuían determinados privilegios. Con el transcurso del tiempo fue afirmándose progresivamente, no obstante, la idea de una ley general y abstracta. De esta manera y durante varios siglos fue Europa el escenario de una tensión entre dos modalidades jurídicas incompatibles: el Derecho singular de los miembros del clero, de la nobleza, de algunas villas, de los comerciantes, y el Derecho general y abstracto aplicable, con ciertas limitaciones, a todos los hombres. El resultado de este conflicto pudo visualizarse en la Revolución francesa: el Derecho dejó de ser –o, al menos, quiso dejar de ser– un privilegio singular de individuos y castas para ser patrimonio de todos los hombres.

Fue, por tanto, un triunfo de la igualdad expresada en leyes generales y abstractas, sin acepción de sujetos. Un progreso, sin duda, pero lastrado por la circunstancia de tratarse de una igualdad formal provocada precisamente por no atenerse a las condiciones de cada persona. Era la soberbia igualdad liberal que permitía sin distinciones a los magnates y a los mendigos adquirir palacios y adornarse con joyas.

Así se llegó pronto al convencimiento –mediante el socialismo, el feminismo y el sufragio universal– de que la igualdad legal, durante tantos siglos añorada, era imperfecta, puesto que lo que de veras importaba era la igualdad material aunque para conseguirla hubiera que acudir a leyes de contenido desigual: a la igualdad material a través de la desigualdad formal. Un nuevo horizonte ideológico y, por ende, un nuevo paradigma jurídico.

Esta evolución, de inequívocos rasgos involutivos, se ha consolidado con un nuevo paso hacia la marginación de la ley general y abstracta, pero no para volver a los privilegios estamentales sino para establecer regímenes singulares convencionales. De la ley general al contrato singular: volviendo a los conocidos estadios históricos identificados por Sumner Maine.

Hoy se han percatado los Estados de que no pueden ordenar la sociedad a través de leyes generales y abstractas pues las relaciones económicas son demasiado complejas y no hay aparato público que esté en condiciones de gestionarlas. En su consecuencia se está devolviendo al pacto su importancia tradicional originaria. En una sociedad diversificada y potente el poder renuncia en ocasiones, cada vez más frecuentes, a imponerse y busca el acuerdo singular.

El caso más llamativo es el de las sentencias penales de conformidad donde siempre se veía la manifestación suprema de la soberanía estatal. Hoy el juez, desbordado por la masificación de procesos, no impone su castigo sino que, en la mayoría de los casos, se limita a sentenciar un acuerdo con los afectados. El Estado no impone las condiciones de trabajo de los empleados públicos sino que se limita a sancionar los acuerdos que han adoptado sus representantes. Las sanciones administrativas tienden a liquidarse sin apremio, pues es más ventajoso para todos ofrecer un premio al pago voluntario; en el ámbito fiscal los pactos son habituales. La ley general y abstracta pasa a segundo plano, como punto de referencia subsidiario a falta de pactos.

En este campo de tensiones permanentes y variadas – primero entre el privilegio singular y la ley general, luego entre la igualdad formal y la igualdad material– ha surgido últimamente una nueva tensión dialéctica: la que media entre la regulación legal y la regulación convencional pactada voluntariamente por los interesados, que da por supuesta la desigualdad pero no basada en un privilegio legal sino en un pacto que la ley permite y aun fomenta.

Esto significa el derrumbamiento, a ojos vista, del ideal ilustrado y revolucionario inspirado por la igualdad. La igualdad ha desaparecido ya de los credos ideológicos contemporáneos (aunque no de la retórica constitucional). La desigualdad ha perdido su anterior signo peyorativo y viene hoy avalada por leyes territoriales y sectoriales deliberadamente discriminatorias, así como por la práctica de regulaciones convencionales. El Estado se aviene hoy a descender en ocasiones del podio de su poder y a dialogar en pie de igualdad (o casi) con los ciudadanos, aun conservando naturalmente su potestad legislativa originaria, más o menos limitada por otras circunstancias que ahora no vienen al caso.

3. Las consecuencias reales del descubrimiento de este nuevo paradigma no son tan graves como pudiera imaginarse, pues no hay que olvidar que un paradigma es una simple creación intelectual de un modelo explicativo del funcionamiento real de algún aspecto del mundo; pero el mundo no actúa siguiendo las instrucciones del paradigma sino a la inversa: es el

paradigma el que debe observar y recoger los movimientos del mundo. Durante varios siglos se ha interpretado el universo desde una perspectiva geocéntrica y con giros circulares hasta que llegó a formularse otra heliocéntrica y con giros elípticos que se suponía más correcta. Pero el sol y los planetas siguen girando como siempre indiferentes a lo que digan los habitantes de la Tierra.

Valga este ejemplo para entender el valor de los paradigmas jurídicos. El mundo jurídico funciona en la realidad con independencia de las teorías de Kelsen o Ehrlich. Un paradigma es una explicación parcial e inevitablemente subjetiva de un sector del universo jurídico al que necesariamente se deforma. Cada paradigma es un mundo virtual separado de los demás y todos de la realidad. Por lo tanto, no saliéndose de esta esfera virtual, todos pueden convivir. El jurista se crea un mundo propio desde el que observa la realidad y la interpreta a su modo. En este sentido opera como el artista: unos ven el mundo como Zurbarán y otros como Manet. El mundo en cualquier caso sigue igual.

Yo estoy firmemente convencido de que el paradigma que acabo de enunciar (y que en otras publicaciones he desarrollado por extenso) refleja el mundo jurídico con más fidelidad que el tradicional. Y lo creo porque aquel pretende deliberadamente observar e interpretar la realidad, mientras que el viejo paradigma pretende hacer que las cosas funcionen como él quiere. Y cuando se le demuestra que no coincide con el mundo se encoje de hombros y sentencia con un conocido gesto de soberbia hegeliana: ¡peor para la realidad! No le importa lo que suceda en el mundo real porque no se sale del mundo virtual que ha creado y en el que se siente cómodo rodeado de mitos, ficciones y buenos deseos.

REFERENCIAS

Balada de la Justicia y la Ley, Madrid, Trotta, 2002.

CAPÍTULO NOVENO

DESPEDIDA

ÍNDICE

I.   Aislamiento 387
II. El adiós 389

I. AISLAMIENTO

A los ochenta y siete años y ya al final del camino es el mejor momento de hacer examen de conciencia sobre "mí y mi circunstancia", que es cabalmente lo que he intentado en estos testimonios. Pero aún me queda por explicar lo que no he hecho y por qué no he podido hacerlo, que es quizás lo más importante que puedo decir. Mi vuelo intelectual ha sido corto como lo es también el de casi todos mis colegas. Cuando repaso la historia de la ciencia del Derecho y veo una lista interminable de autores con ideas propias, en vano busco nombres españoles de su nivel a partir del siglo XVII. E igual sucede cuando comparo las notas de pie de página de los libros alemanes o italianos en busca de referencias a nosotros. ¿Cómo explicar esto? Porque es el caso que los profesores de aquí son tan laboriosos y tan inteligentes como los de allá. ¿Qué ha pasado para justificar tan escandalosa diferencia?

Pues bien, ahora estoy en condiciones de entenderlo sin más trabajo que el de repasar lo que a mí me ha faltado y otros tuvieron. Por lo pronto, y tal como he contado, nada me enseñaron en la Facultad y ni siquiera me indicaron –dado que ni ellos mismos lo sabían– lo que yo podía leer por mi cuenta. Mi información, en consecuencia, ha sido amplia pero lamentablemente superficial; nunca he llegado al fondo de las cuestiones, prefiriendo lo brillante a lo sólido. Me han dado con frecuencia gato por liebre y yo he hecho lo mismo con igual desparpajo. Luego, cuando inicié la carrera académica no tuve maestros que me enseñaran a pensar y a escribir. No obstante, lo que más he echado de menos han sido las conversaciones y debates privados de alcance científico, que en España no se practican y son las que mejor sirven para entender las ideas ajenas y madurar las propias.

Cuando leo las biografías –y más las autobiografías– de los juristas europeos, siento auténtica envidia al comprobar el contenido de su correspondencia y, sobre todo, la alusión a las tardes y las noches pasadas discutiendo sobre temas jurídicos. En España carecemos por completo de tal cultura. Aquí solo se debate en conferencias y seminarios, como un deber académico. En privado, a lo largo de las interminables tertulias de sobremesa, se puede chismorrear sobre oposiciones y pleitos, pero es casi de mala educación sacar a relucir cuestiones jurídicas. Los autores vivimos aislados en perpetuo silencio: no dialogamos, sino que nos limitamos a exponer nuestro pensamiento sin contrastarlo con el de los otros. Por mi parte reconozco que únicamente he "hablado de Derecho" con Joan Prats y José Ramón Parada y eso cuando éramos jóvenes; y orgulloso estoy de ello pues muy pocos han tenido el privilegio de poder conversar horas y horas con interlocutores tan competentes e interesados, con los que he podido afinar las pocas ideas que se me han ido ocurriendo en la vida.

Aislamiento que, salvo las excepciones dichas, se ha visto agravado por la circunstancia de que mis colegas no hablan mi mismo idioma. Son todos positivistas integrales que no ven más allá de los textos legales y de sus interpretaciones jurisprudenciales, ni su objetivo ha sido otro que el de ganar un pleito argumentando ante el juez o ante el público de sus conferencias y publicaciones. Nunca han tenido dudas, nunca han buscado titubeantes la verdad, sino que han partido siempre de ella y no han hecho otra cosa que defenderla. O dicho sea con mayor precisión y justicia: yo no he tenido la fortuna –en buena parte por mi culpa, la verdad por delante– de encontrarme con interlocutores que compartieran mis pintorescas aficiones.

En definitiva, he perdido lastimosamente buena parte de mi tiempo y de mis esfuerzos, pues he tardado demasiados años en encontrar la senda que luego he seguido tercamente y en solitario. No he logrado consolidar nunca una base filosófica o histórica en que apoyarme. He leído demasiadas obras inútiles e ignorado demasiados libros imprescindibles. Esto me ha obligado a permanecer en la superficie de las cuestiones, a caminar a tientas, a vivir inseguro al proceder con frecuencia más como un ensayista que como un científico. Secuelas inevitables de la falta de formación primero y del aislamiento posterior. La cultura académica española es poco estimulante y mi arisco temperamento personal ha puesto las cosas aún peor. El que vive aislado tiende a agravar su situación ahondando con impulso autodestructivo el pozo en que ha caído. Por ello no me quejo de mi circunstancia, dado que yo mismo me la he buscado en buena parte.

II. EL ADIÓS

Cuando Véspero, Venus, el lucero del atardecer aparece en el firmamento, hay que irse despidiendo del día que definitivamente se acaba. No somos nosotros los que nos vamos: es el mundo el que se desplaza y nos deja descolocados. Sin habernos movido del sitio de siempre, quienes estábamos arriba ahora estamos abajo, los que nos miraban a su izquierda, ahora nos ven a su derecha. Yo ya no pertenezco a este mundo, a esta España, a esta universidad y a su Derecho porque se han desplazado y como no he sabido, o no he querido, adaptarme a tal cambio, me he quedado fuera y, una vez desenganchado, solo me cabe recordar cómo eran antes las cosas y dar testimonio de lo que ha ido sucediendo y yo he visto.

La vida es una sucesión de encantamientos felices y de desencantos amargos. A nuestro paso se van encendiendo luces de colores que luego la razón va apagando implacablemente. Empezamos con los Reyes Magos y la ilusión desaparece cuando estamos en condiciones de comprender la realidad. Yo he vivido sucesivamente encandilado por la Religión, la Patria, la Justicia y algunos otros monumentos más. Cuando tenía toda la vida por delante me entregué sin reservas a la universidad, que me ofrecía las dos cosas que entonces más deseaba y que me hubieran satisfecho para el resto de mis días: el cultivo del Derecho y la posibilidad de comunicar mis saberes a los más jóvenes. Luego se rompió el encanto cuando descubrí lo que de veras era aquello: una sacristía de monaguillos pícaros y de clérigos hipócritas. Me quedaba, con todo, el Derecho y a él me dediqué hasta que comprobé –nuevo desencanto– que era intelectualmente un juego de abalorios y socialmente un club de privilegiados. Durante un tiempo viví con la esperanza de poder "hacer" algo en una etapa política prometedora e inmediatamente me cerraron las puertas o no tuve el acierto de encontrar la adecuada. También me ha atraído –lo confesase o no– hacer y dejar una obra jurídica de peso sin darme cuenta de la debilidad de mis fuerzas y de la inevitable fugacidad de las cosas humanas. *Omnia opera mea palea sunt*, según decían los antiguos prudentes, y se las ha llevado el viento. A estas alturas de mi vida no es cosa de engañarme a mí mismo. A veces he dicho –incluso todavía en algún lugar del presente testimonio– que deliberadamente se me ha silenciado por heterodoxo: vana presunción, consuelo soberbio. Mi obra ha pasado desapercibida, salvo para cuatro amigos, porque no valía la pena perder el tiempo con ella, una entre tantas. Aun así confieso que he disfrutado con el esfuerzo, leyendo, reflexionando y escribiendo. No me arrepiento. Los caminantes vocacionales no solemos mirar hacia atrás ni aspiramos a dejar huella: nos basta la soledad y el campo por delante.

Todos los juguetes se han roto, la botella se ha acabado y el último tren ha partido. Es la hora justa de volver a casa y sentarme a descansar con las maletas preparadas. La verdad es que no encuentro motivo alguno para permanecer activo en un escenario público. Con el transcurso de los años me he ido sintiendo cada vez más acorralado: como individuo, consciente de mi incomunicación por las deficiencias del lenguaje y por la imprecisión de las palabras; como jurista, consciente de mi impotencia al estar enredado en la confusión de las razones, creencias y pasiones y preso, además, en la limitación de las lecturas; como ciudadano, desengañado por la extensión de la doble moral y de la sustitución del servicio por el beneficio; y, en fin, como socio de una cultura, por la percepción de la incontenible domesticación coercitiva y del cambio de valores. Me despido porque para mí el día se ha acabado. Sólo me queda la pluma y la memoria aunque no por mucho tiempo. Bastante tengo ya con lo que he vivido.

Anochecer definitivo para mí, mas no para la humanidad, para la justicia, para el Derecho, que continuarán impertérritos su ruta. Pasará un tiempo y otra vez brillará en el firmamento Lucifer, la estrella matutina, anunciando el nuevo día y el sol seguirá brillando como desde el principio de la creación; aunque, eso sí, su calor reconfortará a otros y su luz permitirá ver las cosas de distinta manera de acuerdo con el implacable principio de Max Planck, que es la cita más contundente que encuentro para cerrar este testimonio: "una nueva verdad científica no triunfa porque convence a sus opositores y les hace ver la luz, sino más bien porque sus opositores terminan muriendo y una nueva generación crece familiarizada con ella".

CODICILO SOBRE EL REALISMO JURÍDICO

ÍNDICE

I. El realismo jurídico como actitud. 395

II. Movimiento como reacción: el falso determinismo
legal 399

III. Dilemas de la Ciencia del Derecho 406

IV. Estructura del Orden jurídico: bases normativa
y humana. 410

V. Relevancia de los hechos. 413

VI. Teorización 417

VII. Normas jurídicas. 417

VIII. El proceso jurídico. 419

IX. Derecho practicado 424

X. Conclusión: Teoría del Orden Jurídico. 427

XI. Cambio de orientación en los comportamientos
humanos 429

XII. Final: más allá del realismo jurídico 433

NOTAS. 435

Cerrado el manuscrito, y con el pie ya en el estribo, me sugiere Javier Barnés –a quien debo entre otras cosas la publicación del texto– que añada un comentario sobre el realismo jurídico, con cuya precisión podrá entenderse mejor mi vida y mi obra y, en general, la situación de la doctrina actual del Derecho español. Atendiendo a esta idea, y aun a riesgo de prolongar demasiado una despedida que puede hacerse interminable, incluyo el siguiente codicilo pues, efectivamente, después de llevar más de veinte años aludiendo, como cosa sabida, al realismo jurídico, creo que resulta oportuno colocar en el vagón de cola de mis publicaciones un artículo para explicar resumidamente *lo que yo entiendo* por este concepto, aunque sin pretender, desde luego, que tal sea su versión auténtica.

I. EL REALISMO JURÍDICO COMO ACTITUD

Lo primero y más importante que conviene adelantar es que el realismo jurídico pone un énfasis especial tanto en la ley positiva como en los comportamientos públicos y sociales practicados de hecho a la hora de realizar la ley. Según esto, las diferencias con el concepto tradicional dominante saltan a la vista puesto que lo ordinario era, y es, concebir el Derecho como un conjunto de reglas preceptivas de deber acompañadas de una advertencia sobre las consecuencias, también normativas (o sea, hipotéticas y generales), de su incumplimiento; mientras que ahora –aun respetando el valor central de las leyes–, se desplaza al foco de atención, que se traslada en buena parte desde lo normativo a lo fáctico, de lo hipotético a lo real. Nos encontramos, a fin de cuentas, ante una postura muy alejada del normativismo riguroso, dado que se acepta deliberadamente un componente de inspiración sociológica y psicológica. La norma jurídica, y sobre todo su realización, son fenómenos sociales y humanos y como tales deben ser contemplados y manejados en su realidad sin caer en la tentación de aislarlos de todo lo que no sea estrictamente normativo, de la misma manera que no bebemos agua destilada pura sino agua natural con componentes que van más allá de la química del H_2O.

¿Hasta qué punto es admisible este cambio de perspectiva? Sabido es que tratándose de cosas y fenómenos sin referente real no hay conceptos verdaderos o falsos y lo que importa es su funcionalidad, es decir, que sean congruentes y útiles con respecto a los efectos que se persiguen. Por ello, desde el momento en que existen varias finalidades admisibles, todos los conceptos (y comportamientos) son compatibles cada uno en su esfera, porque la coherencia y la funcionalidad dependen del contexto en que aparecen y del discurso en que se insertan. Para el abogado consultor que quiere orientar a su cliente, el mejor concepto del Derecho será el positivismo legal; para el abogado que está dirigiendo un pleito, el concepto más útil será el positivismo jurisprudencial; mientras que el jurista político utilizará un concepto inspirado en la justicia social. Pues bien, ninguno de ellos es falso por sí mismo e incluso todos son compatibles. El error vendrá si se utiliza un concepto en un discurso inadecuado o si se sigue una determinada conducta en una situación impropia. Por ejemplo, si el político, olvidando su margen pública de acción, se atiene exclusivamente al positivismo judicial, o el profesor, al positivismo legalista, olvidando que su oficio no es formar abogados y jueces sino juristas capacitados para ejercer diferentes profesiones y, sobre todo, para pensar por sí mismos. Los universitarios franceses de la Escuela de la Exégesis alardeaban de explicar en sus cátedras el Código de Napoleón y no el Derecho Civil. En muchas Facultades norteamericanas se estudian preferentemente las resoluciones de los tribunales. Pero en las universidades europeas se insiste (al menos hasta el quiebro de Bolonia) en que la enseñanza del Derecho no se limite a la exposición de la legislación y la jurisprudencia, cuidándose de guardar las distancias con la Escuela Judicial y las de Prácticas de la Abogacía.

Si se toma conciencia de que pueden existir y convivir varias acepciones del Derecho según la perspectiva desde la que se le contemple y la finalidad que se persiga con cada una, desaparece el problema de la preeminencia ("la única y verdadera") y, por lo tanto, pueden borrarse miles de páginas de la bibliografía en uso, prescindirse de bastantes congresos polémicos y, sobre todo, evitar el desconcierto de estudiantes y estudiosos incapaces de superar la batahola levantada en inútiles discusiones sobre los mil conceptos del Derecho que incansables autores están imaginando cada día. Más todavía: ¿es necesario, o al menos conveniente, empeñarse en precisar el concepto de Derecho? Yo me siento inclinado a dar una respuesta negativa aunque sólo sea por el desánimo que produce el fracaso de cuantos han intentado hacerlo hasta ahora. Nadie espere, por tanto, en estas páginas una nueva definición del Derecho, sino la descripción del pensamiento y el comportamiento de un numeroso grupo de juristas que confesamos profesar bajo el techo común del llamado realismo jurídico.

Lo anterior, con todo, no es en el fondo lo más importante dado que el realismo jurídico nunca ha pretendido basarse en una supuesta mayor precisión conceptual. Apurando las cosas, no debe ser considerado como una *teoría* más del Derecho (a la manera dc la teoría pura de Kelsen), ni como una *escuela* (al estilo de la escuela histórica de Savigny), ni tampoco como una *variante más de la Ciencia del Derecho* (tal como la jurisprudencia de intereses de Heck), sino como un *movimiento* cultural que, consolidado con los años, ha terminado cristalizando para cada persona en una *actitud*, o sea, un modo de ver las cosas, una manera de entender el Derecho y una forma personal de realizar las normas jurídicas.

El realismo jurídico ni siquiera tiene la arrogancia de creer que su pensamiento es una actitud intelectual propia que añadir a las mil figuras que se han ido acumulando a lo largo de los siglos sino que, mucho más modestamente, lo que intenta es *reflejar y explicar la realidad observada*. En otras palabras, su objetivo es ayudar a los juristas a entender cómo está funcionando el Derecho en la sociedad. A cuyo efecto –y tal es su gran secreto– no se contenta con analizar las leyes sino que, además, tiene en cuenta las decisiones singulares (de los jueces, autoridades administrativas e individuos) y los comportamientos humanos de quienes operan con unas y otras. Dejemos, por ende, a los iusnaturalistas, historicistas, positivistas, analíticos, moralistas, utilitaristas y teólogos con su idea particular del Derecho y veamos cómo los realistas creen que funciona el mundo jurídico y cuál es la intención teórica y práctica de su peculiar visión.

Es posible, en fin, que debiera limitarme aquí a expresar simplemente las ideas de Alejandro Nieto, pues nadie me ha autorizado a hablar como portavoz de un ente imaginado llamado realismo jurídico. Pero, excediéndome o no con ello, me parece más sincero incluirme en las filas de un movimiento en el que, sin disciplina ni dogmatismo alguno, todos coincidimos en los fundamental y hablamos el mismo lenguaje. Sin disciplina ni dogmatismo no hay escuela y por eso hablo de movimiento, de coincidencia de actitudes e intenciones. En rigor, no existe el realismo jurídico. Lo que hay son juristas a los que se puede calificar de realistas, porque comparten determinados signos de identidad calificados convencionalmente con el título de realismo jurídico.

La verdad es que, incluso sin tener conciencia de ello, los juristas pensamos y obramos como realistas en alguna situación concreta; de la misma manera que los realistas más exaltados piensan y actúan en ocasiones como positivistas o iusnaturalistas. Y con ello no se trata de contradicciones, ni mucho menos de infidelidades, sino de que cada situación, cada objetivo condiciona la actitud que conviene adoptar. Llevando entonces la exigencia de precisión al límite, podría formularse la paradoja de que no hay escuelas ni movimientos ni juristas realistas (o positivistas o iusnaturalistas) sino *actitudes* jurídicas más o menos fugaces o constantes propias de situaciones determinadas.

II. MOVIMIENTO COMO REACCIÓN: EL FALSO DETERMINISMO LEGAL

1. El realismo jurídico se originó en buena medida como consecuencia de una serie de desengaños intelectuales y vitales que se sucedieron desde mediados del siglo XIX. Una causación que no debe sorprender puesto que los movimientos culturales, y a veces también los científicos, suelen ser de ordinario reacciones a un desencanto, al descubrimiento

de un engaño o de un simple error. Al cabo de un tiempo en que se han estado aceptando con absoluta naturalidad las proposiciones, convincentes o no, que se han recibido como dogmas intocables, aparece una generación con sentido crítico que, perdiendo su mansedumbre, se distancia del acervo axiomático en ese momento dominante y busca nuevas respuestas y soluciones a las preguntas de siempre. En otras palabras, se abandona una creencia (en la terminología de Gény y de Ortega y Gasset) o se cambia de paradigma, como ahora suele decirse. Así se explica la reacción del iusnaturalismo frente al absolutismo del Estado moderno; la de la Escuela Histórica ante los excesos del iusnaturalismo ilustrado; la del positivismo ante las fábulas y utopías que la ideología dominante hacía correr; y así se explica también la irrupción del realismo como consecuencia natural del desenmascaramiento de algunas falacias técnicas e ideológicas sobre las que se asentaba la doctrina jurídica anterior.

Para desmontar las imposturas basta con saber mirar, con ver las cosas como son: lo que no resulta fácil cuando están escondidas y desfiguradas por una costra de rutinas, ideologías e intereses empeñados en ocultarlas y en colocarlas fuera del alcance de la crítica racional. Es preciso sacudir la pereza y estar dispuesto a aceptar lo que sea con todas sus consecuencias. Tal era el grito de guerra del gran realista norteamericano, N.K. Llewellyn, uno de los maestros que más ha influido en mi formación: *see-it-fresh*, abre los ojos y mira lo que tienes delante. Así de sencillo y así de difícil.

La verdad es que a fines del siglo XIX el positivismo, no obstante haber facilitado un salto de gigante en todas las ciencias incluida la del Derecho, en esta última materia había desembocado en un sistema cerrado, estéril y asfixiante

–agravado, además, por el correlativo positivismo ideológico que llevaba consigo– que provocó que se levantaran críticas desde todos los lados: Marx primero y luego con mayor concreción y apoyo empírico Menger, Engisch, Isay y sobre todo Gény. La Filosofía, la Sociología, la Psicología (y hasta el Arte) coincidieron en su empeño por ventilar la atmósfera que el positivismo había hecho irrespirable. Por encima de la variedad de nombres, habla por sí sola la sincronía de la revuelta en los distintos países de Europa y Norteamérica: sociologismo, pragmatismo, finalismo, jurisprudencia de intereses, investigación libre, Derecho libre. Etiquetas distintas de un mismo impulso bajo la misma inspiración.

Entre unas cosas y otras, los estudiosos que decidieron quitarse la venda de los dogmas recibidos empezaron a constatar que el Derecho que académicamente se explicaba y en el foro se practicaba incluía una serie de lo que ellos consideraban falacias evidentes, y formaron con ellas un repertorio crítico contundente centrado en el tradicional principio del determinismo legal, de donde arrancan unos corolarios cuya aceptación es causa, a su vez, de graves y constantes distorsiones entre las proposiciones teóricas más usuales y la realidad.

De acuerdo con su primer y más riguroso corolario, se afirma, en efecto, que los jueces y autoridades administrativos deciden y actúan ateniéndose exclusivamente a la ley, puesto que esta es su única referencia. Proposición inadmisible y que de hecho es inviable, dado que las leyes, por perfectas y minuciosas que sean, dejan indefectiblemente puntos oscuros o vacíos, las llamadas "lagunas", que han de ser llenadas acudiendo a otras "fuentes extralegales", empezando por la autoridad de los jueces y de los escritores, la inercia de los precedentes, la fuerza de los estándares y las variadas figuras del llamado *low law*. Tal como se verá luego, es posible que la ley sea siempre la referencia fundamental; pero de ordinario no será la única y basta leer los fundamentos jurídicos de cualquier sentencia para comprobarlo.

No menos incorrecto resulta el segundo corolario, complementario del anterior, conforme al cual la ambigüedad y oscuridad de las leyes pueden –y deben– aclararse mediante una adecuada interpretación, entendiendo por ella la que se realiza según las reglas de la lógica jurídica (fundamentalmente el silogismo de deducción, la analogía y las ficciones). Lo que significa que la actividad jurídica ha de referirse necesaria y exclusivamente a las leyes y a su interpretación. La experiencia nos dice, sin embargo, que el jurista (juez, funcionario, abogado, profesor, notario) no sólo debe mirar más allá del bloque normativo legal sino también acudir a técnicas e instrumentos ajenos a la lógica jurídica incluso de índole psicológica, económica y social. Y de hecho esto es lo que realmente se hace porque la lógica jurídica vale para interpretar normas abstractas; mas cuando se trata de su aplicación a casos concretos, el jurista, deliberadamente o no, maneja otras técnicas y sobre todo se deja llevar por otros impulsos no estrictamente legales y a veces ni siquiera jurídicos; sin perjuicio de que luego acuda a ellos *a posteriori* para justificar las decisiones previamente adoptadas con otros criterios ocultos.

No menos importante es la falacia de que la ley sólo ofrece al juez una única solución posible. Vistas así las cosas, la ley sólo tiene una interpretación correcta que el juez diligente está obligado a encontrar y a imponer a los litigantes, de los que sólo uno tiene razón. De donde resulta que en las sentencias contrarias –y en las revocatorias en apelaciones y casaciones– un juez está inevitablemente equivocado y en todos los conflictos también lo está una de las partes.

No menos asombro, cuando no estupefacción, provoca el dogma de la seguridad que pretendidamente garantiza la ley y su correspondiente certidumbre. Para los positivistas, todos los ciudadanos conocen la ley, puesto que tienen el deber de conocerla y esta sabiduría les proporciona una confortable seguridad, dado que saben siempre cómo han de comportarse ellos y lo que pueden esperar de los demás: tranquilidad reforzada por la confianza en que varios órganos del Estado están a su disposición para protegerles y hacer prontamente efectivos sus derechos.

Buena parte de cuanto acaba de decirse sobre el foro es aplicable también a la Administración pública aunque con algunas peculiaridades singularmente llamativas. Las autoridades públicas y funcionarios afirman que resuelven y actúan únicamente en ejecución de la ley como servidores que son de un Estado de Derecho. Rigor que nadie –empezando por ellos mismos– se toma en serio, puesto que es manifiesta la incidencia de otras causas extralegales, sean lícitas (interés público) o ilícitas (corrupción, nepotismo, desidia).

Sería fácil, desde luego, alargar esta lista de falacias con muchas otras que el sentido crítico de las últimas generaciones ha ido denunciando implacablemente. Pero basta con lo dicho para entender el desengaño de los juristas. A este suele seguir la resignación tan extendida actualmente, que se traduce en la indiferencia, en la aceptación de las cosas como inevitables y en último término en la continuación inercial de los comportamientos.

2. A continuación va a hacerse un breve repaso casuístico de algunos ejemplos que ilustran las afirmaciones que acaban de hacerse, con objeto de realzar lo que con tanta claridad puede verse cuando se quiere mirar; pero que –valga el juego de palabras– tan pocas veces se quiere mirar.

a) El caso de los semáforos sirve perfectamente para constatar, al menos, los siguientes fenómenos: que la ley abstracta (el código de circulación) precisa de un intermediario (aquí la Administración) para concretar la prohibición de circular cuando se activan determinadas señales preestablecidas; que esta prohibición no es respetada ni por los conductores ni por los peatones en millones de ocasiones diarias; que tales contravenciones, quizás por su habitualidad y escasa relevancia, no son motivos por lo común de reproche social y los infractores únicamente son sancionados en una reducida proporción; y, en fin, que las sanciones se imponen de ordinario como consecuencia de un azar (la mala suerte de ser sorprendidos). La ley, en suma, es inoperante sin la colaboración de una Administración diligente y de unos destinatarios escrupulosos: lo que no sucede siempre.

b) El fenómeno de la ocupación tolerada de edificios ajenos, menos frecuente que el anterior, es jurídicamente más grave porque con ella se lesiona sin ocultación posible el derecho de propiedad, considerado desde siempre como uno de los fundamentos del orden social y, además, revela la pasividad deliberada –o la impotencia– de las autoridades administrativas y de los jueces.

c) La pasividad oficial temporal o permanente, con sus consecuentes demoras e incumplimientos, no son comportamientos excepcionales sino generalizados. Cuando las leyes se infringen, los jueces y algunas autoridades administrativas están obligadas –que es mucho más que facultadas– a imponer su eficacia. Mas no lo hacen siempre, hasta tal punto que la ejecución puntual de la ley llega a ser rara. Lo habitual es precisamente lo contrario. Ante las ilegalidades denunciadas o impugnadas los jueces, en el mejor de los casos, reaccionan con un retraso escandaloso que equivale a la indiferencia, porque una sentencia tardía (dictada con tres o trece años de demora) está ya fuera de la justicia. Y nada digamos de los silencios administrativos.

d) Cuando al fin se dicta un acto administrativo o una ley, su contenido puede ser distinto al de otro u otra aparecidos en un caso igual. De aquí la incertidumbre, que es la verdadera causa de las discusiones y de los pleitos. Si se supiera de cierto lo que dice la ley, únicamente los abogados ignorantes o temerarios se atreverían a acudir a los tribunales y no se darían nunca sentencias contradictorias.

e) La desobediencia judicial está tipificada sobre el papel como un delito y, sin embargo, en la realidad dormitan miles de sentencias que no se ejecutan y nada hacen los jueces para imponerlas forzosamente. En la actualidad ha surgido incluso una modalidad hasta hace poco inimaginables: el destinatario de una orden administrativa o de una resolución judicial no se limita a desatenderla sino que exhibe su resistencia en un ademán provocativo ante un público devoto. Lo más llamativo de estos sucesos es la falta de reacción de los propios jueces, que han llegado a considerar este delito como una simple *performance* artística (sic).

f) Los abogados son quienes mejor conocen las flaquezas de la ley y la versatilidad de la Administración pública y de los jueces. Saben que todos los asuntos son defendibles y juegan con el azar intentado aprovecharse de los recovecos burocráticos y de la lotería forense, de la que tienen la mitad de las papeletas. En todos los conflictos hay un precepto que les favorece y una ristra de sentencias que les da la razón: exactamente igual que le ocurre al contrario. Unas veces ganan y otras pierden. En esto consiste el arte forense.

g) El secreto de la "doctrina" jurídica, que es la interpretación de la ley, está en el hábil retorcimiento de los textos, puesto que de los códigos siempre puede arrancarse cualquier solución favorable a una tesis previamente asumida. Por eso hay tantas tesis como autores, casi todas bien fundamentadas según la agudeza del exégeta.

¿Para qué seguir? Cuando los juristas atentos se percataron de lo que estaba sucediendo detrás de la erudita retórica de los libros académicos y se produjo el desencanto de las pregonadas maravillas del paradigma legal, algunos de ellos se escaparon del desengaño refugiándose en la artificial fortaleza del Derecho puro, a la que no tenían acceso las manchas que afeaban la realidad. Otros idearon sutiles componendas para compatibilizar los hechos con los axiomas del sistema recibido. Los realistas jurídicos hemos optado por aguantar a campo abierto las consecuencias del desengaño y reaccionar abriendo un nuevo camino, ciertamente inseguro, pero al menos sincero, que por supuesto no ha sido aceptado por todos los colegas del oficio. En las páginas siguientes se irán viendo con cierto detalle las novedades más significativas que este movimiento ha aportado en los últimos años a la ciencia del Derecho.

III. DILEMAS DE LA CIENCIA DEL DERECHO

La Ciencia del Derecho es singularmente dilemática puesto que sus cuestiones suelen presentarse como dos proposiciones contrarias alternativas, de tal manera que el jurista ha de inclinarse por una opción o por otra; y esta elección es la que cabalmente le distingue. De aquí que a continuación se enumere una lista no exhaustiva de tales dilemas precisando la posición que los juristas realistas adoptan a tal propósito; y de esta forma –a modo de test– será relativamente fácil, aunque desde luego con conciencia del simplismo del método, encasillar a cualquier jurista en un bando o en otro:

a) Monismo o dualismo de niveles normativos. El primer dilema salta a la vista: el iusnaturalismo –entendido, claro es, en sentido amplio– admite dos niveles normativos representado uno en la ley humana positiva y otro en la ley superior emanada de Dios o de la razón y expresada en principios o valores universales como la justicia, la igualdad o la dignidad del hombre y el respeto a los animales y a la naturaleza. El positivismo, por su parte, se atiene al monismo riguroso propio de la ley estatal. El realismo, en fin, recupera el dualismo pero no en la línea del iusnaturalismo sino en la de la separación del Derecho normado y el Derecho practicado. Lo más importante, con todo, son las diferencias en el tratamiento de la norma. Para el positivismo, el Derecho es exclusivamente el texto debidamente interpretado; mientras que para el realismo, el Derecho es tanto el texto de la norma (Derecho normado) como su aplicación real (Derecho practicado). El Derecho en acción es, por tanto, tan Derecho como las leyes en sí mismas.

b) Texto legal, norma y decisiones singulares. Aunque la terminología usada no sea siempre precisa y dé lugar a no pocas confusiones, es común la distinción entre texto legal (proposiciones lingüísticas explícitamente formuladas) y norma jurídica de naturaleza prescriptiva. Admitido esto, el dilema surge a la hora de determinar si tales normas se encuentran necesariamente en las leyes estatales y demás elementos jurídicos a los que aquellas se remiten, según afirman los positivistas; o si, por el contrario, las que tienen valor normativo son las decisiones singulares de los jueces, según se entiende en el *common law* originario. A este propósito el realismo jurídico adopta una postura amplia puesto que entiende que las normas jurídicas se encuentran tanto en los textos de alcance general como en las decisiones y prácticas singulares. Una solución integradora que puede considerarse natural desde la perspectiva angloamericana tradicional; pero sorprendente en el área continental donde siempre se ha enfatizado el protagonismo exclusivo de las leyes generales y abstractas, rechazando tajantemente que las decisiones singulares tengan valor normativo general, sino que se trata de meros actos de aplicación.

c) Interpretación y aplicación de las normas. Las normas jurídicas son dictadas con carácter general y abstracto para ser aplicadas, ejecutadas y cumplidas en supuestos concretos. En este salto de lo hipotético a lo real se produce inevitablemente una cierta alteración del significado de la norma, que para los positivistas no afecta a su contenido, que es inmutable, o sea, que lo único que varía es su forma de aplicación, no la norma propiamente dicha; mientras que los realistas entienden que, dado que lo que importa es la norma aplicada y esta siempre es algo distinta en cada caso, lo que se altera es la norma, que se encuentra consecuentemente en un permanente *in fieri* hasta el momento de su realización completa. De esta manera el Derecho no sólo se refracta al pasar de una fase a otra (como se verá luego) sino que también se fracciona. La norma está recogida en el texto legal; pero el intérprete, al sacarla de su encierro, puede encontrarse –según sucede tantas veces– no con una norma sino con varias, que en ocasiones son meras modalidades de una figura central única. Aunque más grave es que en el paso siguiente, al aplicar la norma a casos diversos, pueda descomponerse a la manera de un nuevo efecto óptico (si vale la comparación) porque la realidad actúa como un prisma que fracciona el rayo de luz que la atraviesa. El resultado final es que hay tantas normas como decisiones y que, según se ha dicho ya, el verdadero Derecho se encuentra en las "reglas del caso".

d) Norma y realidad: Derecho y Hecho. Para los positivistas los hechos son decisivos a la hora de la aplicación de la ley, pues esta ha de adaptarse a las circunstancias del caso. Ahora bien, tal atención es contingente, dado que la norma, cualquiera que sea la forma de su aplicación, permanece inalterable. Para los realistas, en cambio, hay una interpenetración necesaria entre el Derecho y los hechos, entre la ley y la realidad, que interactúan constantemente. La ley juridifica los hechos y los hechos, por su parte, alteran el contenido y alcance de la ley e incluso pueden hipostasiarse ellos mismos en una norma jurídica.

e) Racionalidad e irracionalidad. La aplicación (por los jueces), la ejecución (por las autoridades públicas) y el cumplimiento (por los destinatarios) de las normas vienen precedidas ordinariamente por un acto de interpretación, es decir, de comprensión de ellas y de adaptación al caso. Para los positivistas este acto es de naturaleza racional, pues se desarrolla a través de las técnicas de la llamada lógica jurídica, predominantemente silogismos de subsunción, analogías, ficciones y cálculo de perjuicios y beneficios. Los realistas, por el contrario, observan que en ocasiones intervienen también elementos irracionales, de los que su autor puede no tener siquiera conciencia, como la intuición o prejuicios derivados de su formación y estatus personal; con la consecuencia de que la decisión es en casos fruto de la voluntad y no de la inteligencia o no sólo de la inteligencia.

f) Una o varias soluciones posibles. Partiendo de las posiciones anteriores resulta que para los positivistas la norma ofrece una única solución correcta, la más racional; mientras que para los realistas, tratándose de un acto de voluntad contaminado además por intuiciones, sentimientos y prejuicios, las soluciones posibles pueden ser varias y en ellas no caben juicios de corrección/incorrección o de acierto/error.

g) Motivación de las decisiones. Siguiendo esta línea de pensamiento resulta una posible grave disfunción de la motivación de las decisiones. Porque como ni las intuiciones ni los sentimientos ni los prejuicios pueden argumentarse y no parece prudente expresarlos con sinceridad, las motivaciones terminan siendo en ocasiones rigurosamente hipócritas, ya que el autor oculta las verdaderas causas y acude a justificaciones formales que no pasan de ser pretextos inventados *a posteriori*. Tal es la denuncia de los realistas que los positivistas rechazan aferrándose a la importancia y necesidad de la motivación cualquiera que sea esta.

h) Relevancia de la personalidad de los operadores jurídicos. De destacar es también la distinta relevancia que se da a la personalidad de los seres humanos que intervienen en los procesos jurídicos. Para los positivistas es nula puesto que se trata de un gobierno de leyes y no de hombres; mientras que para los realistas es decisiva, habida cuenta de que las leyes nada pueden hacer por sí mismas y son seres humanos los que las manejan de acuerdo con su inteligencia, pasiones, prejuicios e intereses.

IV. ESTRUCTURA DEL ORDEN JURÍDICO: BASE NORMATIVA Y HUMANA

La base estructural del orden jurídico –o, si se quiere decir más sencillamente, del Derecho– está constituida por las normas jurídicas que, a diferencia de las naturales y sociales, son humanas, o sea, obra de seres humanos y a ellos dirigidas, según se explicará más adelante. Estas se encuentran ordinariamente, aunque no siempre, en las leyes; pero *no es correcto identificar las normas jurídicas con las normas legales*, dado que por excepción hay leyes sin contenido normativo alguno y normas jurídicas que no aparecen en una ley: normas extralegales, por tanto.

El orden jurídico está compuesto, como se ve, por dos bloques normativos, de los que, actualmente al menos, se considera central el legal, constituido por las leyes estatales formales. Ahora bien, como este bloque formalizado no agota el repertorio normativo, existe un segundo bloque de contenido heterogéneo integrado por normas no formalizadas, algunas de las cuales son elementos sociales a los que las propias leyes reconocen de forma expresa valor normativo, al estilo del artículo primero del Código civil (principios generales, costumbres, usos, tratados internacionales, jurisprudencia) o los tratados específicos aludidos en el artículo 93 de la Constitución de 1978.

Las leyes, por numerosas que sean, no agotan el contenido del Derecho, puesto que dejan, deliberadamente o no, muchas materias sin regular y sobre todo nunca pueden alcanzar un grado suficiente de precisión y detalle que permita su manejo directo. De aquí la necesidad de que los juristas manipulen los textos originales hasta terminar con frecuencia sepultándolos materialmente en sus comentarios. La ingente extensión del *corpus iuris* justinianeo con todas sus minuciosas disposiciones no pudo evitar la publicación de glosas, escolios y demás estudios, cuyo volumen resultó mil veces superior a la redacción originaria. Proporción que se mantiene, sin necesidad de hacer cálculo alguno, con ciertas leyes modernas si se incluyen los comentarios doctrinales y la jurisprudencia. En cualquier caso, se trata de operaciones de naturaleza racional a efectos interpretativos generales o de aplicaciones concretas, que se realizan utilizando técnicas de la llamada lógica jurídica.

La cantera más rica de estas normas jurídicas extralegales es desde luego, al menos actualmente, la jurisprudencia y también los principios generales del Derecho. La doctrina, en cambio, es invocada en el foro cada vez con menos frecuencia. Sin olvidar la emergencia reciente de unas normas que, no siendo estrictamente legales, se han positivizado en cauces ambiguos, como los estándares jurídicos, instrucciones, directivas, recomendaciones y similares, hasta terminar integrando un cuerpo normativo de segunda línea o *low law*.

Insistiendo en lo ya apuntado antes, hay que subrayar que las normas jurídicas, cualquiera que sea su naturaleza, no tienen por sí mismas valor alguno en el Derecho, puesto que este es una ciencia humana en el sentido más riguroso del término, dado que son *obra de seres humanos*, quienes no sólo las crean sino que también las aplican, ejecutan y cumplen. Un Derecho puramente normativo separado de los seres humanos y de la sociedad, sin incidir en las relaciones humanas y sociales no llega a ser siquiera una utopía: es sencillamente inimaginable.

Esta constante presencia humana es la que individualiza las normas jurídicas y singulariza su desarrollo. Las leyes alteran su alcance según las circunstancias de su aplicación, el tiempo, el lugar y los hechos concurrentes, pero sobre todo por la participación de las personas que intervienen. El mismo texto, sin variar una coma, trae un alcance diferente según el juez que lo aplique o según la autoridad administrativa que lo ejecute; o, en fin, según sea la calidad de los destinatarios que lo cumplen; y nada digamos según el Gobierno político de turno.

Sobre este componente humano del Derecho insiste mucho el realismo jurídico, puesto que su presencia, más que influir, condiciona y determina el alcance de las normas. Los fenómenos naturales existen y operan por sí mismos sin necesidad de contar con la presencia humana. Los fenómenos jurídicos, por el contrario, precisan inexcusablemente de seres humanos. Con la peculiaridad, además, de que la intervención humana es a este propósito tanto racional como irracional.

Tal como acaba de apuntarse, los autores realistas aceptan de manera deliberada y por descontado sin mala conciencia la inspiración irracional de su comportamiento tanto en su calidad de jueces como de juristas especulativos. En el siglo XX, después de Bergson, de Freud y de Nietzsche, ya no podía admitirse que el ser humano fuera estrictamente racional puesto que hay impulsos irracionales que condicionan sus conocimientos, decisiones y conductas. No siempre se relaciona con otras personas inspirado por la justicia (suponiendo que esta sea racional) sino por el odio, el resentimiento o la venganza, que enturbian su capacidad de percepción. El juez resuelve impulsado por su instinto (*hunch*) o por prejuicios no racionales. Ya en 1869 un tal juez Peters de Alabama había confesado que una mala noche o un dolor de muelas explican el rigor de algunas sentencias. De la misma manera que varios siglos antes Rabelais había hecho una apología del azar como fundamento de condenas y absoluciones judiciales. Como es sabido, J. Franck ha explicado el Derecho en clave psicoanalítica, es decir, en el extremo opuesto de la racionalidad. Y

Th. Arnold ha argumentado prolijamente que el Derecho no tiene por qué ser racional –ni lo es– dado que su función es la integración social y la estabilidad institucional y tales objetivos no siempre se alcanzan con argumentos racionales. El realismo jurídico, en conclusión, admite la participación humana, tanto racional como irracional, en la realización de las normas jurídicas. Y digo "admite" para subrayar una vez más que no pretende reconocer o fomentar las actitudes irracionales sino que reconoce sin escándalo su existencia y no intenta expulsarlas del Derecho mediante anatemas que serían inútiles, y considerando, además, que si en la realidad operan y no hay modo de prescindir de ellas, lo mejor es encajarlas directamente en el sistema.

Lo anterior parece obvio ciertamente y nadie lo ha discutido; pero nunca se ha prestado la atención suficiente a este elemento humano del Derecho puesto que desde la habitual perspectiva exclusivamente normativa no había sitio para lo que se consideraba ajeno al Derecho y más propio de la Psicología o de la Sociología.

V. RELEVANCIA DE LOS HECHOS

Para el realismo jurídico los elementos estructurales básicos que acaban de ser examinados –normas jurídicas humanas– se enriquecen y complementan con la integración de los hechos que se derivan de ellas y que son los que precisan su verdadero sentido. Las normas no se mueven en el cielo de la abstracción, en un vacío atemporal, sino con los pies en la tierra y por lo común pisando el barro de las tensiones y conflictos. El Derecho está anclado, pues, sobre dos elementos inseparables: las normas y los hechos. Aquellas sin estos son meras palabras y estos sin aquellas carecen de valor jurídico. Una complementariedad íntima habida cuenta de que, según se irá viendo, su interactuación es constante, recordando la certera expresión romana de *ex facto oritur ius ac ius factum vivificat.* El Derecho es una cuerda en la que se trenzan las normas, las personas y los hechos de tal manera que si falta uno de estos hilos ni la cuerda ni el Derecho pueden cumplir sus funciones.

El texto aparentemente rígido e inmóvil de las normas, al entrar en el calor de un tiempo, un espacio y unas personas concretas, recobra su movilidad, despierta por así decirlo y va adaptándose a las nuevas circunstancias. Las normas, aun conservando el tenor originario, cambian de sentido cada vez que se encarnan en un nuevo caso. Con ello se produce un desdoblamiento entre el Derecho normado (equivalente por aproximación al *law in the books)* y el Derecho practicado (*law in action),* del que me ocuparé más adelante. Dos fenómenos distintos, mas no separados, puesto que si las normas abstractas influyen sobre los hechos en los que se realizan, también sucede lo mismo a la inversa.

Para el realismo el valor jurídico de los hechos se manifiesta fundamentalmente en los siguientes niveles:

a) *Su fuerza autolegalizadora.* Con el simple transcurso del tiempo los hechos irregulares se legalizan a través del conocido mecanismo de la prescripción.

b) *La fuerza legal de los actos irregulares.* Los actos irregulares –incluidos los negocios jurídicos interprivatos, los actos administrativos y las sentencias– tienen fuerza legal cuando son admitidos o simplemente tolerados por las partes e interesados. Una sentencia notoriamente irregular produce los mismos efectos que una regular si no es impugnada (o no puede ser impugnada). La eficacia no depende por tanto de la validez sino de la mera existencia, socialmente admitida, de un hecho.

c) *La fuerza predictiva de los hechos.* Los hechos jurídicos –tanto los regulares como los irregulares socialmente admitidos y públicamente tolerados– tienen una fuerza predictiva similar a la de las normas jurídicas, aunque ciertamente no se hayan hecho todavía trabajos estadísticos comparativos.

d) *La fuerza prescriptiva de los hechos.* Sin necesidad de llegar al extremo de admitir que los hechos jurídicos o decisiones singulares son los que constituyen el auténtico Derecho, baste recordar aquí que su valor prescriptivo se manifiesta en primera línea en su interactuación con las normas desde el momento en que pueden modificar su alcance y contenido, según se reconocía ya en el Derecho romano y en el canónico medieval, admitiéndose hasta su eficacia abrogatoria. La tolerancia de los jueces o de la Administración ante incumplimientos generalizados adquiere valor normativo puesto que se consideraría inadmisible por arbitrario suspender tal tolerancia en supuestos posteriores similares, protegidos ya por el principio de la buena fe. El precedente que se aparta del texto de la ley termina modificando el alcance de esta aunque se conserve su redacción literal. La fuerza normativa de los hechos se impone sin necesidad de una declaración expresa o un acto formal derogatorio. La prevalencia absoluta de Derecho sobre los hechos, de la norma sobre la realidad no pasa de ser un piadoso dogma que en la vida no se confirma siempre e incluso la misma proposición podría invocarse a veces a la inversa.

e) *La fuerza normativa de los hechos revolucionarios.* Este fenómeno merece una alusión especial porque representa la prueba del fuego para las teorías puras o rigurosamente normativas del Derecho dado que, si es relativamente sencillo pasar por alto la fuerza normativa de los hechos ordinarios, tratándose de los revolucionarios, la ocultación o silenciamiento resulta imposible. Recuérdese a este propósito que el llamado Estado franquista vigente durante casi medio siglo nació en una disposición de 24 de julio de 1936 dictada por una autodenominada Junta de Defensa Nacional que desconocía en absoluto el Derecho a la sazón vigente. ¿Qué base legal tuvo la Gloriosa Revolución de 1868? La proclamación de la República de 1873 fue notoriamente anticonstitucional. Pero de ellas nacieron ordenamientos jurídicos impecablemente legales. Y si se quiere otro ejemplo recuérdese que la independencia fáctica de los Estados americanos terminó siendo reconocida legalmente en Decreto español de Cortes de 4 de diciembre de 1836, varias décadas después de haberse producido de hecho.

Nada hay tan patético como el intento de las leyes por ignorar la resistencia social y la fuerza de los hechos. El imperio de la ley no puede mantenerse más allá del alcance del poder de donde ha emanado, como sucede con la sombra que sigue al cuerpo. Y este es un poder inevitablemente contrapesado por el que corresponde a los individuos y a la sociedad. El Derecho Administrativo Sancionador, el Disciplinario, el Fiscal, el Urbanístico y el Económico son buenos ejemplos de ello: rituales brindis al sol de un Estado cuya Administración no está en condiciones de imponer a la sociedad sus normas. Y más patética es aún la situación en los períodos de debilidad política. Sin necesidad de someterse a la conocida anomia del Estado republicano durante la Guerra civil, yo he podido vivir personalmente las extendidas anomalías en el franquismo agónico cuando ni los jueces ni las Administraciones ni los ciudadanos se preocupaban de cumplir las normas que el Estado seguía produciendo mecánicamente.

VI. TEORIZACIÓN

Cuando se quiere comprender y manejar una situación compleja, es imprescindible dotarse de un aparato teórico con instrumentos intelectuales y operativos adecuados. Así lo hicieron el *common* law con su teoría del precedente y el positivismo con su mecánica constructivista de conceptos; y así lo ha hecho el realismo jurídico, cuyos cultivadores han ido incorporando diferentes herramientas según sus capacidades y preferencias. De este repertorio se destaca a continuación una teoría de la norma jurídica, una teoría del Derecho practicado, una teoría del proceso jurídico, una teoría sobre el cambio de orientación de los comportamientos humanos y, en fin, una teoría del orden jurídico, que son los pilares fundamentales del movimiento.

VII. NORMAS JURÍDICAS

La nota más peculiar de las normas jurídicas es su naturaleza *preceptiva* o *prescriptiva*, o sea, que imponen un deber desde el momento en que los individuos son informados a través de ellas de lo que deben hacer o no hacer (o están autorizados a hacer o se les habilita) así como de las consecuencias de su eventual incumplimiento. Las normas también pueden dirigirse directamente a autoridades administrativas o jueces ordenándoles lo que deben hacer en el ejercicio de sus cargos y cómo deben resolver los conflictos que se les planteen. Deber impuesto a seres humanos por otros seres humanos es, en suma, el rango que separa tajantemente a las leyes jurídicas de las naturales y de las sociales, que nunca pasan de ser explicativas o informativas de fenómenos externos al observador.

La condición humana e individualizada de los autores y de los destinatarios de las normas jurídicas justifica la ineludible presencia de ciertas personas –operadores e intermediarios– que adaptan la generalidad de la regla a la singularidad de quienes han de cumplirla y a las circunstancias especiales del caso, siempre diferentes. Aquí nada sucede de forma automática o mecánica como en el mundo de la naturaleza. No hay dos cuestiones ni dos personas iguales y esto es algo que únicamente pueden percibir los intermediarios humanos y decidir en consecuencia utilizando el arbitrio y la discreción que son los recursos técnicos que permiten dar el salto de lo general a lo singular, de lo abstracto a lo concreto. El oficio del jurista no consiste tanto en el ejercicio de la *scientia iuris* como en el de la *prudentia iuris*.

Por otro lado, las leyes jurídicas, cabalmente por ser prescriptivas, son también *predictivas* al orientarse hacia comportamientos humanos de futuro. Pero es evidente, y así lo confirma la experiencia, que sus pronósticos no son absolutamente fiables, dado que sus proposiciones con harta frecuencia no se cumplen o se cumplen con alteraciones. Se trata, por ende, de una predicción relativa o atenuada, más bien, de una conjetura sobre probabilidades de realización, sin la certidumbre característica de las leyes naturales. En cada nuevo caso aparecen circunstancias distintas e intervienen seres humanos con actitudes diferentes, que la ley no puede tener en cuenta. Lo único que puede preverse con seguridad es que algo cambiará en cada caso, pero no el contenido de tal cambio. En rigor no son leyes necesarias sino probabilísticas o estadísticas. La norma prevé el cumplimiento puntual de las deudas, las obligaciones, y la realidad se encarga de formar las listas de morosos.

Para el realismo jurídico las alteraciones que se están comentando no son una simple cuestión de interpretaciones diferentes de una misma norma sino que obedecen a una causa más profunda: el texto de la ley es ciertamente inmutable, pero la norma que en ella se contiene es de efectos variables al estar condicionada por la circunstancia de cada caso. Lo cual significa que una norma general única da lugar a una pluralidad de normas singulares aplicable cada una al caso concreto que resuelven (las llamadas "reglas del caso").

Con esta afirmación queda claro que la falta de coincidencia entre lo previsto y lo acaecido no es siempre fruto de la perversidad de los destinatarios o de la incompetencia de los intermediarios, puesto que la desviación puede ser producida también con la loable intención de atenuar o matizar los efectos de un texto rígido o de una hábil adaptación a las circunstancias concretas. No se trata necesariamente, por tanto, de una excepción o de una anomalía del sistema sino de un fenómeno *absolutamente normal e inmanente al proceso jurídico.*

La intervención humana en la vida del Derecho (sobre la que nunca se insistirá lo suficiente) distorsiona inevitablemente el alcance y sentido de las normas jurídicas, dado que las leyes, una vez publicadas, se separan de su autor y caen en las manos de unos operadores que se convierten en sus dueños, a veces irresponsables.

Los jueces, por ejemplo, no siempre respetan escrupulosamente las intenciones del legislador. Algunos tan eminentes como Cardozo y Brandeis sostuvieron teóricamente y practicaron en el Tribunal Supremo de los Estados Unidos que no era lícito al juez permanecer neutral en las cuestiones sociales y que había de aprovecharse de su privilegiada situación para imponer una determinada tendencia progresista. Beligerancia aún más perceptible en el ámbito administrativo como sucede en los cambios de Gobierno cuando las leyes, sin variar su texto, reciben un impulso político distinto, que puede ser incluso contrario al anterior.

VIII. EL PROCESO JURÍDICO

Al observar la vida del Derecho se comprueba que en el momento de su aplicación las leyes no son interpretadas siempre de igual modo. Diferencias que la doctrina tradicional, recogida en el artículo 3.1 del Código civil, explica por la advertencia de que "las normas se interpretarán (…) en relación con el contexto (…) y la realidad social del tiempo en que han de ser aplicadas". La norma –según esto– se mantiene invariable y lo que cambia es su interpretación al estar condicionada por la realidad social propia del momento en que es aplicada. De acuerdo con la lingüística moderna la cuestión puede formularse de otra manera, a saber, que las normas jurídicas tienen un *significado*, que es su contenido abstracto; pero a la hora de realizarse adquieren un *sentido* específico, que es su contenido peculiar según las circunstancias del momento. El intérprete se atiene al significado de las leyes; el aplicador y ejecutor de ellas ha de indagar, en cambio, su sentido y este puede ser distinto según los casos. El significado de las leyes reguladoras del desahucio y desalojo de viviendas es inequívoco; pero en los supuestos de desamparo o de crudeza invernal los jueces ven en ellas, detrás de un texto mudo, un sentido humanitario que impide su aplicación. Los hechos concretos se rebelan contra las normas y a veces tienen éxito.

Para el realismo jurídico, las alteraciones que se están comentando no son una simple cuestión de interpretaciones diferentes de una misma norma sino que obedecen a una causa más profunda: el texto de la ley es ciertamente inmutable (mientras no se altere formalmente por una ley posterior); pero la norma que en ella se contiene es variable al estar condicionada por las diferentes circunstancias de cada caso, entendiendo así que la diversidad de efectos singulares de una norma abstracta "aplicable" de forma general en casos concretos, revela la existencia de una diversidad de normas "aplicadas". En otras palabras: junto a las normas generales y abstractas existen otras normas singulares reguladoras de cada caso concreto, las llamadas "reglas del caso", que para los más radicales, siguiendo la línea del *common law*, son las que cabalmente constituyen el Derecho.

Para entender esta partenogénesis, este desdoblamiento de las normas generales y abstractas aplicables en varias normas singulares aplicadas en cada caso concreto, hay que percatarse de que el realismo jurídico no concibe el Derecho como un conjunto de normas ya cristalizadas sino como algo *in fieri*, como un proceso permanente, como un conjunto dinámico articulado en fases sucesivas girando en torno a un texto primero que va evolucionando incesantemente. *El Derecho no está constituido, por tanto, por un conjunto de normas estáticas congeladas en un texto, sea el originario o el judicialmente restaurado, sino que se manifiesta de manera variada a lo largo de un proceso en el que se producen alteraciones a veces sorprendentes.* La teoría del realismo jurídico se basa en la ley; mas no en la ley como un texto rígido y definitivo sino como inserto en un proceso en evolución permanente, en el que cada una de sus fases tiene relevancia propia. Dicho con otras palabras: el texto de la ley permanece intacto en su significado, pero la norma jurídica que contiene cambia incesantemente de sentido.

Este proceso sigue un movimiento circular puesto que comienza y acaba en el mismo punto: la sociedad. En su origen están, al menos en parte, unas prácticas sociales que la historia y la sociología conocen bien: relaciones de convivencia que facilitan la vida cotidiana y hacen presumir de ordinario su permanencia repetida en el futuro.

A partir de aquí el proceso se pone en marcha, pues el *poder público, modernamente el Estado, hace suyas algunas de estas prácticas sociales y las asume y promulga como leyes oficiales formales,* si bien casi nunca de manera fiel sino con modificaciones inspiradas de ordinario en razones ideológicas o en intereses particulares. De esta manera, al pasarse de la práctica social a la ley estatal se produce ya en esta primera fase del proceso una alteración inevitable *a modo de refracción.*

El Estado no se contenta, sin embargo, con esta asunción y promulgación legal de prácticas sociales previas sino que a este bloque normativo de origen social añade otras piezas de origen estatal inmediato, bien para intervenir directamente en la sociedad con intención de regular determinadas relaciones o bien para defender y en su caso fomentar los intereses públicos. La plasmación de estos objetivos tampoco es sencilla puesto que los intereses públicos que allí pretendidamente se recogen se ven indefectiblemente desfigurados por otros contrarios o por las influencias soterradas de intereses privados. Influencias fácticas que no es lícito desconocer al jurista para atenerse rigurosamente al texto considerándolo libre de cualquier contaminación.

Así se va formando un ordenamiento jurídico estatal heterogéneo compuesto directamente por bloques normativos de origen y finalidades diferentes, a los que además se añaden *por remisión* otras normas de naturaleza variopinta (social, corporativa, ética). ordenamiento jurídico nada rígido, como puede suponerse, y mucho menos estático, puesto que la evolución continúa, y el proceso jurídico se prolonga ahora en una fase no ya de formación, como las anteriores, sino de realización concreta, en la que las autoridades administrativas ejecutan las leyes, los jueces las aplican y los individuos las cumplen.

Esta nueva fase tampoco es mecánica ni mucho menos, habida cuenta de que los funcionarios y jueces *colaboran* con el legislador, puesto que al realizar las leyes, las desarrollan y completan eventualmente alterándolas y sobre todo aportando su propio arbitrio o discreción; sin que falten supuestos, por lo demás, de infidelidad manifiesta. La existencia y contenido de esta fase se explica por la imposibilidad de establecer una conexión directa entre la ley y los ciudadanos, debido a la incapacidad del individuo medio para conocer y entender unos textos redactados en una jerga de especialistas. Dificultad agravada por el abismo que separa el lenguaje abstracto del de la operatividad concreta. Los traductores o intermediarios que hacen posible esta conexión, y en su caso adaptación, son los llamados operadores jurídicos, que tienen un pie en la orilla legal, cuyo sentido conocen porque son técnicos, y el otro pie en la vida real, en la que actúan. Son los funcionarios y los jueces –ayudados casi siempre por abogados y demás profesionales– *instrumentos de la ley*. Sin estos lectores inteligentes y sin estos intermediarios hábiles difícilmente podría ser operativa la ley salvo en supuestos extraordinariamente sencillos. Ahora bien, su intervención tiene un precio, porque con ella introducen nuevas modificaciones en la regla obligados por la circunstancia de que el legislador no puede preverlo todo y también cuando la regulación establecida no es de su agrado.

Los autores de las leyes no son los mismos que quienes las aplican, ejecutan y cumplen. A la hora de ser *aplicada* cae la ley en manos de un juez que, a conciencia de que va a pronunciar la última palabra (o eso cree él), usa y abusa de esta oportunidad para a través de su arbitrio adaptar la regla al caso retorciendo si es preciso el texto; adaptación que puede ser entendida como una auténtica creación de la regla del caso. Y, por su parte, a la hora de *ejecutar* la ley, la autoridad administrativa hace lo mismo utilizando al efecto su discrecionalidad política y técnica, que se reduplicará con el arbitrio judicial en el caso de judicializarse posteriormente.

Así se despacha el tramo y se llega a la fase final en la que se cierra el círculo de regreso a la sociedad, donde las leyes se cumplen o incumplen por sus destinatarios con el alcance que toleren de grado o de fuerza los jueces y las autoridades políticas y administrativas.

Si se acepta este punto de vista, resulta entonces que el ordenamiento jurídico queda al final compuesto por un conjunto de normas heterogéneas: las generales y abstractas, meramente aplicables (Derecho normado) y las singulares y concretas aplicadas por los jueces, ejecutadas por la Administración y cumplidas por los destinatarios. Una pluralidad normativa de notoria complejidad, que se agrava más todavía cuando se piensa que el Derecho no está formado solamente por normas, tanto generales como singulares, sino también –al menos para los realistas– por ciertos hechos de relevancia jurídica constitutivos del Derecho practicado.

IX. DERECHO PRACTICADO

El sistema teórico del realismo jurídico se corona con el reconocimiento expreso del Derecho practicado. Derecho normado y Derecho practicado pueden figurarse como dos círculos secantes que sólo se superponen parcialmente. Buena parte del Derecho practicado coincide, en efecto, con el Derecho normado en la medida en que las proposiciones generales y abstractas de este se realizan de hecho fielmente concretadas y son respetadas por los individuos. Pero hay otra parte que no coincide, dado que existe un segmento del ordenamiento jurídico positivo que no se aplica, bien sea por resistencia directa de los destinatarios, o porque sus preceptos son desvirtuados por la Administración pública o por los jueces. Y, a la inversa, existen prácticas inequívocamente jurídicas, que no se encuentran recogidas en el ordenamiento jurídico positivo.

Si esto es así ¿dónde está verdaderamente el Derecho? Para los positivistas: en el círculo normado y sólo en él, pues lo que sucede fuera de las normas –por muy importante que sea y por mucha atención que se le preste– ya está fuera del Derecho. Una afirmación metodológica de principio que impide en su opinión confundir lo normativo con lo practicado: la política, la historia, la psicología y la religión pueden influir en la realidad y no es aconsejable dejarlas a un lado, pero no forman parte del Derecho. Para los realistas, en cambio, el Derecho está en ambos ámbitos y, cuando no coinciden, se habla de "Derecho normado no practicado" y de "Derecho practicado no normado" por contraste con el "Derecho normado y practicado", que suele ser tenido por habitual. Con el Derecho normado y no practicado se forma una "chatarra legal" que se amontona en enormes cantidades por cierto, en los repertorios oficiales hasta que un legislador cuidadoso la elimina formalmente. Y el Derecho practicado y no normado tarde o temprano termina recogiéndose o rechazándose de forma expresa por el ordenamiento jurídico o por algún órgano competente para su aplicación o ejecución.

La tesis del reconocimiento del Derecho practicado cumple diversas funciones a cual más importante. En lo que se refiere a leyes oficiales que no se aplican en la realidad, se degrada su naturaleza jurídica al no estar avalada por la práctica. Y en la parte practicada sin estar regulada por la ley "se legaliza", es decir, se reconoce naturaleza normativa a unas prácticas sociales que venían manteniéndose en una especie de limbo al no estar amparadas por ley alguna. Con esta suerte de legalización no sólo se clarifica el ordenamiento sino que se fortalece la situación de quienes participan en tales prácticas ya que antes dependían enteramente de la arbitraria e imprevisible tolerancia de la Administración y de los jueces.

El Derecho en sentido propio y estricto está constituido en una parte por las prácticas sociales de relevancia jurídica y en otra parte por las leyes que han superado el filtro de su cumplimiento efectivo, porque eso significa que la sociedad las ha aceptado; mientras que las normas que no consiguen saltar a la realidad sólo son Derecho sobre el papel, puesto que no han sido reconocidas ni convalidadas socialmente. Son meros *flatus vocis* ("chatarra legal" decía antes). Aunque debe hacerse constar, no obstante, que estos dos supuestos son los extremos de un arco compuesto por las situaciones intermedias que son las más habituales, ya que el texto de la norma, al entrar en la realidad, produce ciertos efectos aunque no siempre sean exactamente los previstos y sufran un fenómeno "de refracción".

La consecuencia de todo esto es que así se establece un nuevo equilibrio político–constitucional desde el momento en que el legislador, aparentemente todopoderoso, se ve de hecho contrapesado por otras fuerzas estatales del poder judicial y hasta del Ejecutivo, que modulan las leyes introduciendo modificaciones y eventualmente tolerando su incumplimiento; sin perjuicio de que todos ellos también sean contrapesados, además, por los ciudadanos directamente, quienes de ordinario terminan imponiendo su propio Derecho siempre y cuando lo toleren los jueces y las autoridades administrativas. Apurando las cosas tenemos que admitir que la ley es fruto de un consenso entre los diversos poderes del Estado y los ciudadanos. El poder normativo, en suma, no se agota en el acto de producción de la ley por parte del legislador sino que se mantiene indefinidamente en manos del pueblo (y de otros órganos del Estado) y se expresa en actos de consentimiento –o de rechazo– de los intermediarios y de los destinatarios de la ley. Un acto administrativo que contradice la ley, si es consentido por los afectados, es decir, no impugnado judicialmente, produce los mismos efectos que si fuera legal, aunque de hecho supone una fractura de la ley. La teoría del Derecho practicado supone que la ley no aplicada, ejecutada ni cumplida es también Derecho (el Derecho de lo no-ley); de la misma manera que igualmente lo es que la ley desarrollada con desviaciones (la ley en su versión aplicada, ejecutada y cumplida en la realidad) sustituye a la ley formal originaria.

Cada vez que se pone en movimiento, una ley ha de sufrir la prueba de ser admitida por los destinatarios y por el juez. De aquí precisamente la fuerza del Derecho practicado en cuanto expresión del ejercicio del irrenunciable poder normativo de los individuos. La desviación de lo normado –conviene repetirlo de nuevo– no es una degradación de la ley sino una posibilidad inmanente del sistema.

Con lo dicho hasta ahora reconozco que se complica notoriamente la visión del Derecho; pero es que los fenómenos complejos no admiten explicaciones simples. Ya no se puede describir el universo a la manera geocéntrica con un cielo escalonado en siete esferas ni valen las teorías atomistas de Leibniz, al alcance de niños de escuela, sustituidas hoy por sutiles hipótesis aventuradas por la nueva física electromagnética. La versión meramente normativa del Derecho ya no puede explicar el funcionamiento real de las relaciones humanas y sociales. El realismo jurídico ha asumido la incomodidad de explicar, aunque sea de forma inevitablemente complicada, una realidad indiscutiblemente compleja. El mundo actual está demasiado lejos del regido por el sumario Decálogo mosaico o por las Doce Tablas de la Roma primitiva. Y todavía nos falta por examinar la incidencia que en la estructura básica del Derecho tienen los comportamientos humanos.

X. TEORÍA DEL ORDEN JURÍDICO

Con los elementos descritos en las páginas anteriores (que en parte se van a reiterar aquí) se ha podido elaborar una teoría coherente de lo que convencionalmente denomino orden jurídico y que en una arrogante terminología ya algo obsoleta podría llamarse también teoría o sistema del Derecho.

El orden jurídico –que es la referencia básica de lo que la cultura occidental de herencia grecorromana llama Derecho– está formado por un conjunto heterogéneo de normas jurídicas en el que se encuentran las que pertenecen al ordenamiento jurídico en sentido tradicional y además las decisiones singulares y los hechos de relevancia jurídica:

a) El ordenamiento jurídico, que tiene (al menos todavía) carácter nacional emanado de la soberanía de cada Estado, se extiende en dos niveles: el de las leyes oficiales dictadas por el Estado y el de los fenómenos sociales a los que alguna ley reconoce de forma expresa o por remisión valor normativo (costumbres, jurisprudencia, principios generales, tratados y usos internacionales, Derecho comunitario). En estos textos se encuentran las normas jurídicas propiamente dichas –reglas generales y abstractas cuyo significado es interpretado también con carácter general y abstracto– que son aplicables para la resolución de los casos singulares y concretos, aunque con la advertencia de que en esta fase de aplicación (y ejecución y cumplimiento) la norma suele quedar alterada por su adaptación a las circunstancias especiales del caso.

b) Decisiones jurídicas singulares, emanadas de órganos públicos al estilo del *common law* originario y que en España se expresan ordinariamente en la jurisprudencia judicial y en los precedentes administrativos. Estas decisiones singulares o "reglas del caso" –producidas en un acto de voluntad no necesariamente racional– también son constitutivas del Derecho y tienen, especialmente consideradas en su conjunto (jurisprudencia, precedentes), valor normativo para casos futuros, de tal manera que siendo en su origen resultado de normas aplicadas terminan convirtiéndose, al igual que las del grupo anterior, en normas aplicables.

c) Hechos de relevancia jurídica a los que se reconoce valor normativo por tener carácter –y consiguientemente efectos– prescriptivo y predictivo. Además, individualmente considerados, son también constitutivos del Derecho y no anomalías o excepciones de él.

Todos estos datos se manifiestan en escritos (proposiciones lingüísticas expresas) o en hechos, que en rigor no son Derecho sino lugares donde este se encuentra. El Derecho en sentido propio está formado por las normas jurídicas que intelectualmente se destilan de tales textos y hechos. Por otra parte, las múltiples –y a veces enrevesadamente sutiles– relaciones entre todas estas figuras ya han sido examinadas más atrás.

Entre los distintos elementos del orden jurídico no se plantean cuestiones de jerarquía formal, a diferencia de lo que sucede con los del ordenamiento jurídico, donde conocidamente surgen frecuentes cuestiones de competencia y preeminencia. Ello se debe a que en la vida real la primacía normativa es resultado o bien de la fuerza o bien de la personalidad de los operadores jurídicos. En caso de conflicto de normas, la aplicación efectiva se decide por quien tiene la fuerza física (caso extremo del Derecho revolucionario) o institucional (caso más habitual) o social (caso ordinario). Así sucede cada día y el realismo jurídico, sin pronunciarse a favor de una solución u otra, se limita a dar cuenta con sinceridad de lo que ha observado. En los supuestos menos dramáticos las dudas y conflictos suelen resolverse por la voluntad del operador que maneja la norma (el juez, la autoridad administrativa, incluso el propio destinatario), aunque por lo común justifique la decisión de su voluntad con argumentos de lógica jurídica formal.

Sea como fuere y por lo que fuere, lo ordinario es que al final surge una discordancia entre lo prescrito y predicho en la norma, y su realización efectiva: algo inevitable cuando la norma a lo largo del proceso jurídico –según se ha explicado ya– ha tenido que pasar por las manos de varios seres humanos, cada uno con su personalidad propia y sus diferentes intereses. Lo cual significa que esta desviación entre lo prescrito y predicho y lo efectivamente realizado no es una anomalía, una excepción a la regla, sino algo absolutamente normal, inherente al sistema. Cuando el proceso jurídico se alarga mínimamente lo raro sería la coincidencia exacta entre los dos polos.

XI. CAMBIO DE ORIENTACIÓN EN LOS COMPORTAMIENTOS HUMANOS

Con el transcurso del tiempo los autores han ido elaborando gradualmente un catálogo de las pautas de conducta que caracterizan en general *a los juristas realistas*, que aquí me atrevo a canonizar por mi cuenta con la arcaica y expresiva denominación de mandamientos, que distan mucho de ser mandatos o condiciones imperativas, pues no pasan de ser recomendaciones o sugerencias tomadas de los grandes maestros de este movimiento:

Primero. Abrir los ojos y mantenerlos siempre abiertos para observar la realidad, tal como es, sin enturbiar la mirada con prejuicios, dogmas y tradiciones por muy arraigados que estén y respetables que parezcan.

Segundo. Controlar lo observado con los axiomas recibidos y en caso de discordancia prescindir de los dogmas no verificados o incompatibles con la realidad. No tiene sentido seguir manteniendo los dogmas tradicionales de la responsabilidad por culpa, de la subordinación del Derecho Administrativo Sancionador a los principios del Derecho Penal, de la igualdad de los individuos y de tantas otras que la realidad desmiente a diario. El jurista parece condenado a llevar a sus espaldas una carga teórica en buena parte obsoleta cuando no perjudicial, de la que es urgente liberarle.

Tercero. No tener en cuenta únicamente el texto de las leyes oficiales ya formalizadas sino atenerse también a las desviaciones que vayan apareciendo a lo largo del proceso jurídico que resulten más adecuadas al contexto y finalidad de lo que se pretende. Así el profesor se fijará más en el texto, el abogado en la versión jurisprudencial, el juez en las circunstancias concurrentes y el destinatario en las modalidades y consecuencias de su realización o cumplimiento efectivo.

Cuarto. Partiendo del texto literal de la ley, el jurista ha de buscar la norma jurídica que en él se encierra. A cuyo fin el análisis puede realizarse con amplia libertad manejando si es preciso no sólo criterios técnicos objetivos sino también pautas políticas incluso subjetivamente distorsionadas. Frente a quienes sostienen a ultranza que no es lícito al jurista abandonar su ámbito estrictamente formal, perder su neutralidad y adentrarse en consideraciones políticas y sociales, el realismo jurídico defiende que el jurista está legitimado para enjuiciar las normas que maneja y valorar sus consecuencias. Este margen que se le reconoce tanto en el nivel cognitivo como en el decisorio y operativo implica ciertamente un grave riesgo, pero es inevitable mientras el Derecho sea creado y aplicado por seres humanos y no por máquinas o fórmulas algorítmicas. Nada hay en apariencia más seguro y confortable que el positivismo jurídico y no obstante terminó ofreciendo una cobertura trágica a los excesos de las dictaduras decimonónicas. El Derecho, en cualquiera de sus versiones, pretende prevenir los riesgos sociales, pero sería insensato exigir de él que lo logre por completo.

Quinto. El jurista debe aprender a vivir en la incertidumbre derivada de la ambigüedad de las normas; la dificultad de observar correctamente la realidad; la fuerte incidencia de elementos subjetivos en sus cogniciones, decisiones y comportamientos; la inevitable presión de elementos extrajurídicos; la imposibilidad de prever con precisión los efectos de la aplicación de las normas; y en último extremo, el azar.

Sexto. El jurista debe inspirarse siempre en la justicia; pero a conciencia de que esta no ofrece pautas objetivas permanentes y mucho menos verificables, puesto que es un sentimiento personal aunque influido por la cultura. La justicia nunca puede ser sacrificada por la letra de la ley; pero una y otra ceden en ocasiones ante razones de oportunidad o de utilidad preferente. Nadie sueñe con encontrar para estos conflictos soluciones claras y fiables dado que el jurista no tiene aquí otro respaldo que el de su propia conciencia, que es a la que tiene que rendir cuentas. Todo esto hace que el jurista no pueda confiarse en que la atención escrupulosa de la ley le libere de su responsabilidad personal trasladándola al legislador. El jurista (y no sólo el juez) lleva consigo una responsabilidad personal (ética, profesional, política, social) de la que nadie puede liberarle hasta tal punto que en el momento de decidir siempre se sentirá solo.

Estos mandamientos se encierran en la recomendación básica de tener en cuenta el valor jurídico de ciertas prácticas sociales y de admitir que estas puedan contener, y a veces contienen, normas jurídicas aunque no tengan la naturaleza de normas legales. Carácter normativo que se traduce en sus efectos de predicción y prescripción de alcance variable indudablemente: lo que hace más difícil su manejo correcto. Circunstancia que obligan al jurista a acudir a pautas de experiencia y de prudencia, al carecer de reglas estrictas de aplicación, como sucede con las leyes y la lógica jurídica formal.

En definitiva, gracias al realismo, el mundo jurídico se ventila al abrir las ventanas a la vida y puede liberarse, al menos en parte, de muchos dogmas, unos falsos y otros inútiles, de efectos asfixiantes. El realismo jurídico alienta, en suma, la libertad, la iniciativa personal y la sinceridad, sin desconocer por ello los graves riesgos que ello supone. Con resignación acepta que si en la actualidad la vida jurídica rigurosamente legal es un riesgo y a veces un azar, la ampliación de lo jurídico eleva esos niveles de riesgo y azar.

Todo esto significa que el poder de los jueces se acrecienta puesto que en el curso de la aplicación de la ley crean su propio Derecho y nada puede hacer el legislador para impedirlo. Y lo mismo sucede con el Gobierno y la Administración ejecutiva, dado que sus actuaciones, aunque puedan ciertamente ser controladas por el juez, tienen el campo abierto para el ejercicio de su discrecionalidad. En cuanto a los ciudadanos, aprovechándose del enorme espacio que les deja la tolerancia de las Administraciones públicas, no sólo consiguen a veces imponer fácticamente sus prácticas sino algo todavía más importante, a saber, que estas adquieran en casos valor normativo, es decir, preceptivo y prescriptivo para el futuro. Algo que, por lo demás, siempre ha sido así, tal como corrobora la historia. No se trata, por tanto, de una tesis radical sino de la recuperación y reformulación expresa de lo que ya estaba sucediendo soterradamente.

XII. FINAL: MÁS ALLÁ DEL REALISMO JU-RÍDICO

Pudiera parecer que hablar en 2017 del realismo jurídico es ocuparse de un tema propio de la historia del Derecho, ya que ¿quién se acuerda actualmente de un movimiento que tuvo su apogeo hace justo cien años? No hay tal, sin embargo, dado que los fenómenos culturales nunca desaparecen del todo ni son sustituidos por completo por los posteriores a diferencia de lo que sucede con las ciencias y las técnicas de la naturaleza.

Han pasado ciertamente los tiempos del iusnaturalismo, de la exégesis, del historicismo, del positivismo y de la exaltación de los intereses y de los valores; pero ningún jurista sincero se atreverá a negar que en algún momento o en alguna circunstancia ha utilizado –incluso sin percatarse de ello– sus métodos. El realismo jurídico no desaparecerá nunca –como tampoco el iusnaturalismo y el positivismo– porque, una vez asimilado e integrado en una cultura legal, se irá transmitiendo, más o menos evolucionado ciertamente, de generación en generación.

Todo esto es cierto, desde luego; pero es posible que hoy nos encontremos ante un "fin de época", cuya salida provocará inevitablemente la ruptura de los paradigmas de todo orden conforme a los cuales hemos estado viviendo hasta hace poco, y entre ellos naturalmente el jurídico. Síntomas, al menos, no faltan.

Para mí la quiebra fundamental estriba en la incapacidad del Estado actual, pese a su arrogancia, para garantizar la seguridad de los ciudadanos. Pura y simplemente la Administración de justicia ha dejado de funcionar y la justicia que oficialmente se administra no alcanza, ni de lejos, los niveles mínimos que la sociedad exige del Derecho.

Además, en un sorprendente "retorno a la Edad Media" el Derecho está dejando de ser general y cada grupo social tiene su Derecho particular. Así lo perciben los ciudadanos y no están descaminados. A la vista está que la familia real, la familia Pujol, los partidos políticos, los banqueros, los terroristas, los corruptos tienen un estatus procesal particular sea en su beneficio o en su perjuicio. Hoy vivimos un Derecho estamental: un sistema no de derechos y deberes universales, o al menos generales, sino de las clases, de los grupos y aun de los individuos. El sueño de la igualdad se ha desvanecido y atravesamos la pesadilla del azar y de la arbitrariedad. En estas condiciones, siendo sinceros, la invocación de la ley es inútil y un escarnio el elogio del Derecho.

El realismo jurídico, por su parte, –como movimiento que es de reacción– se limita a describir las cosas como son (es decir, como él las ve) y a intentar explicar lo que está sucediendo actualmente y muchos no quieren reconocer.

NOTAS

Al número I

Nacido a principios del siglo XX (Gény había publicado su gran obra precursora en 1899 y Kantorowicz su resonante *Manifiesto* en 1906), el realismo jurídico en vísperas de la Segunda Guerra Mundial ya había arrasado en Europa y América formando un torrente al que se habían incorporado prácticamente todas las corrientes renovadoras de un positivismo que se quería dejar atrás a toda costa: el sociologismo del austriaco Ehrlich y del norteamericano Pound, la jurisprudencia de intereses de Heck, la Escuela del Derecho libre, el *legal realism* de los Estados Unidos, el iusnaturalismo que renacía periódicamente y hasta el modesto pragmatismo español. Nada parecía poder oponerse a un movimiento tan potente. Es significativo que en el intervalo de unos meses de 1929 y 1930 aparecieran en los dos continentes los Manifiestos de Llewellyn y Fuchs. Pero luego vinieron el nazismo, la guerra y una posguerra que truncaron la evolución anterior. El positivismo, más o menos modernizado, volvió por sus fueros aunque sin llegar a desalojar del todo el realismo que con distintas variantes ya se había consolidado definitivamente.

Es enorme la bibliografía producida por los realistas jurídicos y literalmente inabarcable la que se ha levantado sobre ellos. Limitándome a las obras imprescindibles como hitos de su evolución baste citar a F. Gény: *Méthode et sources en droit privé positif*, 1899; E. Ehrlich: *Freie Rechtsfindung und freie Rechtswissenschaft*, 1903; Gnaeus Flavius (H. Kantorowicz): *Der Kampf um die Rechtswissenschaft*, 1906; E. Fuchs: *Was will die Freierechtsschule?*, 1929; H. Isay: *Rechtsnorm und Entscheidung*, 1929; N.K. Llewellyn: *A Realistic Jurisprudence: The New*

Step, 1930; y, en fin, para no alargar demasiado la lista, A. Ross: *Towar a Realistic Jurisprudence*, 1946. En la literatura española sería injusto no recordar el excelente y aislado esfuerzo de Puig Brutau en *La jurisprudencia como fuente de Derecho* (s.a.).

Al número II

Un desarrollo pormenorizado de todas estas falacias y algunas más puede encontrarse en los libros de A. Nieto: *El arbitrio judicial*, 2ª. ed. 2001 y *Crítica de la Razón jurídica*, 2007. Ahora bien, el lector con experiencia no necesita que nadie le ilustre sobre lo que está viviendo personalmente a diario.

Para el positivismo jurídico –eco legítimo al fin y al cabo del positivismo científico y del lógico– no hay penumbras sino luces y sombras en las que la verdad y el error están separados por una línea infranqueable. El jurista, incluido naturalmente el juez, o acierta o se equivoca y, si se equivoca, suya es la culpa por ignorancia o desidia. ¿Y qué decir de los abogados que no ganan el pleito? El Derecho es un libro abierto que cualquiera puede aprender a leer y tal es la obligación de los profesionales. El juez (en la expresión de Holmes) es un fonógrafo que se limita a reproducir lo que está grabado en el disco de la ley. Los pleitos (en la expresión de Pound) son máquinas tragaperras: el abogado introduce su demanda y sale automáticamente el producto. Entre unas cosas y otras es fácil predecir la desaparición de los juristas humanos que las nuevas tecnologías harán superfluos. Los jueces de instancia serán teledirigidos desde el Tribunal Supremo; los repertorios de jurisprudencia serán introducidos en un proceso algorítmico que proporcionará mecánicamente las soluciones de cada caso.

En las antípodas de este rigorismo está el relativismo pragmático conforme al cual toda postura es defendible y cualquier sentencia puede esperarse. Hoy no llama la atención el que en un mismo despacho de abogados se estén defendiendo posturas opuestas en pleitos simultáneos aunque con distintos clientes. Como tampoco resulta escandaloso que un tribunal dicte al tiempo sentencias contradictorias.

Anualmente se publican millones de sentencias en las que un juez o tribunal superior rectifica el criterio del inferior. E igualmente abundan también las sentencias contradictorias que recogen opiniones e interpretaciones distintas de la misma ley. El resultado es que no existe prácticamente una cuestión legal que carezca de apoyo jurisprudencial. Todas las posturas son defendibles y de hecho se defienden diariamente en el foro. El acierto depende no de la ley sino de haber encontrado el juez adecuado. Y tratándose de tribunales, a veces es la aritmética la que decide automáticamente cuál es la opinión correcta. En la sentencia del Tribunal Supremo 2614/2016, de 14 de diciembre, por ejemplo, el fallo mayoritario aparece acompañado de seis votos particulares. Lo que implica siete opiniones distintas y bien fundadas, que volverán a esgrimirse en el siguiente pleito de contenido similar. ¿Quién ha decidido en este caso: la ley, la interpretación correcta, la ideología de los magistrados o la aritmética del recuento de votos?

Al número III

Cada jurista, deliberadamente o no, se inclina por una opción de todas estas alternativas y a través de su elección puede saberse "de qué bando está". Lo que no significa, sin embargo, que sus elecciones sean necesariamente coherentes, puesto que, como se viene diciendo desde el principio, su actitud puede cambiar según su estado de ánimo o la situación en que se encuentre. Los seres humanos no estamos hechos de una sola pieza ni, salvo excepciones, somos rigurosamente coherentes con nosotros mismos. Hay juristas que profesan conscientemente los postulados del realismo jurídico; otros que, sin saberlo, piensan y actúan de acuerdo con tales postulados; sin que falten, quizás la mayoría, quienes aceptan ocasionalmente alguna o algunas de estas opciones, rechazando con energía las demás.

Al número IV

Existe una bibliografía abrumadora sobre la influencia de la personalidad del juez en la resolución de los conflictos, que se ha estudiado sobre la base de la experiencia profesional de los abogados así como de análisis empíricos de autores e instituciones especializadas (al estilo del Johns Hopkins Institut) e incluso de las confesiones de algunos jueces sinceros, como las del célebre Cardozo. Las conclusiones que a este respecto se ha llegado son demoledoras: la personalidad del juez es tan importante, y en ocasiones más, que la ley, puesto que esta última está en sus manos.

El concepto central de la moderna teoría del comportamiento judicial es el de la actitud, entendida como una predisposición mental a reaccionar ante una determinada situación de una determinada manera. Esta actitud –alimentada no sólo por conocimientos profesionales sino también por sentimientos e ideologías– es la que explica que distintos jueces lleguen a soluciones distintas de los mismos casos partiendo de las mismas leyes. La actitud supone una inclinación genérica, una predisposición abstracta consecuencia de la aceptación previa de determinados valores que sitúan al interesado en una posición inicialmente favorable (o contraria) a ciertas conductas. Un juez conservador estará, en principio, a favor de la ley y el orden, de la vida y de la propiedad; mientras que uno progresista relativizará su importancia cuando esté en juego la libertad o la dignidad de la persona.

El temperamento de un juez, su formación y su medio social producen una *predisposición*, es decir, una singular receptividad para determinadas cuestiones y una cierta tendencia a resolverlas en un determinado sentido; pero no predetermina necesariamente una sentencia ya que las decisiones judiciales son concretas. El caso judicial concreto es objeto, a su vez, de un *prejuicio* –una primera impresión– que confirmará, o no, la predisposición y que se plasmará, o no, en la sentencia.

Lo anterior puede aplicarse también a las autoridades públicas y funcionarios, aunque con una salvedad importante, a saber, que en ellos la predisposición puede estar causada por una presión institucional: la ideología política de los superiores que se transmite a lo largo de la escala jerárquica imponiendo una dependencia personal de los afectados. Una predisposición, por tanto, más bien institucional que personal; mientras que las actitudes de los jueces, aunque puedan estar también contaminadas políticamente, son siempre personales.

También es enorme la literatura específica levantada en torno a los elementos irracionales de la actividad jurídica. Por la importancia que tuvo en su momento y por lo significativo de los títulos de sus obras vale la pena citar a Bendix: *Die irrationalen Kraeften der zivilrichterlichen Urteiltaetigkeit*, 1922 y otras dos monografías de igual título referidas a la jurisprudencia penal y laboral.

Desde el punto de vista de la sistematización de las ciencias, la ineludible intervención humana obliga a encajar la ciencia normativa del Derecho en el bloque de las "ciencias humanas". Una operación de graves consecuencias porque todas las ciencias de este tipo tienen una base real objetiva que permite –y ocasionalmente exige– realizar experimentos y verificaciones empíricas. Así se explican los estudios psicológicos, sociológicos y políticos que están invadiendo, con asombro y rechazo de los autores tradicionales, el ámbito del Derecho. Una "contaminación" actualmente tan avanzada que ya es imposible dar marcha atrás.

Al número V

La admisión de la relevancia jurídica de los hechos actúa como un test o prueba para la identificación de una postura y para la localización de un jurista en una determinada corriente doctrinal. Pero aquí hay que insistir de nuevo en la repetida afirmación de que las posturas extremas son más bien raras, pues son escasos los autores que magnifican unilateralmente el valor de las normas (como Kelsen) o de los hechos (como J. Frank). La verdad es que casi todos reconocen su interconexión y lo que les diferencia es el énfasis que ponen en la trascendencia de uno de estos polos.

Al número VI

Teorizar, en el sentido aludido en el texto, es armar unos conceptos generales y abstractos que sirven para describir y explicar los fenómenos concretos que se observan en la realidad. Cuando diversas teorías se encajan de manera lógica y se complementan en un nivel intelectual más complejo se habla de un sistema (teórico) que tiende a cerrarse sobre sí mismo o a considerarse autosuficiente y a eliminar las contradicciones que puedan producirse al encajarse las teorías singulares. Desde tal perspectiva, el realismo jurídico cuenta con un sistema teórico propio cuyo fundamento se encuentra en la afirmación de la unidad del orden jurídico integrado por elementos normativos heterogéneos, que paradójicamente no son siempre compatibles entre sí. La "teorización" que se expone en el texto –y más tratándose de algo que se ha calificado de movimiento social y de actitudes personales– es una actividad intelectual metajurídica, o sea, que no es Derecho sino una reflexión sobre el Derecho.

Al número VII

El lenguaje es al tiempo caprichoso y tiránico. Al emplearse el mismo término (ley, principio, norma) en órdenes tan distintos como el natural, el social y el jurídico, se ha introducido una enorme confusión como inevitable consecuencia de la polisemia resultante. ¿Qué tienen en común la ley natural de la gravitación, la ley social de la composición de la oferta y la demanda y la ley jurídica de la responsabilidad por culpa?

Todas se refieren ciertamente a hechos o fenómenos regularmente repetitivos que las leyes naturales y sociales pretenden *explicar* racionalmente. Son construcciones intelectuales derivadas de la observación y en su caso de la experimentación, que pueden verificarse empíricamente y, por ende, confirmarse o desmentirse. Lo que sucede en la naturaleza y en la sociedad es independiente de la voluntad humana y de sus leyes. Las leyes jurídicas, por el contrario, son *preceptivas* en cuanto que expresan una voluntad humana y se dirigen a seres humanos con la pretensión –que a veces se logra y a veces se frustra– de ordenar su comportamiento.

Los positivistas legalistas tienden a identificar las leyes jurídicas con las naturales dando por supuesto que la existencia de una ley implica su realización efectiva. Lo cual es cierto en las naturales mas no en las jurídicas. El astrónomo no necesita comprobar la aparición de un eclipse y hasta puede prescindir de observarlo porque sabe de antemano lo que indefectiblemente va a suceder. Para el positivista lo que importa es la norma (sea la textual o la restaurada por la jurisprudencia), aunque no desconoce ni prescinde de sus efectos reales; mientras que para el realista lo que importa es lo sucedido en las relaciones sociales aun sin desconocer el impulso procedente de la ley formal.

El realismo jurídico tiene en cuenta, pues, con particular atención los fallos de los postulados de prescripción y predicción que tienen las leyes jurídicas.

En otro orden de consideraciones importa insistir en los riesgos que implica la beligerancia judicial, tan encomiable en los ejemplos citados de Cardozo y Brandeis (y hasta del norteamericano Bean o del francés Magnaud) o en los logros del Consejo de Estado francés; pero tan temible en los excesos de la doctrina italiana del uso alternativo del Derecho o en los de los "tribunales populares" de todo el mundo.

Al número VIII

Pensemos en el Derecho urbanístico regido por diecisiete leyes autonómicas vagamente homogeneizadas por una ley estatal. En cada una se recoge un modelo urbanístico diferente que se ha seleccionado con criterios políticos más o menos distorsionados por presiones de empresarios e inversores poderosos. Luego, la ley se desarrolla en reglas inferiores en las que por influencias políticas y económicas se produce indefectiblemente alguna desviación. Pero posteriormente la ley y su modelo se van realizando a través de planes de distintas jerarquías, ya decididamente influidos por criterios extrajurídicos no necesariamente ilegales pero siempre discutibles. Proceso que culmina con las licencias singulares, campo abierto a todas las presiones y corrupciones y que se cierra con la obra físicamente construida. A lo largo de este interminable proceso jurídico-burocrático se han ido produciendo desviaciones en cada una de sus fases hasta tal punto que el resultado material final está ya muy distante de la imagen proyectada por el modelo legal. No hace falta saber Derecho ni arquitectura para constatarlo. Pero el tiempo borra piadosamente todas las irregularidades y lo que permanece es el Derecho practicado y no el normado, que queda muy lejos.

Las irregularidades urbanísticas son superadas, no obstante, por las fiscales y demaniales. ¿Quién puede reconocer en el litoral o en una cañada la figura legalmente dibujada para las costas o vías pecuarias? ¿Qué queda de la norma después de ser arrollada por el egoísmo de los interesados, la habilidad de los abogados, la parcialidad de las autoridades y la impotencia de los jueces y de los funcionarios?

Una última observación: la discordancia entre la ley su realización, entre el Derecho normado y el Derecho practicado, pueden determinarse con métodos estadísticos y cálculos económicos. Algo que sólo se lleva a cabo ordinariamente en algunas materias muy especiales. Pero tal carencia no es aquí relevante porque lo que a nuestros efectos importa no es la cuantía exacta, ni siquiera aproximada, de las desviaciones sino la mera existencia de estas y la aparición de un número significativo de ellas queda acreditada fuera de duda por una experiencia elemental.

Al número X

Sobre el Derecho practicado pueden verse con mayor detalle las páginas 81 y siguientes de mi libro *Crítica de la Razón jurídica*, 2007. La teoría del Derecho practicado permite, además, recuperar para el Derecho ciertas situaciones que con frecuencia permanecen perdidas en las tinieblas exteriores sin que nadie, o casi nadie, se atreva a ocuparse de ellas. Porque es el caso que existen cuestiones tan singularmente delicadas que se convierten en tabúes intocables para los poderes públicos ante el temor, harto justificado por lo demás, de que cualquier intervención estatal en ellas, incluso realizada mediante ley, provoque una reacción callejera que termine en desórdenes públicos. Y esto es algo que se quiere evitar a toda costa. En estas situaciones aparece una moderna Razón de Estado, la acción pública se paraliza discretamente y *silent leges* salvo, desde luego, la ley del silencio.

El ejemplo más ilustrativo es el de las tensiones laborales producidas en colectivos reducidos y disciplinados que controlan servicios de "cuello de botella", como es el caso de los controladores aéreos y maquinistas ferroviarios, y también los de tradición revolucionaria y cohesión corporativa, al estilo de la minería. En estos supuestos, el Estado, aunque disponga de la policía y de las leyes, está de hecho indefenso ante la presión de los afectados con su amenaza de violencia.

Pensemos en el reciente conflicto de estibadores de puertos. Aquí existía un régimen laboral monopolístico autorizado por la Ley de

Puertos, pero incompatible con el Derecho comunitario hasta tal punto que la Unión Europea multó a España por estas prácticas y obligó a adaptar la legislación nacional a las normas comunitarias bajo la amenaza de mayores sanciones si se prolongaba la desobediencia. Como consecuencia de este aviso se dictó un decreto ley que el Gobierno no se atrevió a ejecutar sabiendo que, si lo hacía, se provocaría una huelga generalizada con piquetes disuasorios incluidos. Lo que sucedió a continuación es sabido: el Congreso se negó a convalidar el decreto ley y los estibadores redujeron su trabajo, lo que ocasionó unos daños cuantiosos en el transporte internacional de mercancías y unas sanciones europeas elevadísimas. Pero a nadie se le pasó por la cabeza desmontar con la ley en la mano los privilegios corporativos del colectivo, que se van a conservar a un precio escandaloso y más en tiempos de crisis y restricciones en la mayoría de los sectores.

He aquí, en suma, un caso perfecto de Derecho normado que no sale del papel y de unas prácticas sociales de incumplimiento tolerado y de "negociaciones" cuyo objetivo es la "compra" de la voluntad de los destinatarios de la ley para lograr que la cumplan o aparenten que así lo hacen y puedan evitarse las sanciones europeas. Negociaciones opacas sin cobertura legal: sólo "hechos", aunque bien elocuentes por cierto.

En lo que a nuestro tema afecta ¿cuál es aquí el Derecho? ¿El normado de las leyes europeos y la legislación española de adaptación o el practicado en unas negociaciones oscuras, unos convenios mal cubiertos con alguna justificación legal traída a contrapelo y unas compensaciones económicas suculentas? Donde la soberanía estatal no alcanza, llega el dinero y la ley se retuerce adecuadamente para envolver la operación con alguna decencia. La resistencia corporativa dobla sin muchas dificultades la vara de una ley que maneja un Gobierno pusilánime.

Al número XI

El jurista realista ha de ser consciente de sus facultades y aceptar con responsabilidad los riesgos que lleva anejo su ejercicio: una delicada virtud cívica y social propia de su oficio. El jurista es un ciudadano cualificado pues puede intervenir en la vida pública con una fuerza semejante a la del político y parangonable con la de legislador. No es un mero testigo ni un ejecutor mecánico de las leyes. Prácticamente todo el Derecho Administrativo francés es de origen pretoriano y también buena parte del español. Los jueces Brandeis y Cardozo cambiaron con un esfuerzo personal la penetración social del Derecho norteamericano; como Ihering y Heck, sin ser jueces, dieron un vuelco al Derecho alemán e igualmente García de Enterría al Derecho público español del Tardofranquismo. Con el realismo jurídico el papel del jurista se engrandece al convertirse en uno de los protagonistas más activos de la vida social y no en un simple defensor del estatus de algunos ciudadanos y de la conservación formal del Estado de Derecho. Otra cosa es, naturalmente, que esté luego a la altura de este papel.

Al número XII

No parece ocioso volver a insistir, al terminar, que el realismo jurídico que en este ensayo se describe y analiza responde a una *versión personal del autor* puesto que no se trata de una doctrina canonizada sino, tal como se ha repetido, de una actitud cultural manifestada a lo largo del tiempo de maneras tan diversas que han dado lugar a especificaciones territoriales tan originales como el llamado realismo jurídico "escandinavo" o el "norteamericano". La exposición que antecede –que es la que yo he explicado en la cátedra y explayado en las publicaciones de las dos últimas décadas– está influida directamente por la literatura norteamericana e indirectamente, aunque no con menor intensidad, por la escuela alemana del Derecho libre.

ESTE LIBRO, 9 DE LA COLEC-
CIÓN *CUADERNOS UNIVERSITA-
RIOS DE DERECHO ADMINIS-
TRATIVO* SE ACABÓ DE IMPRIMIR
EL   24   DE   OCTUBRE   DE
2   0   1   7